ROOSEVELT

罗斯福传

苗妍 著

吉林出版集团股份有限公司

图书在版编目（CIP）数据

罗斯福传 / 苗妍著 . —长春：吉林出版集团
有限责任公司，2011.7
ISBN 978-7-5463-5794-2

Ⅰ.①罗…　Ⅱ.①苗…　Ⅲ.①罗斯福，
F.D.（1882～1945）—传记　Ⅳ.①K837.127＝51

中国版本图书馆 CIP 数据核字（2011）第 130764 号

罗斯福传

著　　者	：	苗　妍
出版统筹	：	博文天下
责任编辑	：	崔文辉　张晓华
封面设计	：	盛世博悦
版式设计	：	边学成
开　　本	：	710 mm×1000 mm　1/16
字　　数	：	234 千字
印　　张	：	18.75
版　　次	：	2011 年 8 月第 1 版
印　　次	：	2020 年 8 月第 3 次印刷

出　　版	：	吉林出版集团股份有限公司
地　　址	：	长春市人民大街 4646 号（130021）
电　　话	：	总编办：010－63109269
		发行科：010－85725399
印　　刷	：	三河市燕春印务有限公司

ISBN　978-7-5463-5794-2　　　　定价：59.80 元

目 录

第一章

家门荣誉

与罗斯福家族相比，德拉诺家族的历史似乎更为悠久，血统也更为高贵。可能正是由于这个原因，萨拉终其一生都认为自己出色的儿子不是罗斯福家族的人，而是德拉诺家族的后代。在斯普林伍德有个不成文的规矩：假日和聚会日，詹姆斯要和德拉诺家族的人一起度过。看上去，罗斯福家族更像是德拉诺家族的分支。

第二章

政坛新秀

罗斯福不再是出身优越的独生子，他成了一个政治实习生。凭着家族的政治背景和雄厚财力，他从众多新议员中脱颖而出。他实现竞选时的许诺，搬到奥尔巴尼，做了专职参议员。他在议会大厦附近租住的三层小楼成为进步派议员的聚会地，为他带来很多政治性收益。

第三章

叱咤纽约

艾尔弗雷德和罗斯福之间的气氛微妙起来，不再是大选前那种彼此依存的关系。这次民主党的大溃败，更映衬出罗斯福胜利的可贵，各大媒体已经开始预测罗斯福将来会不会和他的堂叔西奥多一样入主白宫。艾尔弗雷德的心情非常复杂，他怎么也没有想到双腿残疾的罗斯福会成为民主党中最活跃的人。

第四章

白宫新政

罗斯福就职两周后，整个国家都变了样，摆脱了冷漠和沮丧，充满了巨大活力。人们看到了希望，对政府也充满信心。全国上下掀起了赞颂罗斯福的热潮，称赞他的通情达理，还有能够马上采取行动的勇气。在纽约市小学生中进行的一次民意测验表明，罗斯福总统的受欢迎度已经远远超过了上帝。

第五章
风云变幻

罗斯福望着那些国会领袖们，他们默不做声，显然要回避这个敏感话题。罗斯福接着说道："有一天，我的邻居家失火了，我这里有个浇花的水管，只要让他拿走，就能够把火扑灭。难道在救火之前，我要先对他讲，朋友，你得先给钱，这个管子值15美元！"

第六章
峥嵘岁月

罗斯福在给民主党主席罗伯特·汉尼根的信中写道："到明年3月，我在总统与武装部队总司令的任上就满12个年头了。我不想再参加竞选了，我的灵魂呼唤我回赫德逊河畔的老家去。可要是人民命令我继续进行这场战争，继续担当这项职务，那我只好答应，因为士兵是没有权利让自己从火线上退下来的。"

ROOSEVELT
第一章
家门荣誉

　　与罗斯福家族相比，德拉诺家族的历史似乎更为悠久，血统也更为高贵。可能正是由于这个原因，萨拉终其一生都认为自己出色的儿子不是罗斯福家族的人，而是德拉诺家族的后代。在斯普林伍德有个不成文的规矩：假日和聚会日，詹姆斯要和德拉诺家族的人一起度过。看上去，罗斯福家族更像是德拉诺家族的分支。

1 两个姓氏的结合
ROOSEVELT

  1933 年，在堂叔西奥多·罗斯福离开白宫 24 年后，富兰克林·德拉诺·罗斯福出任美国总统，并且在接下来 12 年中，三次竞选连任成功，成为美国历史上唯一一位连任 4 届的总统。虽然同为罗斯福家族的后人，但富兰克林和堂叔的名字在显现方式上有所不同，他的名字在家族姓氏前缀上了母亲家族的姓氏，向世人宣告他是这两个不凡家族的子孙。

  罗斯福家族和德拉诺家族的历史，都可以追溯到美国建国前。

  17 世纪 40 年代，荷兰国内独立战争已进入尾声，但依然战乱不断，而海外殖民地贸易却逐渐繁荣起来。在荷兰国内，形成移民浪潮。在这股浪潮中，一个名叫克莱斯·马顿曾·范·罗斯福的人来到北美大陆赫德逊河流域的新尼德兰殖民地定居，他就是北美罗斯福家族的始祖。

  克莱斯·马顿曾·范·罗斯福的具体情况，已经无从考证。关于他的身世，有着几种截然不同说法。罗斯福家族的子孙对外宣称，克莱斯来自荷兰莱茵河口托伦岛名门望族，具有良好出身和高贵血统；还有一种说法，那就是克莱斯是犹太人，罗斯福家族有犹太人血统。后一种说法并不被罗斯福家族的子孙认可，显然他们对这种说法没有什么兴趣。

  克莱斯·马顿曾·范·罗斯福的妻子为他生育了 6 名子女，除了 1 名夭折外，另外 5 名子女都长大成人。作为唯一的儿子，尼古拉斯·罗斯福理所当然地背负起了为罗斯福家庭繁衍后代的重任，他就是西奥多·罗斯福和富兰克林·罗斯福最近的一个共同祖先。尼古拉斯·罗斯福不仅是一位成功的毛皮商和面粉商，而且他还凭借纽约市参议员身份成为罗斯福家族首位进入政界的人。可惜的是，他并没有留下什么辉煌政绩为后人称道。

  从尼古拉斯·罗斯福开始，罗斯福家族日渐兴旺起来。通过房地产生意和对外贸易，他们获得了大量财富，而与一些名门望族的联姻更是使这个家族成功地晋升纽约上流社会。由于人口繁衍，罗斯福家族分为奥伊斯特湾支系和海德公园支系，始祖分别为尼古拉斯的长子约翰尼斯和次子雅各布斯。奥伊斯特湾支系出了美国第 26 位总统西奥多·罗斯福，海德公园支系出了本书主人公，即美国第 32 位总统富兰克林·德拉诺·罗斯福。

在西奥多·罗斯福入主白宫前，雅各布斯之子艾萨克是整个家族声望最高的政治家。独立战争之前，他已经通过制糖业成为资产雄厚的实业家。战争开始后，艾萨克冒着失去生命和财产的危险，积极支持爱国分子，参与起草纽约州宪法，组建纽约银行，并且担任第一届州参议院议员，为美国独立事业尽了自己最大的力量。因此，提到这位先祖的时候，罗斯福家族的人都称他为"爱国者艾萨克"。

艾萨克之子詹姆斯继承了家族制糖业，在房地产生意上也取得了更大利润，而且和他父亲一样成为银行家。由于他淡泊名利，喜欢田园生活而不热衷政治，因此在担任过一届纽约州众议院议员后，他就没有再涉入政治。他在奥尔巴尼驿路东侧购建了一座庄园，把家族这一支迁移到海德公园。海德公园支系的罗斯福家族和政治的关系，似乎逐渐疏远。

詹姆斯之子，也就是富兰克林·德拉诺·罗斯福的祖父，和"爱国者艾萨克"同名，却不是什么让子孙引以为傲的人。他是一位失败的医生，有合法的医师执照，却没有真正为患者看过病。之所以如此，原因有些可笑，那就是他见到鲜血会晕倒。对于政治，艾萨克也没有半点兴趣。他过着隐居生活，几乎被世人遗忘，这种情况一直持续到 1827 年。来自美国最有名望家族之一的阿斯平沃尔家族的妙龄小姐玛丽，出人意外地成为他的新娘，这才让他重新活跃在世人面前。

1828 年，38 岁的艾萨克医生和妻子玛丽有了长子詹姆斯，这就是富兰克林·德拉诺·罗斯福的父亲。在父母精心照料下，詹姆斯度过了快乐幸福的童年。美中不足的是，他多少感觉到有些孤单，因为 12 岁的时候他才有了弟弟约翰。和当时大多数望族少年一样，詹姆斯由家庭教师进行启蒙，直到 9 岁时才进入学校接受正规教育。

青年詹姆斯思想激进，是一位不喜欢受束缚的自由主义者。从联邦学院毕业后，他在母亲玛丽的支持下进行了一次难忘的欧洲之旅。根据这个家族的后人所说，在这次旅行期间，詹姆斯参加了加里波第领导的军队，为意大利解放和统一而战斗。虽然只是短短个把月时间，却成了詹姆斯人生中极为光荣的履历。

　　欧洲旅行回来，詹姆斯进入哈佛大学法学院，成为罗斯福家族首位到这所高等学府求学的人。1852 年，他从法学院毕业，没有像其他同学那样成为一名法官或律师，而是进了舅舅威廉·阿斯平沃尔的煤矿公司。随后，他又在母亲家族控制的其他企业里担任董事等职务。按照罗斯福家族的传统，他成为辉格党人。对于这个日益衰败的政党，他并没有投入多大热情，最终还是背离了它，悄无声息地成为民主党人。

　　1853 年 4 月 27 日，詹姆斯迎娶了表妹丽贝卡·豪兰为妻。豪兰家族和阿斯平沃尔家族一样，有着和罗斯福家族联姻的传统。同年秋，夫妻两人到欧洲游历。在伦敦旅行时，两人拜访了当时美国驻英国公使、民主党人詹姆斯·布坎南。在布坎南公使的邀请下，詹姆斯担任使馆临时秘书一职。这一小小事件，开辟了罗斯福家族海德公园支系与民主党总统共事的先河。三年后，这位颇有成就的布坎南公使成为民主党总统候选人，并且成功当选为美国总统。

　　1854 年，詹姆斯和丽贝卡的儿子罗西·罗斯福降生。对于富兰克林·德拉诺·罗斯福的这位同父异母的兄长，外界对其情况了解不多，只知道他是毕业于哥伦比亚法学院的高材生，娶了名门闺秀海伦·艾斯特为妻，人生理想是成为出色外交家。在世人眼中，他是个性格随和又不失睿智的有前途的年轻人。

　　1863 年，艾萨克医生去世，詹姆斯成为罗斯福家族海德公园支系的家长。他不仅继承了赫德逊河流域 200 公顷左右的土地，还有一大笔数目不菲的资金。他在海德公园购买了一座几百英亩的庄园，命名为斯普林伍德庄园。

　　走进斯普林伍德庄园，会看到直接通向主楼大门的一条马路，路边整齐地耸立着一些石柱。由于被常春藤覆盖，已经和四周的树林、草坪、花坛融为一体，并不显突兀。主楼是栋三层高的楼房，房顶是眺望大海的平台。楼房右边的铁杉树林里是美丽的玫瑰园，左边有葡萄园，还有冰窖、仓库和马棚等。

　　在赫德逊河东岸五十来座庄园中，斯普林伍德庄园规模并不壮观，装修并不豪华，但是却拥有优越的地理位置。从这里放眼望去，赫德逊河美丽的景色尽收眼底。谁能够想到，这里就是未来总统的诞生地。

　　罗斯福家族奥伊斯特湾支系和海德公园支系关系一直很紧密，宴会往来也很频繁。

1880 年，在西奥多的父亲老西奥多家中的晚宴上，詹姆斯邂逅了萨拉·德拉诺，并且对这位美丽动人、身材修长的小姐一见钟情。当时丽贝卡已经去世 4 年，詹姆斯是单身贵族。他保养得当，又注重身体锻炼，外貌看起来比实际年龄年轻得多。在萨拉眼里，这位中年绅士谈吐幽默、气度不凡，具有成熟男人的魅力。就这样，詹姆斯和萨拉没有因年龄差距而畏缩，迅速坠入爱河。萨拉和詹姆斯的儿子罗西同年，也是 26 岁，而詹姆斯已经 52 岁。

与罗斯福家族相比，德拉诺家族的历史似乎更为悠久，血统也更为高贵。可能正是由于这个原因，萨拉终其一生都认为自己出色的儿子不是罗斯福家族的人，而是德拉诺家族的后代。在斯普林伍德有个不成文的规矩：假日和聚会日，詹姆斯要和德拉诺家族的人一起度过。看上去，罗斯福家族更像是德拉诺家族的分支。

德拉诺家族的子孙，习惯把家世追溯到 11 世纪英国国王威廉一世当政时期，以显示自己的不凡身份。尽管如此，外人对这个家族的认识，还是从 1621 年菲利普·德拉诺抵达普利茅斯殖民地开始。凭借菲利普在国王战争中的卓越表现，菲利普·德拉诺的儿子乔纳森·德拉诺得到国王赠的 3 平方公里土地，这块土地包括马萨诸塞州新贝德福特附近的费尔黑文。德拉诺家族在这里修建庄园，并定居于此。

19 世纪初，菲利普的孙子沃伦·德拉诺开始从事航海贸易，并且成为一名出色的商船船主。1809 年，沃伦的儿子生于费尔黑文，他就是富兰克林·德拉诺·罗斯福的外祖父沃伦·德拉诺二世。按照家族传统，这个家族的子孙陆续成为共和党人，但是却始终和政治联系不太紧密。

沃伦·德拉诺二世长大后，继承并发扬了父亲的航海事业。他的父亲只是把农产品运送到大不列颠、加那利群岛以及墨西哥湾，而沃伦却穿越太平洋，远航到了中国，从事茶叶和鸦片贸易。1846 年，沃伦回到美国，将在华贸易获得的百万美元收益投资于纽约房地产、铁路和矿产开采上。随后，沃伦的弟弟富兰克林·休斯·德拉诺迎娶了豪门艾斯特尔家族的小姐，这使德拉诺家族逐渐被世人关注。

1852 年，沃伦在海德公园南边大约 20 英里处的赫德逊河西岸购买了土地，修建了豪华壮观的阿尔戈纳克庄园。沃伦是位成功富商，还娶了一位来自马萨诸塞州名门望族的夫人凯瑟琳·莱曼，他理所当然地成为地方上受人景仰的绅士。

1855年9月21日，沃伦的四女儿萨拉·德拉诺出生在阿尔戈纳克庄园，她就是富兰克林·德拉诺·罗斯福的母亲。

1857年，纽约金融危机引发经济大萧条，银行倒闭，企业破产。沃伦的投资多数有去无回，损失了大部分财产，经济陷入困顿中。为了缓解经济压力，沃伦甚至想要转让阿尔戈纳克庄园，在妻子的劝说下，才没有出售。他只身来到了中国，希望能够东山再起。沃伦继续进行鸦片贸易，获得了比上次更丰厚的利润。取得这些成绩后，他把家眷接到香港团聚，萨拉的童年也由于这次远航而增色不少。

1865年，10岁的萨拉被送回美国，接受国内正统教育。

1870年，沃伦带着妻子儿女回阿尔戈纳克庄园定居时，已经拥有了几代人享用不尽的财富。

在优越的环境下，萨拉出落成一位气质典雅的淑女，完全适应了美国上流社会的生活。她不仅拥有良好的家世和过人的美貌，而且还有100万美元的嫁妆，因此成为炙手可热的婚配人选，上门求婚的人络绎不绝。在沃伦眼中，这些求婚者的条件都不理想，根本就配不上自己的掌上明珠。年轻的，没有什么社会地位；有名望的，年纪又太大；有身份、年纪也合适的，又没有什么资产。就这样，萨拉的婚事一拖再拖，直到她遇到詹姆斯，才开始有了眉目。

能够和詹姆斯相遇，萨拉一直感到非常庆幸。她在很多年后曾经和儿子提过，要是没有遇到他的父亲，自己或许会成为老处女，孤老终生；遇到他的父亲，她才成为一个幸福的女人，拥有和美的家庭。

詹姆斯和萨拉认识不久，便到阿尔戈纳克庄园正式拜访。他向沃伦先生表明了自己对萨拉的爱慕之情，请求对方答应把女儿嫁给自己为妻。沃伦对詹姆斯并不陌生，两人还曾经做过事业伙伴，有着愉快的合作经历。身为共和党人的沃伦对民主党一直抱有很大的偏见，认为民主党人都是"盗马贼"，没有什么好东西。出人意料的是，对詹姆斯的为人，沃伦却能够客观地持肯定态度，认为这是一位真正的美国绅士。尽管如此，对于詹姆斯的求婚，沃伦还是很吃惊，没有马上做出回复。虽然作为求婚者来说，詹姆斯的经济状况和社会地位无可挑剔，但是他和萨拉在年纪上的显著差距却让沃伦对这门婚事有些迟疑。幸好他并不是什么老顽固，没有对女儿的婚事横加干涉。在确认过萨拉的心意后，沃伦答应了詹姆斯的请求。

1880 年 10 月，在阿尔戈纳克庄园里，詹姆斯·罗斯福和萨拉·德拉诺举行了盛大的结婚典礼，两个姓氏正式结合在一起。半个世纪后，因他们两人的儿子富兰克林·德拉诺·罗斯福的卓越表现，这两个姓氏逐渐被世人熟知和认可。

2 "萨拉生了一个胖小子"
ROOSEVELT

1882 年 1 月 30 日，对于萨拉来说，是人生中最艰难的一天。她从 29 日就开始阵痛，折腾了 24 小时，还是没有顺利产下婴儿。为了确保萨拉能够安全生产，詹姆斯先生特意把波基普西市的爱德华·帕克医生请到了斯普林伍德庄园。事实证明，他的这个决定是非常正确的。

詹姆斯先生心疼妻子，不忍心看她继续被阵痛折磨，就拜托爱德华医生想办法缓解她的痛苦。爱德华医生给萨拉施用了麻醉剂，但是效果并不明显，于是他加大了剂量。萨拉没有忘记自己要做个坚强的母亲，所以还是在一番痛苦挣扎后生下一个男婴。

由于在母体吸收了过量的麻醉剂，婴儿在出生后不久就陷入昏迷状态，浑身发青，情况很危急。爱德华医生拍了小家伙屁股好几下，都没有听到哭声。他知道这不是什么好兆头，连忙为小家伙施行人工呼吸。

当房间里响起婴儿嘹亮有力的哭声时，詹姆斯先生知道难熬的时刻过去了。虽然他已经疲惫不堪，但还是心情愉悦地在日记本上写道："8 点 3 刻，我的萨拉生了一个胖小子，10 磅重，真是个了不起的小家伙。"

产后的萨拉身体非常虚弱，需要卧床调理一段时间。爱德华医生说出自己的担忧，以萨拉的身体状况，这次能够平安生产实属万幸，下次就不能够担保有这样的好运气，所以她应该避免再次生育。萨拉有些沮丧，她当然希望自己能够为詹姆斯生育更多儿女。但面对可爱的小婴儿，她很快就从这种沮丧情绪中摆脱出来，把大部分精力用来照顾儿子。

ROOSEVELT

在为儿子取名这件事上，詹姆斯先生和萨拉一直争执不下，没有达成共识。詹姆斯先生想延续罗斯福家族交替取名的传统，给他取名叫"艾萨克"。萨拉不同意丈夫的意见，要取名为"沃伦"，希望儿子成为像他外公沃伦·德拉诺那样出色的人。由于哥哥有个同名的儿子前不久死了，为了不让他伤心，萨拉最后放弃了"沃伦"这个名字。

1882年3月20日，在海德公园圣詹姆斯教堂里，詹姆斯先生和萨拉为他们的儿子举行了洗礼。萨拉参照敬爱的叔父富兰克林·休斯·德拉诺的名字，为儿子取名为富兰克林·德拉诺·罗斯福。到场的诸多宾客中，有一位埃利奥特·罗斯福先生，是老西奥多·罗斯福的儿子、西奥多·罗斯福的胞弟。谁也想不到，他会和富兰克林有更深远的渊源。他不仅仅是富兰克林的教父，而且以后还成了他的岳父。此时埃利奥特还没结婚，正和霍尔家族的安娜小姐陷入热恋。随后两人就订婚结婚，并且于1884年11月11日，生下长女埃莉诺·罗斯福。她后来成了富兰克林·德拉诺·罗斯福的妻子，并由于丈夫的缘故，成为白宫的女主人。

萨拉没有按照上流社会其他家庭的抚养方式把儿子完全交付给保姆照顾，而是尽量亲自料理他的一切生活。在未来将近60年的人生中，她一直努力延续这个习惯。在日记中，萨拉详细地记录了儿子成长发育的各个阶段：罗斯福10个月大时，学会了叫爸爸妈妈；16个月，蹒跚学步。

此时，罗斯福同父异母的哥哥罗西终于心想事成，当上了外交官，在美国驻维也纳大使馆任一等秘书。对这个比儿子塔迪还小两岁的弟弟，罗西给予的更像是父亲般的关爱。

在幼小的罗斯福眼中，斯普林伍德庄园和海德公园就是他的整个世界。他经常被母亲或仆人抱到楼顶平台，这里不仅能够纳凉，而且还能够眺望美景。近处草地树丛与远处农田牧场衔接自然，尽显赫德逊河魅力。更远处，是漫无边际的大海。

尽管萨拉没有刻意娇惯自己的独生子，但罗斯福还是成为斯普林伍德庄园里所有人围绕的中心。不管是詹姆斯先生还是仆人，都对这个小家伙疼爱有加，不会让他感觉到有半点孤单。如同他的家庭教师所说："罗斯福是在一个美好的环境下长大的。"他成年后能够拥有自信而内敛的性格，和这种优越的成长环境有着直接关系。

在半个世纪后的一次采访中，有记者向总统母亲萨拉提问，有没有想过要把儿子培养成总统。萨拉的回答是否定的，她希望儿子成为在赫德逊河畔享受幸福宁静生活的乡绅，而不是成为总统或担任其他公职。把罗斯福培养成他父亲那样正直宽厚的绅士，就是萨拉最大的理想。

和邻居或亲戚们提到儿子的时候，萨拉经常自豪地说："我的儿子不是罗斯福家族的人，而是德拉诺家族的子孙！"从外貌上看，萨拉说得完全没错，罗斯福继承了德拉诺家族的蓝眼睛和金色卷发。在5岁之前，他一直按照德拉诺家族的传统穿着苏格兰式横褶短裙。

在萨拉的日记中，记载着罗斯福两岁半时的一个小插曲，显示了他从小就拥有其他孩子所没有的沉着和机敏。一天，罗斯福和父母一起用餐。比起满桌子的美味佳肴，装牛奶的玻璃杯子更能引起他的兴趣。他把玻璃杯子边沿咬掉一大块，似乎在向父母炫耀自己拥有一口好牙齿。萨拉赶紧把小罗斯福带出餐厅，清理他嘴里的碎玻璃片。确认他没有受伤后，萨拉狠狠地教训了儿子一顿。罗斯福很安静，像是认识到了自己的错误。萨拉这才让他回到餐桌上，并且给他换了一只新的玻璃杯。随后发生的事情让萨拉哭笑不得，罗斯福只安静了一会儿，便又打起玻璃杯的主意。当萨拉问他为什么不听话时，他一本正经地回答："妈妈，那个听话的我上楼了！"

1884年，罗斯福随同父母开始前往各地旅行。由于乘坐的是私人专用包厢，所以不会让人觉得旅途疲惫。他们还去了欧洲，在英格兰生活了半年。但是对那时候发生的大多数事情，罗斯福都没有什么记忆，他实在太小了。

1885年，罗斯福一家又开始了愉快的欧洲之旅。在乘坐白星公司"日耳曼"号轮船返回美国的途中，出人意料的事情发生了。由于飓风的袭击，海浪撞碎隔板，船舱开始进水，情况非常危急。和其他乘客的惊恐慌乱相比，罗斯福一家始终保持沉着冷静。或许是由于那天是复活节，上帝没有遗弃他的子民，在船长的指挥下，严重受损的轮船终于驶回了利物浦。这次惊心动魄的经历，或许就是罗斯福记得最早的一件事。不知道他是否也从中学会一件事，那就是事态越紧急，就越应该保持镇静。不容置疑的是，他在这次经历中知道了家庭团结能够给人带来力量和希望。

欧洲旅行回来后，詹姆斯先生在芬迪湾的坎波贝洛岛买了块土地，修建了别墅，将那里当成家庭的夏日度假地。在39岁前，罗斯福几乎每年夏天都会在那里度过。20 世纪 60 年代，为了纪念罗斯福总统，当时的美国总统约翰逊和加拿大总理皮尔森共同签署了一份国际公约，将坎波贝洛罗斯福家的别墅命名为罗斯福—坎波贝洛国际公园。虽然这是美国的文化遗产，却设在加拿大的土地上，由两国政府共同维护和管理。这块土地，成为了美加友好相处的标志。

1886 年，埃利奥特·罗斯福的女儿，2 岁的埃莉诺·罗斯福跟着母亲来到斯普林伍德庄园做客。她并不像其他同龄孩子那样爱动，显得有些内向和忧郁。为了让小堂妹开心起来，5 岁的罗斯福背着她在游戏室的地板上尽情玩耍。虽然在以后的岁月中，两人很少见面，但命运之神还是将他们紧紧地联系在一起。17 年后，埃莉诺·罗斯福成为了这位远房堂兄的新娘。

1887 年，詹姆斯先生带着儿子罗斯福到白宫会见好友克利夫兰总统。

克利夫兰来自新泽西的考德威尔里，是美国第 22 任和第 24 任总统。因为没有做出出色的政绩，被历史学家称为"虎头蛇尾"的总统。

为了感谢詹姆斯先生对民主党的支持，克利夫兰总统向这位老朋友发出邀请，希望他能够出任美国驻荷兰公使。詹姆斯先生不愿离开海德公园，不愿意放弃安逸的乡绅生活，因此婉转地谢绝了总统的美意。

由于被经济和政治问题困扰，克利夫兰总统显得有些憔悴。看到活泼可爱的罗斯福，总统说出了这样一句祝福："上帝保佑你，希望你永远都不要成为美国总统！"显然，这成了一句空话，因为这个小家伙在 46 年后成了白宫新主人。这次和总统见面，给罗斯福留下的印象就是，当总统确实是一件不容易的事，确实是一件很辛苦的事。

为了把罗斯福培养成具有海德公园气派的美国绅士，詹姆斯先生和萨拉都尽量避免让他听到什么悲伤苦恼的消息。在罗斯福家中，金钱和利益是个隐晦话题，夫妻俩很少在罗斯福面前提到这些。他们认为真正的绅士应该具有高尚的情操和得体的风度，信仰和行为不受金钱利益的驱使。在社交生活中，他们通常都和那些血统高贵的家族往来，回绝了"暴发户"家庭的社交邀请。这样做的目的就是，不让罗斯福的心灵受到金钱和世俗污染。事实上，小罗斯福能够接触到的人，不是来自德拉诺家族和罗斯福家族，就是和两个家族有亲戚关系的人，剩下的是来自赫德逊河畔的邻居。

罗斯福经常和大人在一起，知道怎么做才能够讨人欢心。在外人看来，他性情有些腼腆，是个懂事的孩子。可是他也有一个毛病，那就是习惯事事顺心，不能够接受失败。不管做什么事，或玩什么游戏，大家必须让着他。如果玩游戏玩输了，或者做事不称心，他就会耍脾气。萨拉为了更好地教育罗斯福，决心帮助他改掉这个毛病。在玩棋类游戏时，她故意不让儿子，一连赢了好几盘。罗斯福不能接受这个结果，把嘴巴撅得高高的，期待着妈妈能够哄哄自己，期待着妈妈能够让让他。萨拉不理他，坚持让他乖乖认输，否则就不和他玩了。最后罗斯福虽然很无奈，但还是低头认输了。

萨拉并没有因环境优裕而放松对罗斯福的管束，她为儿子制定了严格的作息时间表：早上 7 点起床，8 点吃饭，然后跟家庭教师学习到 11 点；下午 1 点吃午饭，午饭后到 4 点继续学习。只有 2 小时的午休和下午 4 点到 6 点之间，罗斯福才能够自由活动。下午 6 点后，他要倾听母亲朗读文章。

虽然罗斯福接受了母亲的安排，但并不代表他高兴这样。

一天早上，罗斯福认真地向萨拉提出了"抗议"，希望自己能够得到自由。罗斯福家是崇尚民主的，对儿子的"抗议"，萨拉进行了认真考虑，答应给他一天时间，任他自由支配。6 岁的罗斯福出去玩了一天，直到太阳落山才满身疲惫地回来。他去了哪里？做了什么？在哪里吃饭？这些问题萨拉都没有问，罗斯福也没有讲。萨拉知道严管不等于束缚，正因为如此，罗斯福才能够在看似枯燥、有规律的生活中，尽情享受着童年的快乐。

罗斯福是一个聪明的孩子，他知道对自己这位慈爱而严厉的母亲来说，反抗是没有什么意义的。但要他完全顺从，又似乎太难了。他学会用巧妙的方式来解决问题，而不是直接地表现出不满和反抗情绪。表面看来，罗斯福好像乖巧地接受了母亲提出的各种规定，实际接下来他会用自己的方式变换途径以达到目的。从这方面看，他小时候就流露出了政治家的潜质，并且像个政治家般玩弄手腕。他知道怎样在母亲面前表现乖巧，也知道母亲顾忌什么。他经常用生病做借口，逃避钢琴课和美术课。但真正感觉不舒服的时候，他却很少对父母讲。他不想让父母担心，他是一个善良、孝顺的好孩子。

萨拉提出的各种规定，也让罗斯福获益颇深。在母亲这里，他得到了安全感和自信心。

在罗斯福心中，父亲詹姆斯先生就是自己的偶像。他举止优雅，谈吐风趣，始终带着温和的笑容。不管罗斯福想出多么古怪的问题，都能够从父亲那里得到满意的答案。父亲从来没有笑话过他的妄想，相反还经常称赞他有思考能力。

詹姆斯先生虽然已经到了做祖父的年纪，但还是喜欢和儿子亲近，陪着他一起玩耍。他性格宽厚，对仆人们也不拿架子，对穷人很同情并愿意给予帮助。詹姆斯先生的平易近人和宽厚善良，都对罗斯福产生了良好影响。

天气晴朗时，罗斯福就坐在父亲肩头，跟着他巡视庄园。除此之外，在庄园里骑自行车、打猎，到赫德逊河边钓鱼、游泳、划船，都是罗斯福喜欢做的事。在父亲的引导下，罗斯福成了一个爱好广泛的孩子。

罗斯福喜欢各种动物，亲自照顾属于自己的那匹苏格兰小矮马和一只长毛猎狗，这是父亲送他的礼物。另外，他对赫德逊河流域特有的各种鸟类产生了浓厚兴趣。罗斯福希望自己能够捕捉到它们，做成标本。詹姆斯先生满足了儿子的愿望，送给他一支小口径猎枪，并且耐心地教会他怎么瞄准目标。另外，詹姆斯先生还要儿子保证，每一种鸟类只捕捉一只，这样才不会辜负上帝赐予的仁爱之心。罗斯福很认真地立下每种鸟类中逮一只的誓言，并且在以后的日子中一直遵守着。他是一个有恒心的孩子，经过长年累月积攒，他的鸟类标本超过了300种。萨拉把这些标本装饰在门厅四壁，以此来证明自己的儿子是个优秀的小射手。

此外，罗斯福还爱好集邮。从8岁开始到生命终止，他的集邮活动一直没有间断过。他把邮册当成课外读物，通过邮票上的画面，了解世界各地政治、经济、历史、文化、风土人情等。他曾说："集邮是研究各类科学的有效途径。它不仅能够让人积累知识，开阔眼界，还能够缓解压力，让生活变得缤纷多彩。"

罗斯福的舅舅弗雷德知道小外甥正为集邮着迷，便把自己珍藏的邮册作为他10岁的生日礼物送给了他。这些邮册来源于萨拉，她从5岁开始集邮，也有了不小成果。后来，她把这些送给弟弟弗雷德，没想到多年后又回到她儿子手中。

罗斯福最大的爱好，应该是对航海的热爱。他母亲认为这是德拉诺家族血统的体现，是受他外公那些传奇航海故事的影响。罗斯福最早的记忆，就是和父母一起乘船远行。频繁的海上生活，不仅让罗斯福能够冷静地应付各种变化，也让他逐渐掌握了一些航海技术。他的父亲有一只51英尺长的"半月"号帆船，为他提供了合适的学习机会。罗斯福10岁时，便能够在船上掌舵了。16岁时，他已经驾驶着属于自己的"新月"号帆船在芬迪湾多岩的海岸边探险。

出于对大海和航行的热爱，罗斯福开始收集船模、海洋书籍、美国海军历史书籍等。他有了最初的人生梦想，那就是以后要进入安纳玻利斯海军学院学习，成为一名优秀的海军军官。

罗斯福的启蒙教育从6岁开始，他被萨拉送到邻居罗杰斯家，和其他几个孩子跟着一位德国女教师学习。没过多久，斯普林伍德庄园为罗斯福请了家庭教师莱因哈德小姐，教授他德文和小学课程。很快罗斯福就熟悉了德文，并且尝试着用德文书写信件。

因为精神方面的疾病，莱因哈德小姐辞去了斯普林伍德庄园的工作，珍妮·桑多斯小姐接替了她的工作。桑多斯小姐来自瑞士，负责教授罗斯福拉丁文、英文、法文和欧洲史。除了文化知识，桑多斯小姐还有意识地给罗斯福讲些社会问题和经济问题，让他知道外面的世界不像海德公园这样宁静幸福，外面有着贫穷和苦难。在桑多斯小姐的引导下，罗斯福开始阅读大量的书籍，从中获取了更多的知识。这些对罗斯福的成长起了积极作用，桑多斯小姐成为罗斯福最喜欢的老师之一。

1890年，詹姆斯先生心脏病发作，差点离开萨拉和罗斯福。他的身体日益衰弱，不能陪着罗斯福进行各种锻炼。为了延长他的寿命，罗斯福一家从1891年开始经常到巴特瑙海姆度假，据说那里拥有最有疗效的温泉。罗斯福在巴特瑙海姆学习游泳，并且在这地方的一个普通学校学习了六个星期。

1892年，罗斯福在巴特瑙海姆见到了自己最喜欢的作家马克·吐温。罗斯福非常喜欢他的作品，而且受到很大影响。罗斯福从政之后，不管是说话措辞，还是演讲风格，都能够找到马克·吐温的影子。

3 格罗顿插班生
ROOSEVELT

1896 年 9 月，14 岁的罗斯福离开了母亲的怀抱，就读于美国著名的贵族学校格罗顿公学。把他送到学校回来后，萨拉在日记中写道："真不愿意和儿子分开，我们夫妇俩都感觉非常难过。"

格罗顿公学于 1884 年建立，坐落在波士顿西北 40 英里外的一个小镇上。学校规模不大，罗斯福入学时，全校大概只有 150 名学生。这里只收男孩，学制 6 年。由于是参照英国贵族学校建立的，是豪门子弟进入名牌大学的跳板，所以费用非常昂贵。虽然当时建校时间并不长，但是声望已经不亚于那些拥有百年历史的名校。学生们大多数是来自东海岸中心城市的名门望族，有着显赫的姓氏和背景。

罗斯福到格罗顿公学读书，是詹姆斯先生和萨拉十几年前就为他规划好的。13 年前，夫妻俩到格罗顿拜访老朋友詹姆斯·劳伦斯，知道这里在筹建新学校，就非常留意。两人接受了老朋友的劝告，在学校开办前就给儿子报了名。

格罗顿公学的创办人是恩迪科特·皮博迪博士，他也是该校第一任校长。在美国上流社会，他是一位口碑良好的教育家。

皮博迪博士生于 1857 年，皮博迪家族则是新英格兰最富有的家族之一。皮博迪从英国剑桥大学毕业后，没有子承父业去经商，而是选择做了牧师，到偏远地区为贫穷困苦的人传递上帝的福音。他身材高大，体格健壮，不管什么时候看起来都是充满精力，好像永远也不会疲惫。

1883 年，皮博迪博士来到格罗顿创办了这所公学。他一直没有忘记自己的办学目的：不是单纯地培养学者，在重视智力发展时，也注重道德和体能教育。他希望自己能够培养出引领这个社会发展的政治家，希望国家政治经济能够良性发展。他认为学生应该具备社会责任感，学生应该认识到应对上帝、对国家、对社会尽义务。他鼓励学生，让他们有为国家和社会奉献的意识。其实他有些单纯，是个追求自由、又不失传统的理想主义者。

学生们尊敬皮博迪博士，但并不喜欢他的讲课方式。他的课堂枯燥单调，单向地灌输知识，不能启发学生的主动性。皮博迪认为学生就应该服从，和文化教育相比，他更看重宗教、道德和体能教育。在格罗顿公学，他有绝对权威性，在学生眼中，他不仅是虔诚的基督徒，有时候也像撒旦的使者。学生们都畏惧他，偶尔有学生冒犯他，会马上得到严厉惩罚。

尽管皮博迪博士不愿意接受插班生，但是也偶有破例。罗斯福和邻居埃德蒙·罗杰斯同时入学，在三年级学习，成为他同父异母哥哥罗西的儿子塔迪·罗斯福的学弟。

罗斯福的生活模式完全改变了，过去他在斯普林伍德庄园里是大家围绕的中心，尽情地享受着各种乐趣，如今他只是公学众多孩子中的一员，住在一间小卧室里，过着清苦的生活。

格罗顿公学的管理方式，是皮博迪博士参照英国伊顿公学的模式制定的。另外，为了弘扬基督教义，让学生们适应朴实的生活，锻炼坚强的意志，这里还提倡斯巴达式生活。学生们住在 10 英尺长、6 英尺宽的房间里，没有房门，门口处只挂着一个帘子。房间里看不到任何奢侈的东西，这里只允许有生活必需品。

每天早上 7 点，学生们都会被刺耳的铃声准时唤醒，然后在舍监的吆喝声中去洗漱。一年四季，洗漱室和澡堂都不提供热水，大家只能够用凉水。他们只有 30 分钟的时间用来梳头洗脸，清理指甲。7 点 30 分，学生们要排队去吃早餐。为了不忘向上帝表示感激之情，餐后大家要一起做晨间祷告，然后才是上课时间。午餐算是一天之中的正餐，但是内容单调，吃得大家都没有什么胃口。罗斯福在给父母的信中提到这个问题，认为应该增加饭菜种类。下午除了文化课安排，还有各种体育锻炼。晚饭前，学生们还要再洗一次冷水澡，让自己看起来干净整齐。孩子们身上穿着浆洗过的白衬衫，脚上穿着皮鞋，到食堂参加集体晚餐。集体晚餐结束后，是晚间祷告和自习的时间。所有日程都由皮博迪博士亲自制定，要求全体学生严格遵守。每天晚上，皮博迪博士都和学生们一一握手，互道晚安，扮演着大家长的角色。

皮博迪博士办学的目的，是让这里像英国伊顿公学那样成为政治家的摇篮。但是在课程安排上，和其他公学并没有什么不同，也是侧重人文学。语言课安排以拉丁语为主，其次是希腊语、法语和德语，历史课只讲欧洲史。总的看来，这里基本不开设和美国相关的课程，英文名著成为学生们的学习重点。

以校长皮博迪博士为首，老师们进行着机械式教学，把知识灌输给学生们，强制性地让他们消化掉，而不是要求他们思考。当然也有例外，那就是政治经济学。除了老师讲授著名经济学家的理论之外，这门学科还安排有课堂讨论，中心焦点是各种社会经济问题。由于灵活有趣，政治经济学成为最受学生们欢迎的学科之一。

这里聚集了上百名豪门子弟，没有谁能够成为中心人物，没有谁能够受到特别待遇。同学们对罗斯福这位插班生并不欢迎，在大家眼中，他欧洲化的优雅举止有些做作，带有伦敦腔儿的英语也让人不舒服。和同龄孩子比起来，他早熟世故，知道怎么迎合别人。即便对方态度恶劣，他依然不动声色，脸上展现出的还是友好和大度的笑容。这样的结果并没有导致他和同学们和睦相处，相反同学们对他的做作更加反感。

大家用戏耍的心态给罗斯福起了一个绰号，叫"富兰克林叔叔"，嘲笑他有个年长两岁的侄子。罗斯福知道抗议无效，很坦然地接受了它，并且认为和"罗西侄儿"相比，这个称呼还不算太糟。他隐藏着紧张的心情，逐渐适应了新环境。在给父母的家信中，他这样写道："我在这里很好，心情很愉快，身体也很健康。"

虽然罗斯福适应了格罗顿公学的生活，但是他也生平第一次感觉到了竞争和压力。对是否能够取得好成绩，他缺乏信心，经常担心成绩不理想。这种忧患意识教促他很用功地学习，当第一次考试成绩出来时，他松了口气。他的成绩在全班 17 名中排第 5，平均分 7.79 分，比较让人满意。

罗斯福的体育成绩有点糟，这让他感觉有些懊恼。他身高 5 英尺 3 英寸，体重却只有 100 磅，显得非常单薄。皮博迪博士在校内提倡集体体育活动，对个人体育活动并不怎么认可。在格罗顿公学风行的橄榄球、篮球和划船，都是耗费体力的运动，罗斯福并不擅长这些。但是他是个不甘寂寞的人，为了和同学关系紧密起来，他组建了橄榄球拉拉队，而且还担任了篮球队管理员。

为了符合格罗顿公学传统规范，罗斯福尽量调整自己的言行，让自己完全融入这里。在老师眼中，他是个勤奋好学的好孩子，积极参加各项集体运动，尽管表现并不突出。

罗斯福的个性好强，不是甘于平凡的人，他全力以赴，想让自己在某方面看起来更加出色。他加入"辩论学会",向大家展示了自己的辩论才能。他开始关注国家和政治,认为增强海军力量是美国强大的关键。

在格罗顿公学期间,罗斯福还加入了传教会,进行一些自愿者服务活动,帮助贫困人士,对社会生活有了更真实的认识。另外,格罗顿公学每年都会为穷苦孩子们举办夏令营,罗斯福也参与其中。罗斯福和同班同学关系一般,和低年级学生关系却很好,得到学弟们的普遍尊敬和认可,这都是他性格温和、待人亲切的缘故。

在格罗顿公学期间,罗斯福养成了给父母写信的习惯。每周两次,他都会按时寄出信件,汇报近期的生活和学习情况,这些都是为了让萨拉安心。萨拉和詹姆斯也经常去探望他,密切关注着他的成长。

经过 4 年学习,罗斯福在格罗顿公学的学习即将结束。毕业前夕,他戴上了眼镜,显得成熟了不少,也比过去更加自信。罗斯福想进海军学校,实现自己当一名海军军官的理想,没有得到父母支持。父亲已经年迈,海德公园的产业需要继承,这些都不允许他自由地选择未来。最后,他接受父亲的建议,准备进入哈佛大学法律系。

1900 年 6 月 25 日毕业典礼上,罗斯福获得了拉丁文奖,奖品是一套《莎士比亚全集》。皮博迪博士邀请时任纽约州州长的西奥多·罗斯福驾临格罗顿公学,为毕业生致词。西奥多鼓励这些年轻人要拥有智慧和勇气,并且祝愿他们能够成就非凡的事业。这位出自罗斯福家族奥伊斯特湾支系的堂叔,一直是罗斯福景仰的偶像。对西奥多的崇拜,也成了罗斯福渴望从政的重要原因之一。

在罗斯福的毕业证书上,皮博迪博士写了如下评语:"该生品学兼优,在集体活动中表现非常出色。"

很多年后,皮博迪博士接受记者采访时,更加详细地说明自己对罗斯福的印象。他说罗斯福聪明、懂事、话不多、组织能力强,唯一的不足就是运动方面稍微差了一些。虽然他不是班上的风云人物,但是也能够得到大家喜欢。

在格罗顿公学生活的 4 年,对罗斯福的一生都具有深刻意义,皮博迪博士也成为他终身景仰的老师。除了父母,皮博迪博士对罗斯福的影响最深。当了总统后,在给皮博迪博士的信中,罗斯福诉说了自己对这位师长的感激之情。在以后的各个人生重要时刻,罗斯福也没有忘记和这位恩师分享幸福和荣耀。他的婚礼和前三次总统就任前的私人宗教仪式，都邀请了皮博迪博士出面主持。

在皮博迪博士 80 岁的生日聚会上，他给予了罗斯福高度评价，认为他是一名真正的勇士，是让人为之骄傲的朋友。虽然这些称赞没有得到格罗顿校友们的认可，可罗斯福的心情还是很愉快。罗斯福的声望成为格罗顿公学的骄傲，皮博迪博士的认可也增加了罗斯福的人格魅力。

罗斯福对格罗顿公学有着很深的信赖和依恋，这也是他后来把四个儿子相继送到这里的原因。他知道插班生的苦恼，为了避免儿子们经历同样的问题，在他们 12 岁时便安排入学，从一年级读起。

皮博迪博士办学初衷就是想把格罗顿公学发展为政治家的摇篮，罗斯福能够入主白宫似乎显示了他的成功。皮博迪博士认为自己已经对学生们进行了劝勉，他们应该按照他的期望在未来人生中步入政坛。如果他们没有那样做，那是自身的原因，而不是格罗顿公学的教育问题。皮博迪博士认为政治是社会改革运动，学生们有参与的义务和责任。他是个理想主义者，希望从政者诚实可信，国家政治清明。他以为这些空洞的理论能够对学生们产生影响，实际上只被大家当成枯燥的说教而已。

在格罗顿公学，罗斯福没有接受任何从政训练，也没有学到和美国政治有直接关系的知识。相反，有很多在这里养成的习惯，成为他政治生涯中的小障碍。为了培养学生的自信心，皮博迪博士要求学生和不熟悉的人见面时，不仅要昂首挺胸，而且要注视对方头顶上方。这种习惯，实在不利于与别人建立和维持良好的人际关系。毕业十年后，罗斯福才在朋友的再三劝说下，改掉了这个毛病。

令人欣慰的是，罗斯福在格罗顿公学掌握了让自己辩论获胜的窍门，这在以后的各种竞选中发挥了一定作用。皮博迪博士的人道主义观念，也给罗斯福带来正面影响。他更多地了解到社会底层生活，开始关注赈济城市贫民问题。他秉承皮博迪博士的信仰，愿意承担为国家和人民服务的义务。但这些对罗斯福政治上的成功，似乎并没有起到什么作用。

1940 年，罗斯福在给皮博迪博士的信中写道："在性格和思想形成时期，能够接受您的教诲，是我人生中最幸运的事情之一。"在皮博迪博士的教诲下，罗斯福从海德公园的贵族子弟成长为一个知道人间疾苦的热血青年。第一次总统就职后，罗斯福曾经写道："除了我的父母，皮博迪博士夫妇对我这一生的影响最大。"

罗斯福和皮博迪博士的关系没有因入主白宫而疏远，相反，在白宫举办的各项私人仪式，几乎都由皮博迪博士主持，师生两人一直维系着良好关系。两人彼此间的推崇和认可，也在世人面前增加了对方的魅力。

4 哈佛时代
ROOSEVELT

波士顿附近查尔斯河畔的坎布里奇，坐落着闻名于世的哈佛大学。它创建于 1636 年，接收全国各地贵族学校的毕业生，依托于美国东部财团支持，办学宗旨是培养上流社会的接班人。美国历届总统中，有 5 位出自哈佛大学，其中包括亚当斯父子。亚当斯家族的后代，哈佛毕业生亨利·亚当斯曾经这样评价这所学府："哈佛大学把学生们培养成思想高尚、行为得体的良好公民，送到社会上去。这里学风自由，具有包容精神，学生们胸怀宽广，不局限于偏见。但这里没有刻意造就政治家，能够传授给学生们的政治知识也很有限。"

哈佛大学和格罗顿公学一样，与罗斯福家族结下了不解之缘，罗斯福的堂叔西奥多·罗斯福和父亲詹姆斯·罗斯福都毕业于这所大学。

1900 年的哈佛大学，正由地方性大学发展为世界知名学府，时任校长查尔斯·W. 艾略特是哈佛大学历史上最有成就的几位校长之一。他于 1869 年任职，已经做了 30 多年校长。他思想开阔，在改革中不断地完善哈佛大学的教育方式。他的教育宗旨和皮博迪博士截然不同，他主张利用科技文化服务于国家和社会。他引进国外先进教学制度，改革传统课程安排，在美国推行自由选修课程制度。

在开放式学风带动下，当时的哈佛大学汇集了教育界各位权威人士，其中包括美国史学家弗雷德里克·特纳教授、经济学家艾布拉姆·安德鲁教授和政治学家艾伯特·洛厄尔教授等。哈佛大学的学生，分成两个流派，一派是犹太商人的后裔和西部豪门青年，另外一派被看成是优秀的外地人。

1900 年 9 月 25 日，罗斯福和格罗顿公学同窗莱恩罗普·布朗一起进入哈佛大学，两人在威斯特莫利大院 27 号合住一套三室一厅的高级公寓。公寓里分布着各种高级俱乐部，房租昂贵，被称为哈佛大学的"黄金海岸"。这里没有格罗顿公学刻板的规矩，罗斯福像其他大学生一样，把房间布置得文雅又不失朝气。

除了莱恩罗普·布朗，格罗顿公学的很多学生也进入哈佛大学求学，在这里形成了格罗顿公学校友圈，校友们不去公共餐厅就餐，而是在专门的餐厅和同学们一起用餐。这似乎也是哈佛大学的风气，贵族公学出来的学生都有自己的社交圈，不仅格罗顿公学如此，像圣马克斯公学、圣保罗公学那样的百年名校出来的学生也是如此。

这里不像格罗顿公学那样封闭，而是和外界联系很密切，罗斯福过着轻松愉快的生活。哈佛大学的对岸，就是被称为"美国雅典"的波士顿市，这里有雄伟的州议会大厦，庄严的雅典娜神庙。

当时的哈佛大学，汇集了美国政界、商界豪门子弟几百人，大量的交际应酬接踵而来，让大家的生活和学习变得松散。没有人要求你每天应该做什么，每天学习什么。有的人整个学期都在寻欢作乐，只有在考试前才突击学习一下。花费大量金钱进行名门望族之间的社交，还有各个俱乐部的竞选，成为哈佛豪门子弟的生活写照。

1900 年 12 月初，詹姆斯先生和萨拉来到纽约，住在纽约文艺复兴饭店。詹姆斯心脏病发作，情况十分危机，到 12 月 7 日，他已经陷入弥留状态。萨拉把罗斯福和丈夫前妻的儿子罗西叫来，让兄弟们见詹姆斯最后一面。次日清晨，詹姆斯先生去世。

萨拉受到了很大的打击，罗斯福克制着丧父之痛，陪在母亲身边，给予她鼓励和安慰。这时萨拉变得更加富有，她不久前从父亲那里继承了 130 万美元遗产，如今又从丈夫这里得到斯普林伍德庄园和罗斯福家的大部分财产。她开始按照丈夫生前的方式料理产业，巡视自己的土地。

罗斯福和哥哥罗西各自继承了一笔 12 万美元的信用基金。通过这笔基金，罗斯福每年能够收入 6 千美元。这些收入根本不够他的开销，这让他在经济上更加依赖母亲。

詹姆斯先生除了留给罗斯福金钱外，还留给他一项更可贵的遗产。罗斯福模仿父亲的传统绅士形象，用来掩饰自己的野心。在外人眼中，他和父亲一样，是一位品德高尚、胸怀宽广的绅士。这种形象让他在以后的政治生涯中得到选民的信任，让他显得和那些野心勃勃的政治家完全不一样。

萨拉的妹妹劳拉来到斯普林伍德庄园，陪伴姐姐度过丧夫后的第一个冬天。为了实现丈夫的遗愿，把罗斯福培养成前程似锦的大人物，萨拉搬到波士顿。为了不妨碍罗斯福的大学生活，同时还能够照顾他，萨拉在距离罗斯福公寓几条街的地方租了房子。罗斯福经常在母亲这里举行社交宴会，招待同学和朋友，以此排解母亲的孤独和寂寞。

失去了父亲的庇护，罗斯福仿佛一下子长大了不少，开始学着打理海德公园和波士顿的产业，充当家长角色。詹姆斯先生去世后，儿子罗斯福成为萨拉生活的全部重心。她渴望和儿子亲近，精神上依赖他。她乐于担当监护人的角色，就像儿子 14 岁离开家之前一样，打点他的一切。罗斯福对待母亲有自己的方式，表面上的顺从不代表他没有主见。对于母亲安排中他不认可的部分，罗斯福没有直接不理睬或拒绝接受，而是巧妙地回避问题。

1901 年夏天，为了让母亲散心，罗斯福陪她去欧洲旅行。这期间，美国政坛发生了对罗斯福家族影响巨大的变化。麦金利总统在出席博览会时遭到了枪击，随后身亡。42 岁的副总统西奥多·罗斯福继任为美国总统。

由于受堂叔西奥多·罗斯福的影响，罗斯福向往政治生活。他没有随波逐流，沉迷于豪门子弟间的交际应酬，依然努力学习，朝自己的目标奋斗。罗斯福的主修课是英法文学、拉丁文、古生物学、地质学、美术和演讲术。此外，他还选修了大量历史和政治经济学科，其中包括欧洲史、美国史、英国史、立宪政治、国际法、货币法规等十几门课程。在 1945 年 4 月的《哈佛校友通报》上，提到过罗斯福在各个学期的选修科目，大家认为他给自己安排了并不轻松的课程表。

大量的历史和政治经济课程，对培养未来的政治家并没有起到什么积极作用。政治学方面的课程脱离政治实际，只给学生们讲授抽象理论。罗斯福后来提到这几年的学习时，认为学到的都是错误的经济学观点。罗斯福对学习充满渴望，但对历史学教授单调枯燥的教学方式忍无可忍时，他也会跟着同学一起溜出课堂。尽管哈佛大学名师如云，但是没有一位能够像皮博迪博士那样对他产生深刻影响。

虽然罗斯福崇拜着堂叔西奥多·罗斯福，希望自己走同样的道路，而且和西奥多·罗斯福一样对哈佛大学脱离社会实际的教学大纲表示不满，可他们还是有着显著不同，那就是罗斯福的文化课成绩平平，虽然在贵族子弟中取得这样的成绩已经算是不错，却远不能和他的堂叔西奥多·罗斯福的优异成绩相比。

在美国各大高校，体育活动在校园生活中占有很大比重。学生们按照体育方面的相关成绩，决定自己在校园中的地位。哈佛大学也不例外，社交圈和体育成绩紧密联系起来。和在格罗顿公学时一样，罗斯福再次陷入尴尬处境。虽然个子很高，但是 146 磅的体重让他看起来依旧那样单薄。体力有限，加上没有娴熟的技巧，让他在各项体育活动中都处于劣势。他勉强加入了低年级足球队，但是在选拔赛中就惨遭淘汰。后来他加入划船队，但也只能成为替补队员。

罗斯福是个不甘平庸的人，他渴望得到同学和老师的认可，成为哈佛校园的风云人物。虽然在体育活动中备受打击，但这并不影响他的自信心。他积极参加课外活动，让自己有机会认识更多的朋友。

早在 1900 年，在共和党提名大会上，罗斯福的堂叔纽约州州长西奥多·罗斯福就被推选为麦金利的副总统候选人。罗斯福这个姓氏，引起了美国政坛各界人士的关注。美国总统大选前期，罗斯福作为哈佛大学《校旗报》的通讯记者，提议采访艾略特校长，询问他到底支持哪个政党。《校旗报》是正规校报，尽管只有 8 张版面、4 个专栏，却拥有自己的社址、印刷机和发行人员。

罗斯福的提议让主编觉得不可思议，作为哈佛大学当家人，查尔斯·艾略特校长的政治倾向一直被外界猜测，却始终不被世人所知。这位德高望重的学者接见罗斯福时，态度并不和蔼。对于这个学生记者，他显得有些冷淡。在这年轻人的执著下，校长最终露出笑容，认真回答他提出的各种问题。这次采访内容在《校旗报》登出后，引起全国媒体关注，各大报刊相继转载这条新闻。

1901 年，经过激烈的竞争，罗斯福成为哈佛大学《校旗报》的编辑。为了迎合大众口味，他摒弃了内容乏味的长篇大论，报道以体育评论和橄榄球赛事为主。其中有关橄榄球方面的报道，得力于他的室友、哈佛橄榄球队长莱恩罗普·布朗。

罗斯福的堂叔西奥多作为副总统，此时已经成为众人景仰的政治明星。罗斯福听说西奥多在波士顿访问，就打电话过去问候，知道了副总统即将到哈佛大学进行学术演说的消息。在新闻媒体公布前，罗斯福在《校旗报》的头版头条抢先报道了这个内幕消息。

西奥多·罗斯福在哈佛大学演说过后，当众向堂侄罗斯福表示热情地问候，这给他带来了意外的荣耀。虽然很多人认为他能够胜任编辑，是凭借家族和姓氏关系得到了某些内幕消息，但是其主要成就还是来源于他的努力。罗斯福和母亲提到校报工作的事时，他一再表明自己有信心做好这些事情。他好强的个性在这里也充分显示出来，他每天工作几小时，希望能够将这些事情做到尽善尽美。

1903 年夏，《校旗报》竞选新主编，竞争非常激烈。罗斯福凭借自己的勤奋努力和精彩报道，在竞选中脱颖而出，成了当时哈佛大学内具有影响力的人物之一。他的付出终于有了回报。

罗斯福关注校内热点问题，就旧宿舍的消防隐患发表社论，引起了学校的重视。在经过考察和规划后，学校在那里安装了相应的消防设施。第一次担任管理职位，罗斯福的工作态度和处事方法无疑是正确的。为了得到大家认可，他能够以身作则地勤奋工作；对待同学，他态度温和，而且还能够谦逊地听取不同意见，对低年级的编辑，他富有耐心，很亲切地给予教导和帮助。就这样，他得到了大家认可，成为受欢迎、具有凝聚力的领导。可是没过多久，罗斯福就要面临毕业离校。为了继续行使主编权力，他获得文学学士学位后，选择了留校，继续攻读硕士学位。很多年后，罗斯福回忆起担任主编的这段岁月时，他这样说道："那段经历，成为我日后从政的宝贵财富！"

在哈佛大学这段岁月，带给罗斯福的不仅仅是成功，而且还有难以磨灭的失败。

当时的哈佛大学学生们社交活动频繁，参加各种高级俱乐部成为交际生活中的首要选择。各种俱乐部种类繁多，最引人关注的就是声名显赫的"波司林"俱乐部。这个俱乐部对入会者审查严格，和波士顿上流社会有直接联系，会员们都是众人眼中的精英，所以这里成为罗斯福最向往的地方。或许他是想延续罗斯福家族的传统，20 年前，西奥多·罗斯福曾是"波司林"俱乐部的骨干人物，而他父亲詹姆斯先生也曾经是这个俱乐部的荣誉会员。

俱乐部对新成员的申请采取一票否决制，由 16 位会员进行秘密投票。不管申请人表现多么出色，只要投票人中有一人反对，那么他就失去入会资格。

凭借着家族荣耀和格罗顿毕业生的身份，罗斯福对加入波司林俱乐部很有信心。他积极参加竞选活动，认为自己已胜券在握。在给母亲萨拉的信中，他这样写道："虽然忙得焦头烂额，可仍然很高兴。"

罗斯福根本就没有想到过会失败，因此"波司林"俱乐部的投票结果让他震惊。16 张选票中，出现了否决票，这代表着他已经被拒之门外。他非常沮丧，认为那些否决票是会员中的格罗顿校友投的，心中有些怨恨。虽然在同学眼中，罗斯福被"波司林"俱乐部拒绝是由于身体瘦弱，而且和体育成绩有关，可罗斯福还是受到伤害，变得很敏感。在他眼中，这不是俱乐部对自己的否决，而是社交界的否决，因此他对所谓的上流人士也产生了厌恶心理。这次失败让罗斯福产生了一种自卑感，不再像过去那样乐观自信。罗斯福在多年后也表示，人生中最失望的事就是被"波司林"俱乐部拒之门外。

罗斯福隐藏了自己的挫败感，参加了另一个俱乐部，担任该俱乐部的图书管理员。这时，他听从一个书商建议，开始藏书。最初他选择的是与美国相关的书籍，后来出于对海洋的热爱，他把收藏范围缩小到与"军舰"有关的书籍。由于藏书的原因，罗斯福被选为哈佛联合图书馆委员会委员。除此之外，他还加入了几个其他类型的俱乐部，但是都没有花费太多精力。

罗斯福的大学生活，就如同他给萨拉信中提到的那样，只是"学习、休闲、参加社交聚会"。当然，需要提到的是，他延续了格罗顿公学的做法，继续从事些慈善活动，为城市贫民做些力所能及的事情。

罗斯福的政治生涯，是从哈佛大学开始的。海德公园罗斯福家族的政治倾向是支持民主党，但出于对堂叔西奥多的景仰，他最终参加了哈佛大学共和党人俱乐部。尽管以罗斯福的年龄还没有获得选举资格，但他却全心全意地为共和党竞选贡献自己的力量。竞选前夕，为了声援共和党人，罗斯福穿戴红色衣帽，随同哈佛大学和麻省理工学院的 1 000 名学生，参加了火炬游行。他给萨拉的信中这样描述道："我们按照年级排列，队伍长约六公里，在民众的簇拥中，我们穿过波士顿所有的街道。"

竞选结果出来，共和党大获全胜，总统威廉·麦金利成功连任，他的竞选搭档西奥多·罗斯福成为副总统。威廉·麦金利是美国第 25 位总统，被后来的历史学家称为"俄亥俄偶像"。1896 年，麦金利被共和党提名为总统候选人，随后在竞选中获胜。这时是美国垄断资本形成和对外扩张时期，经济复兴成为麦金利最关注的事情。对内，他采取提高关税和稳定金融的政策，使得美国经济逐渐繁荣；对外，发动美西战争，击败西班牙海军，夺取西班牙殖民地，吞并了夏威夷群岛。另外，他还派兵加入"八国联军"，对中国进行大肆掠夺。

1901 年 9 月 6 日，在出席布法罗泛美博览会时，威廉·麦金利总统被一名无政府主义者射伤，9 月 14 日去世。按照美国宪法规定，42 岁的副总统西奥多·罗斯福继任为美国总统。在总统任期内，西奥多·罗斯福施行大刀阔斧的改革政策，限制垄断资本的发展，为平民争取更多利益，民众生活水平显著提高。西奥多督促国会建立实力雄厚的美国新海军，让美国在外交上得到更多主动权。可以这样说，西奥多的成功，是罗斯福渴望参政的重要因素之一。对堂叔那些新经济政策，罗斯福和其他民众一样拥护和认可。西奥多成为他最崇拜的政治偶像，走西奥多的路成为罗斯福向往的人生规划。

1903 年，在市政选举中，罗斯福首次行使了选举权。出人意料的是，虽然身在共和党俱乐部，他却将选票投给了民主党人。

哈佛大学的经历，对罗斯福的成长起到了促进作用。后人分析，罗斯福新政中的经济观点，就是这段时间在改革派经济学讲师的影响下初步形成的。有的讲师不赞成政府干预经济，但是不反对放任经济体自由发展。他们认为，对于经济发展的弊端，政府应该出面管理和调控。

在人际关系中，罗斯福再次遭遇了在格罗顿公学面临的问题，那就是不能够被身边的同学接受。可是，他找到了完美的解决办法，那就是寻求大多数人的支持。他喜欢上了选举，并且一直担当着竞选者角色，像个政治家一样享受其中的乐趣。罗斯福开始耍些手腕，吸引公众目光，让自己得到更广泛的认可。

1904 年 6 月，罗斯福从哈佛大学毕业。他早已摆脱了落选波司林俱乐部带来的挫败感，以无比自信的姿态离开了哈佛大学。他认为自己能够成为像西奥多那样出色的人物，并且开始为了这个目标而努力。

5 埃莉诺堂妹
ROOSEVELT

从哈佛大学时期开始，罗斯福不仅关注政治，也开始关注异性。在社交圈里，有很多漂亮女子都吸引过罗斯福的目光。父亲去世后，他渴望能够早点建立家庭，让斯普林伍德庄园重新热闹起来。良好的出身和教养，让罗斯福在选择交往对象上非常慎重。尽管他待人谦和，但是骨子里却很自负，希望能够找到一位各方面和自己都非常匹配的伴侣。

1902年元旦，西奥多总统在白宫为长女艾丽丝·罗斯福举办了初入社交界的舞会，邀请了许多美国上流社会青年出席，罗斯福也受到邀请。在社交场合中，17岁的艾丽丝表现得比她的年龄更加成熟和富有魅力。她不仅美丽，而且聪慧，具有优雅的仪态和良好的口才，在交际活动中如鱼得水。

罗斯福对艾丽丝产正了浓厚的兴趣，并且很认真地对她谈到自己人生的规划。他的心里隐藏着另外一个目的，那就是通过婚姻关系加深和西奥多总统的联系。艾丽丝对这位英俊的堂兄并不反感，但却不喜欢他设想的枯燥生活，于是很冷漠地回绝了他的提议。艾丽丝由于幼年丧母，受到父亲过分的纵容溺爱，大小姐脾气非常严重。

不能和西奥多家联姻，这让罗斯福感觉有些遗憾。是继续追求这个任性的千金小姐艾丽丝，还是选择其他温柔贤惠的伴侣？他陷入矛盾之中。就在这时候，罗斯福和埃莉诺·罗斯福在旅途中不期而遇。埃莉诺父母双亡，监护人是她的叔叔西奥多。罗斯福看到希望，知道自己可以毫不犹豫地放弃艾丽丝了。

和漂亮的艾丽丝比起来，埃莉诺的外貌不仅显得平庸，而且有点丑。突出的牙床、高高的颧骨，让她和"美丽"这两个字绝缘。虽然身材修长，但是同其他女子比起来，埃莉诺个子又显得太高。她的魅力来源于内在修养和深厚学识，来源于她本身拥有的睿智，当然，总统侄女的身份更让这一切锦上添花。

埃莉诺属于罗斯福家族奥伊斯特湾支系，父亲是西奥多的弟弟埃利奥特·罗斯福，母亲是名门千金安娜·霍尔。

1881 年，埃利奥特进行环球旅行时，遇到了从欧洲度完蜜月回国的詹姆斯先生和萨拉。萨拉当时已经怀孕，詹姆斯先生请求堂弟做孩子的教父。1882 年年初，埃利奥特回到纽约，在哥哥西奥多的安排下，从事房地产方面的工作，并且开始和霍尔家族的安娜小姐交往。3 月 20 日，他参加了罗斯福的受洗仪式，成为罗斯福的教父。6 月，埃利奥特和安娜订婚。次年年底，两人在纽约举行了婚礼。

1884 年 10 月 11 日，埃利奥特和安娜的长女埃莉诺·罗斯福降生。虽然是第一个孩子，可是安娜却不喜欢她。安娜是出了名的美人，但是性格却非常刻薄。或许是长女让她想到花心的丈夫，所以忍不住流露出失望和不满情绪。她希望自己的女儿能够继承霍尔家族女人的动人美貌和优雅气质，然而她却失望了，因为她的女儿长相平庸，而且胆小怯懦。

安娜把全部的爱都给了埃莉诺的两个弟弟小埃利奥特和霍尔。小埃莉诺不仅被母亲忽视，而且还经常遭到母亲严厉的处罚。如果不小心犯下错误，她就会受到母亲的责罚。有客人到访的时候，安娜经常当众嘲笑女儿不仅长得像个老奶奶，而且还性格古怪。为了让自己省心，她早早地把小埃莉诺送到修道院去上学。小埃莉诺渴望得到母亲的关爱和夸奖，可总是失望。她认为自己是一只丑小鸭，因此变得很自卑，也很敏感，总是小心翼翼，脸上时常流露着惶恐和不安。只有和父亲在一起时，她才能够恢复孩子的天性，活泼开朗起来。

正如安娜不是合格的母亲一样，埃利奥特也不是什么合格的父亲。在优秀哥哥的阴影下长大的他，性格偏激，内心脆弱。埃利奥特嗜酒如命，行为乖张，情绪反差很大，经常陷入莫名其妙的沮丧中无法自拔。他不喜欢刻板的工作，也厌倦家庭，经常流连在外，过着花天酒地的生活。结婚后不久，埃利奥特和安娜就都对对方失去了兴趣，共同生活成为了两人的负担。不过和安娜不同的是，埃利奥特非常疼爱小埃莉诺，愿意逗她开心宠着她。

对受到母亲漠视的小埃莉诺来说，父亲埃利奥特的关爱非常重要。可是，就在她无比依恋的时候，埃利奥特因无法忍受和安娜无休止的争吵，选择了离家出走。这时小埃莉诺才 6 岁，正是渴望父母呵护的年龄。她最快乐的就是，父亲埃利奥特偶尔回家探望自己。虽然埃利奥特停留时间短暂，但是这个小姑娘还是觉得幸福和满足。在她的心中，父亲的形象一直很高大，父亲就是她快乐的源泉。埃莉诺不明白父母到底为什么吵架，她开始怨恨母亲。幼小的她认为，父亲不是主动离开，而是被刻薄的母亲赶出去的。她非常想念父亲，期待他的来信，并且随身携带那些信件。

安娜的身体本来就不好，婚姻失败后的痛苦，更摧毁了她的健康。1892 年 12 月 7 日，她因患上白喉去世，年仅 29 岁。8 岁的小埃莉诺除了为母亲去世悲伤外，还盼望父亲能够早日归来，带自己离开。

埃利奥特在弗吉尼亚州得到消息后，返回纽约。望着棺木里依然漂亮却停止呼吸的妻子，他非常伤心。但是没过多久，他就从悲痛中舒缓过来，离开纽约返回弗吉尼亚州。

小埃莉诺很失望，因为父亲埃利奥特并没有带她离开。外祖母成为她和两个弟弟的监护人，承担起抚养他们的责任。不幸的是，几个月后，埃莉诺的弟弟们也患上白喉。在大家的精心看护下，小霍尔脱离危险，3 岁的小埃利奥特却离开了人世。埃莉诺和弟弟小霍尔被外祖母接到赫德逊河畔的霍尔庄园。由于修建时间久远，这个大宅子显得有些阴森恐怖。

不久后，埃利奥特回到纽约，和一个新情人同居，很少去探望儿女。埃利奥特更加依赖酒精，每次醉酒后就闹事，情况越来越糟糕。西奥多对这个弟弟也失去耐心，选择了放弃。为了侄女侄子的前途，不让弟弟把名下的财产挥霍一空，西奥多向法院递交文书，证明埃利奥特失去了正常人的行为能力，请求把财产转在埃莉诺名下。

1894 年 8 月，32 岁的埃利奥特酩酊大醉后，从楼梯上摔了下去，第二天就去世了。

和罗斯福家族一样，霍尔家族也有着上百年的历史。外祖母尽心照顾着小埃莉诺和霍尔，按照传统的方式来教育姐弟俩。可是，她却管不好自己的孩子，女儿们年轻风流，小儿子瓦利也是个酒鬼，只知道耍酒疯。小埃莉诺在这里既得不到自由，也得不到清静。两个姨妈，其中一个姨妈嘲笑埃莉诺的长相，认为她长大后绝对是一个嫁不出去的老姑娘；而另外一个姨妈不停地进行爱情游戏，不停地失恋，显得有些神经兮兮。小埃莉诺就是在这样压抑的环境中一点点长大。那时的她性格内向，打扮土气，没有丝毫魅力可言。

1899 年，埃莉诺的人生有了转机，15 岁的她被外祖母送到英国伦敦附近阿伦斯伍德镇上的女子中学，学习法语。校长索维斯托女士待人热情，和学生们相处得非常好。她鼓励埃莉诺摆脱自卑情绪，不断启发她的内在潜力。索维斯托女士母亲般的理解和关怀，让埃莉诺从童年的不幸阴影中走出来，性格逐渐开朗起来。在索维斯托女士的帮助下，她开始像其他少女一样，学着穿衣打扮，让自己洋溢着迷人的魅力。很多年后，提到阿伦斯伍德那三年的生活，埃莉诺认为那是自己人生中最快乐的岁月。

埃莉诺不仅得到校长喜爱，和同学们关系也非常融洽，得到大家广泛的认同。对待低年级学生，她也非常体贴，让人愿意亲近。她的衣着美丽大方，脸上的笑容也多了，成为同学眼中的中心人物。在她身上看不到豪门小姐常见的傲慢无礼，一个知识渊博、富有魅力的埃莉诺渐渐显现。埃莉诺不断改变自己，让自己变得更加优秀。她性格坚定，遇事沉着，充满了自信。虽然埃莉诺留恋阿伦斯伍德的生活，想再多待一年，但是三年后还是被外祖母接回美国。

在外祖母的安排下，埃莉诺正式进入纽约社交界。虽然她外貌平平，但是气质优雅，具有欧式风范。另外，她和其他女子不同的是，她知识渊博、见解独到，是个有内涵的人。在世人眼中，她是一位温柔端庄的淑女。在霍尔家族和罗斯福家族的女人面前，她也能够应付自如，不会再畏惧这些人的傲慢无礼。

尽管埃莉诺很自信，却也有自知之明。最初的几次社交经历，并没有给她留下什么美好的回忆。她异于常人的身高（将近6英尺），成为社交生活中的最大障碍，即使有人被她优雅的气质和幽默的谈话吸引，面对她的身高也是望而却步。除了家族里的人，埃莉诺并没有认识几个单身男子。

霍尔庄园的情况变得更加混乱，瓦利舅舅很少有清醒的时候，那个经常失恋的姨妈精神也几乎要崩溃。埃莉诺开始尽当姐姐的职责，教导弟弟霍尔。她自己长大后能够坚强地面对各种挫折，和小时候的成长环境分不开，这样异常的环境将她锻炼成为更坚强的人。

受童年生活的影响，埃莉诺从小就很有同情心，容易对那些遭遇不幸的人产生怜悯，愿意尽自己的力量帮助他们。小时候，她就很关心街头上的小报童，要求父亲为他们准备感恩节的晚餐。从英国归来后，她参加了纽约新成立的少年联盟，义务教授贫民窟的孩子们舞蹈和健美操。另外，她还帮助消费者协会调查妇女们的工作条件。

1902年春天，埃莉诺在火车上邂逅了多年不见的堂兄罗斯福。她脸上洋溢着自信的微笑，穿着时髦，举手投足间流露着优雅风范。罗斯福发现，和社交圈中那些只长着漂亮脸蛋的姑娘相比，埃莉诺更有一股迷人魅力；另外，她谈吐风趣、见解不凡，眼中闪动着过人智慧。罗斯福对她一见钟情，两人开始来往。

在交往中，埃莉诺显现出了更卓越的品质。待人接物方面，她坚持自己的原则，但是又不失大气。渊博的历史知识，让她对社会问题有自己的认识和见解。和那些沉迷社交场的千金小姐不同，埃莉诺有自己的梦想和憧憬，那就是帮助黑人、犹太人、穷人、妇女儿童等弱势群体，为他们争取更多的社会福利。在纽约贫民区和儿童医院工作的经历，让她对社会底层生活有了更深刻的认识，这点是罗斯福所不具备的。由于埃莉诺的缘故，罗斯福更直接地了解到城市的贫困状况。虽然她把激情藏在心底，但是罗斯福确信，她和自己一样是热爱生活的人。另外，埃莉诺对政治也很敏感，这点尤其吸引罗斯福。两人有着共同话题，经常聊得非常投机。

那年冬天，罗斯福和埃莉诺都来到华盛顿。罗斯福被姑姑安娜·罗斯福·考尔斯夫人邀请来过新年。埃莉诺应西奥多叔叔邀请，到白宫度假。两位年轻人秘密地往来，享受着甜蜜的爱情。随着交往的深入，罗斯福和埃莉诺感情越来越好，两个年轻人情投意合，在一起约会时，眼里只有对方，充满欢声笑语。分开后，就开始彼此思念。在爱情的滋润下，埃莉诺展现着少女的娇羞和美丽。

1903 年 11 月 21 日，在哈佛大学足球队拉拉队长罗斯福的盛情邀请下，埃莉诺来到坎布里奇，观看了哈佛大学对耶鲁大学的足球赛。

6 突如其来的婚姻计划
ROOSEVELT

1903 年 11 月 22 日，是个宁静而寻常的星期天，但对于罗斯福和埃莉诺却有着特殊的意义。罗斯福来到格罗顿公学，找到前来探望弟弟霍尔的埃莉诺，向她正式求婚。埃莉诺掩藏了内心的欣喜，保持少女的矜持，并没有马上做出答复。

回到纽约后，埃莉诺向外祖母提到罗斯福求婚的事情，征求她的意见和看法。霍尔夫人对罗斯福各方面都比较满意，认为这是一桩好姻缘。但是她认为，这关键要看埃莉诺自己的心意，看她是否真正爱上了那个年轻人。埃莉诺毫不怀疑自己对罗斯福的爱，几天后她用一封长信做了回复。在信中谈到爱情和婚姻时，她引用了伊丽莎白·巴雷特·勃朗宁的一句诗：

> 除非你发誓："生死不渝！"
> 否则，别说那是爱情！

就这样，埃莉诺同意了罗斯福的求婚。这时，罗斯福不满 22 岁，埃莉诺也才 19 岁。后来提到这件事，她是这样说的："好像是注定要嫁给他一样，根本就没有考虑到年龄和社会阅历的事。"

罗斯福独自做了人生中最重要的决定后，在费尔黑文德拉诺家举行的感恩节晚宴上，向母亲萨拉透漏了自己的结婚计划。萨拉得知这个事情，有些措手不及，显得很慌乱。在听到消息那天的日记中，萨拉这样写道："这件事情太让人震惊了！"丈夫去世后的这三年，她一直在等待儿子毕业，希望到时候母子俩回海德公园村定居。萨拉不甘心自己的憧憬破灭，也为儿子没有请求自己允许就擅自做决定而不满。

萨拉反对罗斯福结婚，并不是因为不满意埃莉诺。埃莉诺是总统的侄女，罗斯福家族的一员，出身高贵，受过良好教育，是名门望族子弟联姻的合适人选。虽然她没有过人的美貌，却拥有热情和智慧，能够得到大家的喜欢。萨拉不愿意失去儿子，所以不管罗斯福提出和谁结婚，她都不会同意的。

在罗斯福和埃莉诺的婚约正式公开前，萨拉、埃莉诺和罗斯福三人之间的关系变得微妙起来。萨拉找出各种理由，想说服罗斯福放弃结婚的计划。她对儿子说，和他祖父和父亲的晚婚比起来，他还太年轻，根本就不用着急结婚。可罗斯福并不这样认为，回想父亲的老朽模样，他更愿意早点成家做个年轻的父亲。萨拉又提到罗斯福的收入，父亲给他留下的基金每年只能够带来 6 000 美元收入，并不能够承担一个家庭的开销。

对萨拉的反应，罗斯福并不感到意外，他丝毫也没有动摇，他知道怎么做才能够让母亲接受自己的决定。回到哈佛大学后，为了安慰母亲，他写了封长信，信件结尾很真挚地写道：

我最亲爱的妈妈，你要相信，什么也改变不了我对你的爱。不管是结婚，还是将来发生其他事，我依然是你的儿子。要说有变化，那就是你以后会得到两个孩子的爱，将爱两个孩子……

罗斯福坚定的态度，让萨拉知道儿子不会像过去那样顺从自己。她明白，眼下罗斯福和埃莉诺两人正在热恋，直接反对是没有用的，需要用巧妙手法才能够阻止他们结婚。因此，萨拉对罗斯福说，你们两人还年轻，需要时间来验证彼此的爱情，不用着急订婚。

1904年初，萨拉带着罗斯福到加勒比海地区旅行。她希望空间和时间能够冷却儿子对埃莉诺的爱恋，让他改变早婚的主意。萨拉失望了，罗斯福表现得比母亲更有主见，依然坚持自己的结婚计划。回到美国后，罗斯福就去了华盛顿，他整日和埃莉诺形影不离，感情更加深厚。萨拉又想其他办法，她想到丈夫的朋友约瑟夫·乔特被任命为驻英大使，即将动身去英国。萨拉前去拜访他，并说出了自己的请求。她希望大使同意让罗斯福做他的秘书，跟着他离开美国。约瑟夫没有答应萨拉的请求，因为他已经有了合适的秘书人选。

萨拉想不出其他办法来阻止罗斯福和埃莉诺的婚事，非常沮丧。这时，她收到埃莉诺略带伤感的来信。埃莉诺在信中婉转地强调，她不会因两人结婚而失去儿子，相反将得到一个女儿。埃莉诺这样写道：

我能够理解您难过的心情，但也渴望能够得到您的一点点爱护。您应该相信，我会按照您的安排行事。经过这个夏天，我更加敬爱您了！

萨拉的心肠软下来，终于决定让步。虽然很失落，但是她知道自己该放手了。她不再用各种方法阻挠，在给罗斯福的信中，她表明了自己的态度，祝愿儿子能够幸福。

在和萨拉的对峙中，埃莉诺赢得了胜利，但是她并没有感觉到欣喜。萨拉对她过于客气，没有想象中的亲切。她很热情主动地讨好萨拉，希望能够得到未来婆婆的欢心。可能是由于缺少母爱的缘故，她希望能够和萨拉建立起母女般的感情。但是萨拉并不喜欢埃莉诺，觉得她太刻意讨好人了，显得很虚伪。

1904年10月，罗斯福进入哥伦比亚大学，攻读法律专业。他没有像父亲一样在哈佛大学法学院学习，主要就是为了离埃莉诺近些。学校教授的理论知识和法律实践脱轨，这让他失去学习的兴趣。他安不下心来学习，所以成绩不算理想，第一年里有两门课程不及格。

1904 年的感恩节，罗斯福和萨拉按照多年习惯，依然在费尔黑文与德拉诺家族的亲戚一起度过。罗斯福计划在晚宴上宣布订婚，可由于身体不适没有亲自到现场，而是通过请人宣读信件的方式，宣告自己和埃莉诺订婚。

1904 年 12 月 1 日，有媒体报道了总统侄女订婚的消息，其中主要描述了埃莉诺出身名门、美丽端庄、气质高雅。报纸上提到她的订婚对象罗斯福时，只说他曾是哈佛大学《校旗报》的前任主编。

西奥多总统知道两人订婚的消息后，给罗斯福写了一封亲笔信致贺。他在信中这样写道："埃莉诺如同我的亲生女儿一样，我非常爱她。同样我也爱你，并且相信你能够带给埃莉诺幸福。你们真诚相爱，是两个勇敢的年轻人。我相信你们的未来生活是美好而幸福的，希望好运与你们常伴。"对于这对年轻人，西奥多总统在去世之前，一直关爱着他们。

1904 年正是美国大选年，西奥多总统正在谋求连任。在海德公园，罗斯福首次参加了总统选举投票，把自己的一票投给了西奥多。不久，大选结束，凭借 250 万票的绝对优势，西奥多·罗斯福击败民主党候选人奥尔顿·帕克，获得连任。

1905 年 3 月 4 日，西奥多·罗斯福举行连任就职仪式，罗斯福和埃莉诺应邀来到白宫和其他家属一起出席。罗斯福的婚礼正紧锣密鼓地筹划着，其中婚礼上的重要角色都由家族里的人担任。罗斯福邀请哥哥罗西担任男傧相，埃莉诺邀请堂姐艾丽丝担任女傧相。艾丽丝和埃莉诺并不亲近，但还是答应了这个请求。

1905 年 3 月 17 日，罗斯福和埃莉诺的婚礼在纽约第 76 街埃莉诺外祖母家举行。皮博迪博士应罗斯福请求，担任婚礼主持人。西奥多总统从华盛顿赶来，亲自送侄女出嫁。为了一睹总统风采，道贺的宾客络绎不绝，让这场婚礼显得更加隆重热闹。

埃莉诺穿着典雅华贵的白色婚纱，经过修饰打扮后，成为世人眼中的美丽新娘。她自己也觉得，那天是她人生中最漂亮的一天。她刚刚接到了索维斯托女士从英国发来的贺电，心情非常愉快。埃莉诺最尊敬、最亲近的人就是索维斯托女士，能够得到她的祝福，让埃莉诺对婚姻生活更有信心。遗憾的是，索维斯托女士两天后因癌症病逝，这封贺信成为师生之间最后一次联系。结婚仪式前，罗斯福有些紧张，皮博迪博士和格罗顿同学莱恩罗普·布朗陪着他。罗西因病没有出席婚礼，莱恩罗普·布朗代替他担任男傧相。

仪式开始，西奥多总统微笑着挽着侄女埃莉诺的手，把她交给新郎罗斯福。他的出现，让道贺的人群沸腾起来。为了婚礼能够正常进行下去，皮博迪博士顾不上优雅仪态，尽量提高自己的嗓门。罗斯福家族海德公园分支和奥伊斯特湾分支之间，也有年轻人恋爱的先例，并且也有结为伴侣的，但是都很低调，对拉进两分支关系没有起到什么作用。罗斯福和埃莉诺的婚礼，让这个大家族的两个支系有了新的联系。婚礼仪式结束后，西奥多总统对罗斯福表示了自己对亲上加亲的喜悦："富兰克林，家族内部联姻是最好的选择！"

西奥多总统的到来，不仅给两位年轻人带来了荣耀，而且还带来些尴尬。新郎新娘沦为婚礼的配角，宾客们众星捧月般簇拥着总统，感受他的亲切和蔼，没有人在意新婚夫妻的感受。对于这样的冷落，罗斯福不以为意，埃莉诺却有些感慨。艾丽丝看出埃莉诺的不高兴，幸灾乐祸地说："他就是那样自以为是的人，不管在哪里都要成为中心，参加洗礼、婚礼和葬礼时，也毫不例外。"

艾丽丝心中是否嫉妒埃莉诺成为罗斯福的新娘，结果不得而知。直到67年后临终时，86岁的艾丽丝依然坚持自己没有后悔拒绝罗斯福的求婚。罗斯福结婚5年后，艾丽丝嫁给一个保险经理人；又过了15年，离婚后的她带着两个孩子回到父亲西奥多身边，终身没有再婚。艾丽丝始终保持她高傲的个性，对罗斯福一直保持着挑剔刻薄的态度，即便罗斯福成为总统之后情况也没有改变。

此时，罗斯福和埃莉诺还不知道，他们将成为美国历史上最著名的夫妇之一。不管是生活上，还是政治上，埃莉诺都是罗斯福的得力支柱，并且协助他走进了白宫。另外，她没有像美国历史上其他第一夫人，成为总统丈夫的附庸，而是发展独立空间，成为报纸专栏作者和社会活动家。

由于罗斯福在哥伦比亚法学院春季学期课程没有结束，所以新婚夫妻的蜜月延缓。举行完婚礼后，罗斯福和埃莉诺乘火车回海德公园村，在斯普林伍德庄园度过了两人的初夜。萨拉留在纽约，为孩子们准备新房。虽然埃莉诺带来了 10 万美元的嫁妆，但是萨拉仍担心孩子们的生活开支问题，所以在西区 45 街挑选了一间并不宽敞的小公寓作为两人的临时新房。

在景色优美的斯普林伍德庄园，罗斯福和埃莉诺享受着新婚的甜蜜。一周后，夫妻两人返回纽约，住进萨拉为他们准备的新房。

埃莉诺不觉得新家简陋，反而因自己不会做家务而担心。她想方设法地讨好萨拉，想得到婆婆的喜欢和认可。她希望能够真正和萨拉成为家人，萨拉也表示愿意把她当成女儿一样对待。两人都做着努力，尽量让自己能够愉快地接纳对方。罗斯福却没有什么变化，在妻子和母亲的照顾下依然过着轻松自在的生活。

1905 年 6 月 7 日，遵照美国上流社会传统，罗斯福和埃莉诺登上英国"大洋"号邮轮，开始为期三个月的欧洲蜜月之旅。由于西奥多总统的关系，两人在欧洲各国受到地方政要的盛情款待。由于旅途劳累，罗斯福经常会出现各种让身体不舒服的小症状，睡眠质量也不好。另外，埃莉诺旺盛的嫉妒心也让罗斯福感觉疲惫不堪。罗斯福性格温和、谈吐幽默，很容易和新认识的朋友亲近起来，这其中当然也不乏漂亮的年轻小姐。

埃莉诺喜欢清静，愿意留在饭店的房间里休息。罗斯福却安静不下来，他会邀请其他女游客去爬山，或者独自参加饭店里举办的社交舞会。他延续了结婚前的生活方式，并不觉得这有什么不妥当。埃莉诺被嫉妒折磨，经常发些小脾气。夫妻俩都感觉到，婚姻生活或许不如想象中的那么美好。旅行中途，罗斯福收到哥伦比亚法学院的成绩单，合同法和法律实践两科没有及格，这让他有些烦闷。蜜月期间，复习功课也成为罗斯福每天的日程安排。

在旅行中发生的两段小插曲，让罗斯福和埃莉诺记忆深刻。在巴黎期间，夫妻俩去拜望一位大名鼎鼎的预言家。他通过观察两人的手相，预言罗斯福将来会成为美国总统，埃莉诺会继承一大笔遗产。他们没有想到这个预言能够和自己的命运吻合，只是随便听听，笑笑而已。另一件事情，就不那么让人愉快和好笑了。在瑞典停留期间，罗斯福和埃莉诺前往宫廷饭店，打算享受一顿丰盛的晚餐，但由于没有穿正装，他们被服务生拒之门外。夫妻俩乘兴而来、败兴而归，非常懊恼，对宫廷饭店印象坏极了。很多年后，当埃莉诺有机会再次来到瑞典时，依然对这里没有好感。

埃莉诺和萨拉一样，在蜜月期间怀孕。罗斯福觉得自己应承担更多的责任，而不能够像原来那样随意生活。

罗斯福和埃莉诺蜜月结束后，回到纽约。萨拉在麦迪逊大街离自己住宅不远的地方，为他们重新物色了条件好点的公寓。虽然这里也不算宽敞，但是房间布置整洁，家具装点别致，夫妻俩还算比较满意。家中的仆人也是由萨拉安排的，萨拉料理着这个小家庭的一切事务，是这个家实际上的女主人。她知道罗斯福所得的遗产根本不能够维持夫妻俩的开支，便把家庭经济大权牢牢地握在自己手中。守护在儿子罗斯福身边一直照顾他，就是萨拉最大的人生追求。两年后，萨拉在第 65 街购建了两套相邻住宅，自己和罗斯福夫妇各住一套。她请人把两套住宅中间打通，以便自己能够随时随地地照顾罗斯福。萨拉任意插手罗斯福和埃莉诺的事情，这种情况一直维持了十几年。

罗斯福想要独立，想成为一个合格的父亲，能够对即将出世的孩子负责。他开始关注海德公园的农场，并且想到新的经营方式，可是由于母亲的反对没有办法实施。萨拉坚持按照丈夫生前的经营模式打理，不同意改变经营方式。在她的眼中，罗斯福还是个让人不放心的孩子，无法信赖也不能够信赖。罗斯福的性格注定他不会轻易放弃，他买下斯普林伍德庄园附近的小农场，在那里进行改革试验，并获得了一定收益。

1906 年 5 月 3 日，罗斯福和埃莉诺的长女安娜出世。埃莉诺还不适应母亲身份，并不像其他年轻妈妈那样把全部心思放在孩子身上。对于如何照顾婴儿，她也非常陌生。她听从了儿科医生的意见，结果却适得其反。因为弟弟小埃利奥特患白喉去世的阴影一直留在她心中，所以她希望自己的女儿能够健康长大。她想方设法防止孩子感染传染病，方式近乎偏执。

尽管埃莉诺还不习惯做母亲，但她还是接二连三地生产。在 10 年时间里，她为罗斯福生了 5 个儿子。除了次子 8 个月大时因流感夭折外，其他的孩子都健康地长大了。

罗斯福和埃莉诺前期的婚姻生活，外表看起来幸福和快乐，实际上其中隐藏着一些不和谐的音符。夫妻俩的生活节奏有时候显得不合拍，就拿去教堂做礼拜这件事来说，罗斯福还延续着小时候养成的习惯，总是找借口躲避开，或者做其他事；埃莉诺却不知变通，用严谨的态度来对待这件事。

罗斯福有着幸福的童年，在父母的呵护下长大，不会明白埃莉诺对家庭和亲人的依赖和渴望。他的生活方式和结婚前一样，习惯我行我素。虽然他态度温和，很温柔地对待妻子，却很少和她进行思想上的交流。埃莉诺猜不到丈夫到底在想什么，渐渐地失去了能够一直拥有他的自信。另外，萨拉喋喋不休的管教，也让埃莉诺知道了生活的现实性。

7 律师事务所的演讲
ROOSEVELT

对于哥伦比亚大学法学院的学习，罗斯福并不怎么热衷，也没有想过以后要做个律师。在他的同学中，犹太人占了一定比例。对于当时社会上普遍排斥犹太人的现象，罗斯福无法理解，他没有带着歧视眼光对待这些人，很多年以后也是这样。哥伦比亚大学教授们在课堂上讲解的那些烦琐的法律条文和乏味的法学概念，都让他觉得枯燥不堪。在给皮博迪博士的信中，他流露出自己对法律学习的厌倦情绪。尽管如此，他还是积极地准备律师资格考试。

1906年7月，罗斯福通过了纽约州律师考试，获得了律师资格证。如果他想要得到哥伦比亚大学的法学学位，就要在那里继续学习一年。可能他认为自己已经能够马上从事律师职业了，他选择了离开哥伦比亚大学，结束学业。

在母亲萨拉的安排下，罗斯福得到了自己人生中的第一份工作，进入华尔街著名的卡特·莱迪亚德·米尔市律师事务所，充当初级书记员。虽然看起来好像并不是什么重要的职位，可是对于纽约州法律界人士来说，能够进入这所名声显赫的事务所，就代表着有着美好的未来。

由于西奥多总统的关系，卡特·莱迪亚德·米尔市事务所负责人对罗斯福很重视。罗斯福对法律工作没有太大的热情，他关心的重点还是政治。由于他没有工作经验，对法律方面也没有天赋，因此即使过了实习期，也只是做些办公室内务，另外就是受理一些小案件。他对这些没有兴趣，所以并不怎么为自己争取出庭的机会。偶尔帮助一些哈佛同学受理些民事纠纷，就是他的法律实践内容了。

ROOSEVELT

卡特·莱迪亚德·米尔市律师事务所人才济济，通过与这些人的接触，罗斯福开阔了视野，增长了见识，对国家现状有了更深刻的理解。后来，他被分配到海事法律部，负责与海洋事务相关的纠纷案件，这调动了他的工作积极性。出于对海洋的热爱，他对这方面的工作也产生了浓厚的兴趣，给人留下热情能干的好印象。由于罗斯福性格温和，人际关系良好，同事们都愿意接纳他，或许还因为他不会给这些人带来竞争意识和危机意识。

罗斯福不喜欢法律，他只把法律学习当成通往政治的跳板，他在等待机会竞选公务员。他的理想就是走西奥多的从政之路，成为受人爱戴的美国总统。罗斯福为自己有这样的目标而骄傲，并不认为这是什么隐讳的话题。在律师事务所周六聚会上，他对到这里实习的法学院学生们提到，自己会走西奥多走过的仕途，先去竞选州议员，接着是海军助理部长，然后是竞选州长。大家对他兴致勃勃的演讲并不反感，都认为他是个理想远大的人。

随着交际圈的扩大，罗斯福结识了各个阶层的不同人士，也初步掌握了一些人际交往的技巧。为了在地方上获得社会名望，他还加入了一些著名的俱乐部，并且承担起具有公益性质的义务工作，成为社区活动中的核心人物。

罗斯福同海德公园其他人士关系融洽，赢得了良好的口碑。从美国第一任总统乔治·华盛顿算起，历届总统在入主白宫前的经历都有相似的地方，那就是有份体面的工作，在公共生活中活跃，等待机会来临，然后步入政坛。虽然表面看起来罗斯福所做的琐事并没有什么意义，但是却为社区竞选做了准备，为他的仕途之路打了基础。罗斯福身上，具有英雄主义和奉献主义精神。凭借令人尊敬的高尚品质，罗斯福将会成为美国历史上声望最高的总统之一。

1907年12月23日，罗斯福的长子小詹姆斯出世。虽然罗斯福过着自由散漫的生活，但是对妻子很忠诚，埃莉诺对丈夫也还算比较满意。在1909年3月18日，埃莉诺又生下次子小富兰克林。不幸的是，孩子8个月大的时候患病夭折了。埃莉诺很伤心，后悔自己没有陪伴在孩子身边。罗斯福也很难过，知道了为人父母并不是件容易的事情。

埃莉诺不放心在外祖母家的弟弟霍尔，结婚后就把他接到身边共同生活。罗斯福很喜欢这个弟弟，亲自教他打猎，并且给他讲授自己喜欢的航海知识，成功地扮演着父兄的角色。霍尔终其一生，都对罗斯福充满依恋和爱戴之情。罗斯福曾在 1908 年夏带着霍尔驾驶他的私人游艇"半月"号进行远航。在返航途中，遇到大风暴，游艇差点触礁。罗斯福凭借娴熟的驾驶技巧和顽强的毅力，化解了危机。这个冒险经历，成为霍尔以后经常提起的话题，并且对罗斯福崇拜有加。

虽然在外人眼中，初出校门的罗斯福获得了一份体面的工作，但是这并没有给他带来现实收益。在这里工作的两年多时间，第一年是实习期，没有薪水，第二年也只是拿少得可怜的一点钱。他家庭的主要经济开支，还是依赖于母亲萨拉。萨拉凭借着雄厚的经济实力成为罗斯福家的真正主宰，她不顾埃莉诺的感受，按照自己的方式照顾孙女孙子们。她希望能够得到孩子们全部的爱，就像多年前从小罗斯福那里得到的一样。她认为自己才是这个家的真正女主人。

虽然罗斯福有时候也不满意母亲对自己生活的处处干涉，但他还是把不满隐藏起来了。他对母亲有着一种依恋的情绪，结婚之后这种情绪仍然没有消失。萨拉的存在，能够带给他安全感和自信。在家务处理上，萨拉也是独断专行，从来不征求埃莉诺的意见。这使埃莉诺非常尴尬，但粗心的罗斯福并没有注意到这些事情。

埃莉诺有种被忽视的感觉，这让性格独立的她有些不自在。她不得不把注意力从孩子身上转移到丈夫身上。由于萨拉对罗斯福家事的干预，埃莉诺倒是能够腾出更多时间陪罗斯福，这也是埃莉诺能够默默忍受婆婆无礼的重要原因之一。在子女教育问题上，年轻的爸爸妈妈也有一些争议和分歧，但相对来说夫妻之间还算是幸福美满。偶尔闹点小别扭，也不是夫妻俩的原因，导火线基本上都是萨拉。

如果罗斯福能够试图真正研究法律的意义，他在事务所的前途将完全不同，人生道路也会不同。他重视的，是从接触到的那些政治家身上学习自己需要的东西。他已经完全厌倦了法律，骨子里带着的对政治的渴望让他开始跃跃欲试。罗斯福对纽约州这些傲慢的共和党人没有好感，遵照海德公园罗斯福家族传统，他成为了一名民主党人。他依然狂热地崇拜着堂叔西奥多总统，认为他是自己见过的最伟大的人。

西奥多的成功吸引了罗斯福的全部热情，也让他把从政作为人生追求。虽然美国中产阶级人数众多，在选民中占最大比例，但是他们并不排斥来自豪门的总统候选人，前提是他能够展现个人抱负、有信心带给公众真正的利益。西奥多总统就是凭借以上几点，获得了大多数人的支持和认可。

罗斯福的政治思想很开通，认为民主党改革派和共和党进步派能够达成共识，但是他对共和党的现状很失望。西奥多的继任者威廉·霍华德·塔夫托思想保守，并不赞同西奥多的改革观点。共和党内部出现危机，陷入分裂状态。如果这个问题不解决，共和党在大选中获胜的希望将变得渺茫。虽然西奥多是个能力出众的领袖，但是为了顾全大局，也只好选择妥协。

从哈佛大学毕业后的 6 年，罗斯福过着波澜不惊的平静生活，并没有取得突出的成就。可以说，这是他韬光养晦的时期。他没有刻意追求什么，只是在生活中为以后的仕途奠定基础。在他的内心深处，对参与政治的渴望一刻都没有停息。

1910 年初，罗斯福在等待中幸运地迎来了第一次人生机遇。由于一个小案子，达切斯县的法官约翰·麦克拜访罗斯福。他是波基普西具有名望的民主党人，对党内的消息也很灵通。麦克法官很看重青年罗斯福，向他透露了民主党政治家刘易斯·钱勒即将辞去州参议员职位的消息，并且鼓励他把握机会，参与竞选。由于这次竞选有很多不确定因素，刘易斯·钱勒也有可能会宣布复职，所以罗斯福并没有盲目行事。他把这件事告诉了西奥多总统，征求这位成功政治家的建议。西奥多认为机会难得，支持他参与竞选。

罗斯福的政治热情被激发出来，浑身充满斗志。他甚至想到如果不能够获得民主党内部提名，就用独立候选人身份参与竞选。麦克法官被罗斯福的热情感染，建议他如果事情有变化，可以去争取并不热门的国会参议员竞选提名。罗斯福在兴奋中依然保持着清醒的头脑，他知道要在共和党人比例大的地方竞选国会参议员，成功的希望非常渺茫。

家族的荣耀和对政治方面的敏感，都让罗斯福显得非常自信。在随后的达切斯县民主党会议上，相关负责人对罗斯福的提名资格进行了审查。虽然罗斯福具有绅士风度，但是有着年轻人的狂妄，让人没有办法预测他的政治前途。另外，和其他成熟的政治家相比，他又显得太年轻了，对地方的具体情况了解也不够。可是，显赫的门第和雄厚的资金，让这些民主党人又觉得他非常具有吸引力。

罗斯福经过客观分析后，知道即使不能够获胜，也会有其他收益，并且相信这就是命运的转机。他愿意回到海德公园，开启自己的政治之门。此时，埃莉诺正怀着他们的第四个孩子，接连的生产让她疲惫不堪，对丈夫的决定也没有什么意见。在萨拉眼中，罗斯福还是需要自己照顾的孩子，并不相信他能够成为一名政治家。亲戚朋友中，除了西奥多外，也都认为这次竞选没有什么成功的希望。虽然西奥多和罗斯福两人身处不同党派，政治观点不同，但是他还是对这个后辈给予了一定的关心和鼓励。

1910 年 6 月，罗斯福下定决心，参加纽约州参议员竞选。

8 人生里程碑
ROOSEVELT

1910 年，美国国内形势风云变幻，政治混乱，民心不稳。西奥多·罗斯福的继任者威廉·霍华德·塔夫托被共和党中保守派操纵，摈弃西奥多的先进改革政策，推行保守主义政治，使得西奥多多年的心血毁于一旦。西奥多被塔夫托的反复激怒，集合共和党中的进步人士，希望改变眼前的颓败政治。

共和党内部分裂为保守派和改革派，两派人士为了阐明己方的思想，相互攻击诋毁，各种隐讳话题在报纸上相继报道出来。其中屡次提到高层官员的贪污腐败案件，让公众对共和党产生了失望和厌恶情绪。另外，西奥多执政时施行的一些进步改革方案已经在地方上深入民心，政府下令终止，引起了人们的强烈反感。在城市中，劳工阶层已经更倾向于支持民主党政治。在广大农村地区，尽管农场主们对共和党现状不满，但他们大多是忠实的共和党人，很难改变政治倾向。

纽约州民主党控制的区域有限，由于北部是广阔的田野，分布着大大小小的农场主，是共和党势力范围。在历次竞选中，民主党很少能够在这里得到支持的选票。民主党不仅竞选经费紧张，而且有声望的政治家也回避这次希望渺茫的选举。民主党地方负责人想到去名门望族中寻觅候选人，这样既可以不用担心竞选经费问题，又能够凭借候选人的家族威望有些优势。于是，就有了约翰·麦克拜访罗斯福的事情。除了州委员爱德华·珀金斯外，其他民主党领导人都比较认可罗斯福。珀金斯知道提名罗斯福会得到充裕的竞选经费，但还是对他没有好感，认为这种豪门公子哥根本不值得信任。但是眼前又没有更合适的人选，他也只好收敛自己的不满情绪。

罗斯福出席纽约州参议员选区提名大会，被民主党委员会主席摩根·霍伊特提名为候选人，和其他地方民主党候选人竞选。以摩根·霍伊特为首的党内领导人控制着大会进程，让罗斯福顺利通过提名，成为民主党纽约州参议员候选人。从这次提名开始，摩根·霍伊特和罗斯福的政治生涯开始产生了紧密联系。在接下来的三十多年中，摩根·霍伊特先后为罗斯福 7 次提名，其中包括 4 次总统提名。

接受提名后，罗斯福发表慷慨激昂的演说，表明自己独立自主的政治立场。他对大会代表们说道："我不会受任何利益的影响，也不会听从任何人的摆布，以后也永远如此。"

罗斯福的竞争对手，是谋求连任的共和党参议员约翰·施洛瑟。施洛瑟出生于波基普西望族家庭，从联邦学院毕业后经营过律师事务所。他在地方上活动积极，有着一定的声望。从政以来，他还没有遇到任何挫折。此时，他已经成功担任两任参议员，似乎比罗斯福的竞选实力强很多。除了在任职期间他曾经和保守派站在同一战线外，几乎没有什么可以攻击的弱点。

接下来一个月是非常重要的一个月，也是非常紧张的一个月。罗斯福知道在选区中的几个农业县都是共和党势力范围，如果想要获得这次竞选的胜利，必须争取这些地方的选票。在过去的 50 多年里，共和党几乎垄断了这些地方的选票，罗斯福想要赢得胜利并不是件容易的事。但是罗斯福爆发出的政治热情支撑着他能够全力以赴进行这次竞选。如今形势不同，塔夫托总统的保守政策已经失去了民心，这给罗斯福带来了不少信心和勇气。另外，他知道即便最后不能够取得竞选成功，也会获得宝贵的经验和教训。

在竞选策略上，罗斯福采取了超党派的形式，既寻求民主党人支持，也拉拢共和党改革派和其他无党派人士。他回避那些表明自己政治立场的问题，以公正公平的姿态发表演说，对腐败的民主党和共和党党魁都一视同仁地给予强烈谴责。他把演说焦点集中到党魁们专横腐败的问题上，认为地方政府应该恢复政治清明：不管是基层地方，还是州或联邦，政府应该能够代表和维护民众利益。另外，罗斯福还对农民表示深切的同情，谴责总统颁布的损害农民利益的税收法。这个法的实施，限制了农产品价格，让农民吃尽了苦头。为了赢得共和党改革派的支持，罗斯福多次非常隐讳地强调自己和改革派灵魂人物西奥多的关系，有的时候也会显得很直接。在一次集会演说中，他略带幽默地说："有一天，一个年轻人对我说，他知道我不是西奥多。我问他原因，他回答，那是因为你不像他那样发脾气。"

尽管罗斯福为自己树立起超党派形象，但是他知道竞选不是一个人就能够进行下去的游戏。私下里，他很依赖那些共同竞选的民主党人，和他们保持良好的关系，听取大家的有益经验，并且从他们那里了解选区的具体情况。事实将证明，罗斯福有成为政治家的潜质，他制定的策略是正确无误的。

虽然制定了竞选策略，但是在执行过程中还是会出现各种问题。罗斯福需要面对的就是，如何在短时间内扩大知名度，让公众对自己有明确认识。到格罗顿公学读书后的十几年中，他在海德公园村家中停留的时间屈指可数。不要说其他选区，就是在海德公园区，知道富兰克林·德拉诺·罗斯福的人也不算很多。

民主党人控制着波基普西等城镇地区，罗斯福需要做的就是争夺农村地区的选票。如果按照传统的竞选模式，骑马或乘坐马车走遍这方圆两万多英里的广阔土地，分别进行演说，寻求各地支持，那绝对不是短期之内能够完成的事。罗斯福没有回避这个问题，而是很灵活地解决了难题。他租下地方上唯一的一辆汽车，用来做竞选中的交通工具。那是一辆红色马克斯韦尔大型轿车，没有顶盖和挡风玻璃。罗斯福用彩旗装饰这辆车，让它看起来更加光彩鲜亮。他的做法让人觉得出乎意料，因为这是地方选举中首次使用汽车做交通工具。虽然罗斯福的朋友们担心汽车的颜色会惊吓到农民的牛、马，但是庆幸的是在整个竞选过程中并没有出什么大纰漏。在选举日前几个星期，罗斯福乘坐这辆略显气派的马克斯韦尔轿车，奔驰在辽阔的原野上，去了选区的很多地方。由于在当时汽车还是新鲜玩意儿，所以引起了许多农民的好奇和关注。

对于人生中第一次政治竞选，罗斯福显得很亢奋。由于选民散居各处，无法集中在一起，他只好不停地发表竞选演说。经常一天下来要发表十多场，口干舌燥，疲惫不堪，可他始终都维持着兴奋和热情。

罗斯福的演说内容，集中在抗议政府高关税政策和同情农民受损利益上。由于他站在农民立场上发表这样的观点，所以很容易引起农民的共鸣，得到了不少农民的认同。在竞选行程的最初几天，罗斯福的演说技巧略显生疏，语句不够流畅，演讲中途经常断断续续，让同行伙伴们都为他捏把汗。随着演说经验的积累，罗斯福学会运用政治家们的传统手段，用诚恳的态度去感染听众。为了让自己看起来更随和，他听从伙伴的建议，在演说时摘下让人觉得刻板的眼镜。面对和自己政见不同的人，他能够亲切地称为"我的朋友们"，显得更具有政治家的风范。

每到一个新的地方，罗斯福都要就地方上的风景或物产称道几句，他知道这样更能够迎合听众。他待人热情，脸上始终保持着绅士笑容。演说开始时，他不会生硬地直接谈竞选问题，而是通过其他话题，拉近和听众的距离。他还避免一些引起意见分歧的言论，用模糊的谴责来得到听众的认可。他的演说风格平实恳切，没有滔滔不绝的理论，不容易让人厌烦。他还在演讲过程中穿插些小幽默来调节气氛，对听众们有兴趣的话题适当重复。他以后政治生涯中运用的某些演说技巧，就是在这时积累形成的。

尽管罗斯福没有什么名气，但他还是凭借热情和亲切得到了选民们的喜欢。在竞选期间，还发生一个小插曲，在没有行人的偏远马路上，那辆马克斯韦尔轿车轧死了一条狗。虽然行程时间紧迫，但是罗斯福没有逃避责任，他坚持停车，找到狗的主人，并支付了赔偿金。公众通过这件小事，更加全面地了解到罗斯福身上具有的优秀品质和高尚人格。

从这次竞选开始，罗斯福开始了一个习惯，就是竞选活动结束前回海德公园村，和朋友、邻居们在一起。

罗斯福代表民主党参与竞选，并没有引起共和党人的重视。他们知道民主党选择罗斯福的原因，不是认可他的政治能力，而是看重他能够提供雄厚的竞选资金。在他们眼中，各地区的农民绝对不会喜欢这个贵族子弟，也不可能把选票投给他。在共和党控制的报纸上，也很少提到罗斯福的名字。在他们眼中，罗斯福是个不够分量的对手，不足为惧。

竞选开始，共和党人看着大张旗鼓的罗斯福，仍然不以为然。他们过于自信，认为他不会给施洛瑟带来什么威胁。随着事态发展，共和党人知道低估了罗斯福的实力，但表面上还是有条不紊、充满自信的样子。他们想方设法找出罗斯福的弱点，进行攻击。他们面对公众，公开质疑罗斯福的候选资格，原因是他已经定居纽约，不是本地区选民。他们还对倾向于罗斯福的共和党人发出警示，告诫大家不要被他的花言巧语蒙蔽。另外，罗斯福在卡特·莱迪亚德·米尔市律师事务所的工作经历，也被共和党人拿来做文章，提醒选民们注意那是为垄断资本主义巨头服务的机构，那里的人没有资格代表普通民众说话。

罗斯福虽然全力以赴，但看起来还是没有什么优势。共和党人恢复了高傲的姿态，等待着胜利到来。选举前夕，在家人和朋友陪同下，罗斯福在海德公园进行了最后两场演说。他亢奋的心情逐渐趋于平静，大选前夕，他甚至有些紧张。埃莉诺觉得罗斯福的表现一般，没有表现出政治家的气势和魄力。

1910 年 11 月选举日，天气阴冷，雨下个不停。这样恶劣的天气，会有很多支持共和党的农民放弃到投票站投票。民主党人暗暗庆幸，觉得又多了几分胜算。选举结果终于出来了，罗斯福获得 15 708 张选票，施洛瑟获得 14 568 张选票。凭借 1 140 张选票的显著优势，罗斯福当选为纽约州参议员。罗斯福除了在帕特南县以 179 张选票之差落败，其他地方选票数都领先于对手，在达切斯县获得 3 850 张选票，在哥伦比亚县获得 469 张选票，在海德公园是 406 张选票。罗斯福超党派策略是胜利的重要因素之一，这让他得到的选票比其他民主党候选人的要多。

当时，民主党的政治影响力正处于稳步上升阶段。在共和党控制国会众议院一百多年后，民主党人终于取得更多席位，227 席对 162 席。整个联邦政府，有一半以上的州长由民主党人担任，这时涌现出的优秀政治家包括纽约州州长约翰·迪克斯、新泽西州州长伍德罗·威尔逊等。

1910 年年底，罗斯福来到办公地纽约州首府奥尔巴尼，在州议会大厦附近每月花 400 美元租了一幢三层高的楼房，把妻子和儿女们都接了过来。虽然有料理家务的仆人和照顾孩子们的保姆，但埃莉诺还是因几个孩子琐事缠身，苦恼不已。她有些懊恼，觉得自己就像个生育机器。

对于奥尔巴尼，罗斯福并不陌生。小时候，父亲为了看望在克利夫兰政府内任职的几位朋友，曾带他来过此地。由于州议员年薪只有 1500 美元，所以没有几个议员能够承担地方上昂贵的房费而把家属搬迁过来。大家通常选择的做法就是在开会时间到这里随便租个便宜房间住。因此，罗斯福家宽敞明亮的大宅子就成了青年议员们的聚会场所。

1910 年，29 岁的罗斯福步入政坛，开始了自己的事业。没有人想到，这在美国现代史上具有极为重要的深远意义。

ROOSEVELT
第二章
政坛新秀

　　罗斯福不再是出身优越的独生子，他成了一个政治实习生。凭着家族的政治背景和雄厚财力，他从众多新议员中脱颖而出。他实现竞选时的许诺，搬到奥尔巴尼，做了专职参议员。他在议会大厦附近租住的三层小楼成为进步派议员的聚会地，为他带来很多政治性收益。

1 "希恩事件"
ROOSEVELT

1910 年，罗斯福带着满腔热情开始了自己的政治生涯，但是他很快就发现奥尔巴尼的生活没有想象中那样美好。奥尔巴尼的身后，是在 19 世纪以政治腐败著称的坦慕尼厅。坦慕尼厅是坦慕尼协会总部，这个协会成立于 1789 年，由地方中产阶级建立，当时成立的目的是为了宣泄对联邦政府的不满情绪。1805 年，坦慕尼协会改组为慈善机构，主要是帮助那些没有经济来源的新移民安定生活。后来，协会由纽约民主党接管，开始往政治方面发展。它的日常工作还是以慈善事业为主，但是为了获得发展资金，开始操纵选票和市政。

在首次出席的民主党预备会议上，罗斯福见识到了坦慕尼厅的力量。控制着坦慕尼厅的民主党党魁墨菲，轻易地罢免了不服管教的州参议院民主党领袖汤姆·格拉德。罗斯福当时没有想太多，只是对这个结果感到满意。他觉得汤姆·格拉德尽管有能力，却因生活习惯不良和性格乖僻不是理想的上司。甚至他还想过，与其在这样的人手下做事，还不如干脆退出民主党。

接替汤姆·格拉德成为参议院民主党领袖的是来自曼哈顿东区北部的参议员罗伯特·瓦格纳。他很年轻，但成熟稳重，让人不敢轻视。事实上，议会的控制权仍掌握在坦慕尼厅党魁手里，年轻的坦慕尼成员艾尔弗雷德·史密斯成为议会中的多数派领袖。来自爱尔兰家庭的艾尔弗雷德·史密斯，已经担任了四任议员，后来还因圆滑、机敏被坦慕尼厅推到台前，成为纽约州参议院议长。

罗斯福当选总统前的政治生涯和艾尔弗雷德·史密斯有着千丝万缕的联系，超越艾尔弗雷德·史密斯，也是他最初的政治追求。两人的关系，有时是并肩作战的朋友和伙伴，有的时候是怒目相向的敌人。在艾尔弗雷德·史密斯眼中，罗斯福是个身材高大、相貌英俊的年轻人，处世圆滑、能言善辩，说话时经常挥舞手中的烟斗，流露出热情和自信。

罗斯福不再是出身优越的独生子，而成了一个政治实习生。凭着家族的政治背景和雄厚的财力，他从众多新议员中脱颖而出。他实现竞选时的许诺，搬到奥尔巴尼，做了专职参议员。他在议会大厦附近租住的三层小楼成为进步派议员的聚会地，为他带来很多政治性收益。他知道自己什么时候应该委婉，什么时候应该积极，既要拥有自己的原则，又不显得刻板。他没有像其他政治家那样张扬，而是表现得像个胸有成竹的绅士。坦慕尼厅负责人蒂姆·沙利文对罗斯福的从容不迫印象深刻，认为这个罗斯福家族出来的人是潜在的威胁，应该尽早解决掉。

在众多职业政客看来，罗斯福只是个外来者，他的家族财产丰厚，除了从政之外还有多种人生可以选择。他们都盯着初来乍到的罗斯福，想看看他是否打着罗斯福家族的旗号招摇，会不会留下什么马脚。可是他们失望了，罗斯福的低调内敛让人根本无法琢磨。

罗斯福和其他进步派人士一样，重复着反对党魁专政、构建清廉政府等改革主张。

不久后，罗斯福迎来人生中第一场政治考验。当时的联邦参议员由州议会推选，而不是由选民直投产生。纽约州现任共和党议员戴普的任期到1911年3月4日结束，共和党和民主党为了这个议员席位，纷纷开始行动起来。

通过1910年大选获胜，民主党控制着纽约州参众两院，在200个议员席位中占114席，比共和党的86席多出28席。只要团结一致，民主党就能够提名下一届参议员。可是民主党的114位议员意见并不统一，有的人支持政客威廉·希恩，有的人支持著名律师爱华德·施帕德。希恩是个圆滑世故的政客，因趋炎附势而声名狼藉；施帕德律师却正相反，受人爱戴，威望颇高。

就在大家为人选问题闹得沸沸扬扬时，党魁查尔斯·墨菲出面，推选希恩作为民主党候选人。墨菲是坦慕尼大头目，控制着民主党在议会里的大多数选票，有权力指定谁能够当选。形势发生变化，希恩的当选似乎已经成为定局。希恩最早是布法罗的一名政客，后来在纽约市开办企业，凭借坦慕尼头目的身份，经营公共运输与公用事业，积累了大量财富。为了掩盖某些不光彩历史，他希望自己在政治上能够取得辉煌成就。他许诺一旦竞选成功，会回报墨菲的，所以他被提名为民主党候选人。

希恩的党内对手施帕德是布鲁克林的前市长，此时担任宾夕法尼亚铁路的法律顾问。州议会中独立的民主党议员们大多是这位进步人士的追随者，大家团结起来，一起反对希恩的提名。墨菲听到希恩遭到反对的消息后十分恼怒，宣称如果民主党人任意胡为，将取消政治援助资金。墨菲的强硬态度没有使局面得到控制，反而让事态更加恶化。人们无法接受这种不民主做法，宁愿选择共和党候选人，也不支持希恩。

罗斯福并不算厌恶希恩，但对墨菲的独裁很反感。他分析了眼前局势，知道这是赢得声誉的好机会，可以为 1912 年的选举积累政治资本。为了引起公众注意，他想加入到反对者行列，但是又不愿意因此影响自己的党内前途。于是，罗斯福去找新议长艾尔弗雷德·史密斯，说了自己反对希恩的想法，想听取他的意见。眼前罗斯福似乎只有两个选择，一种是加入民主党核心小组服从多数人的意见，另一种就是做自由人，加入战斗。

艾尔弗雷德表示希望罗斯福加入民主党核心小组，但是也不反对他加入反对者行列，让他自己选择接下去到底要做什么。罗斯福没有再迟疑，加入了反对派，并且很快成为核心人物。反对派人数为 21 人，为了团结一致，大家定期在罗斯福家聚会。他们的领头人爱德华·特里议员毕业于耶鲁大学，是塔夫托总统的同学。

1911 年 1 月 16 日，纽约州民主党预备会议举行，为了阻止希恩通过提名，反对派议员集体抵制民主党预备会议。会议结束后，事态逐渐明朗，希恩得到的选票不够，没有通过提名。罗斯福被反对派推选出来，代表大家发表宣言，说明拒绝参加民主党会议的真实原因，不是要图谋不轨，而是为了反对党魁专制，为了维护选票尊严。

在《先驱报》上，资深政论记者路易斯·豪报道了这次民主党预备会议，对 21 名反对者给予了积极评价。他开始关注这些民主党"叛徒"，并且发现了罗斯福身上隐藏的政治潜质。罗斯福还不知道，自己政治生涯中最倚重的伙伴已经出现了。

反对派取得初步胜利，以为坦慕尼厅会提出停战建议，但是墨菲认为这 21 人是党内的"叛徒"，不肯妥协，声明斗争这才刚刚开始。罗斯福家成为反对派总部，成为大家日常聚会的场所。大家并没有积极研究什么对策，更像是在俱乐部放松心情，他们围在火炉旁，讲述些有趣的故事。有的时候，一些记者为了获得新闻资讯，也会参加这里的聚会，其中包括《先驱报》驻奥尔巴尼记者路易斯·豪。豪对罗斯福最初的印象一般，觉得不过是个游戏政治的纨绔子弟，后来才被他的勇气和激情感染，对他产生了极大的好感。

罗斯福代表反对派和坦慕尼厅进行了比较正式的谈判，可是没有取得什么进展。时间一拖再拖，终于到了参议院和众议院举行联席会议，表决新参议员人选问题。由于以罗斯福为首的反对派把选票投给其他候选人，希恩因票数不足落选。坦慕尼厅的党员们怒气冲天，决定惩罚这些不听话的"叛徒"。

党魁查尔斯·墨菲冷静地进行一系列措施，打算来制服反对者。接下去，他就针对反对者分别用各种报复手段，开除他们的公职，抵制他们的企业。在坦慕尼厅的重重打压下，反对派内部人心惶惶。为了避免内部分裂，罗斯福竭尽全力帮助大家渡过难关，给予大家精神支持和经济帮助。随着民主党内部斗争日益激烈，纽约州议会的反对派引起舆论和政界的普遍同情。进步派党员要求联邦参议院通过修改宪法的提议，直接选举参议员，好杜绝推荐式产生的不良影响。由民众直接选举国会参议员，已经成为进步派改革计划中的一部分。

全国的各大报纸都对这位"小罗斯福"极度关注，详细报道了他反对党魁的斗争。罗斯福代表反对派发表的宣言，成为报纸的头条新闻。他逐渐被世人熟知，纽约州的选民们也纷纷寄来信件，鼓励他不要动摇、坚持到底。

希恩开始报复他的敌人，指责他们对自己的攻击是对天主教徒和爱尔兰人的攻击。罗斯福对这个说法表示担忧，多次表明立场，并为自己辩解，同时放消息给新闻界，让世人了解反对派受到的各种打压。希恩还联合民主党中的保守派制造舆论，说罗斯福是共和党的间谍，是听从西奥多的指示故意来分裂民主党的。罗斯福却不以为意，在激烈的斗争中寻找乐趣。希恩到纽约州选民中间，联系那些顺从坦慕尼厅领导的民主党人，共同反对罗斯福。罗斯福并不担心，因为随着反对他的人增多，支持他的人也越来越多。在选民心中，罗斯福成为和党魁平等周旋的战斗英雄。墨菲知道，这样僵持下去，局面会失去控制。

1911 年 1 月 30 日，墨菲亲自出面到罗斯福家拜访，询问反对者能不能改变立场。罗斯福的答复是否定的，坚持自己的立场不会动摇。墨菲知道是放弃希恩的时候了，于是让罗斯福出面劝他退出竞选。

1911 年 2 月 2 日，罗斯福和埃莉诺邀请希恩夫妇到家里吃饭，尽管气氛很紧张，大家还是保持着各自的风度。饭局结束后，两位夫人在客厅闲话家常，罗斯福和希恩去了书房。罗斯福婉转地表明了自己的意见，希望希恩能够自动退出竞选，遭到了希恩的拒绝。经过激烈的争论后，两人不欢而散，没有达成实质性结果，斗争依旧继续。

随着斗争的继续进行，反对派承受的压力越来越大。通常情况下，议员们每周在奥尔巴尼只逗留一两天，可是这次会议延期，让大家滞留下来。不管是经济上，还是生活上，大家都感觉到诸多不便，因此理所当然地会把责任怪罪到反对者头上。另外，党魁墨菲放弃支持希恩的消息传开后，越来越多的人出面竞选，据保守估计也有 20 人。为了得到坦慕尼厅的青睐，每个新候选人都用打压反对派的方式来表示效忠。反对者的立场越来越艰难，斗争也愈演愈烈。

1911 年 3 月下旬，纽约州议会局面更加混乱，反对派内部开始分裂，共和党人又积极联系反对派。坦慕尼厅的党魁担心共和党和反对派达成协议，左右议会日程，于是推出新的候选人法官维克托·道林，缓和与反对派的关系。罗斯福和伙伴们知道仅凭剩下的十来个人的选票，起不到什么决定性作用，就接受了这个提议，同意参加抵制多日的民主党预备会议。法官维克托·道林不愿成为坦慕尼厅的傀儡，拒绝接受提名，会议再次被推迟。

罗斯福知道很难再把所有的反对派重新组织，但是他相信剩下的人员会更加团结。为了改变被动局面，罗斯福考虑联合进步派的民主党人和共和党人；同时为了避免在天主教问题上遭到攻击，他放弃了原来的候选人，推选了一名天主教教徒作为新候选人。墨菲想不到什么解决办法，为了早点结束和反对派的僵持，只好推举自己并不喜欢的坦慕尼厅内的独立派詹姆斯·奥戈尔曼成为新候选人。

新议长艾尔弗雷德·史密斯终于出面表态，不会追究反对派的责任，希望他们支持新的候选人。罗斯福和他的伙伴们知道再僵持下去也没有什么意义，选择了妥协，接受了詹姆斯·奥戈尔曼。虽然表面看来党魁墨菲取得了最后胜利，但他还是受到重创，不能够再像过去那样任意控制议会。而在公众眼中，反对派成功阻止了希恩当选，是真正胜利的一方。

"希恩事件"后，全国各地的进步派纷纷要求反对党魁专制，直接选举联邦参议员。新当选的新泽西州州长伍德罗·威尔逊发起一场类似斗争，阻止了党魁小詹姆斯·史密斯进入参议院。凭借这次事件，他成为进步派的领导人之一，为他入主白宫奠定了良好基础。为了避免与"希恩事件"类似的混乱再次发生，联邦议会通过了宪法第十七条修正案，并且在 1913 年 5 月 31 日开始生效。

　　"希恩事件"引发的混乱渐渐平息，但是人们不会忘记罗斯福，因为他是这次事件中的功臣。他出面抗衡了强大的坦慕尼厅，并且取得了一定成果。罗斯福通过这次政治磨炼，学会了耍手腕，知道怎么平衡复杂的政治关系，并且开始利用新闻舆论来为自己造势。进入政界 6 个月后，罗斯福声望显赫，成为公众认可的政治人物。另外，他还收到西奥多的亲笔信，信中肯定和赞扬了他的行为，并且为他的表现感到骄傲。

　　反对希恩的斗争结束后，参议院恢复了正常运转，开始了本届任期繁重的立法工作。罗斯福从"希恩事件"中的斗争明星回归于一个普通参议员，并且很好地扮演着自己的角色，充满热情地投入新工作，积累从政经验，等待新的机遇。

2 威尔逊和豪
ROOSEVELT

　　1911 年秋，罗斯福来到新泽西州，拜访被民众称为"政界校长"的伍德罗·威尔逊州长。

　　威尔逊 1856 年 12 月 28 日出生于弗吉尼亚州的斯汤顿，父亲约瑟夫·威尔逊是大学教授。威尔逊从普林斯顿大学毕业后留校任教，教授政治经济学，成为著名的教育家和作家。1902 年，威尔逊被推选为普林斯顿大学的校长。为了改变普林斯顿大学刻板的教育模式，他在校内积极进行各种改革。有的改革措施得到教职工的热烈欢迎，有的却引起了争议，各方面质疑的声音络绎不绝，也许这就是伍德罗·威尔逊转向政界的因素之一。1910 年，威尔逊接受保守派民主党人提名，竞选新泽西州州长，并取得了成功。上任伊始，他就开始推行一系列改革措施，整顿政治腐败和党魁专政的状况，使新泽西名列于进步州的行列，也为自己赢得了"全联邦最进步州长"的美名，并且成为民主党进步派领袖之一。1911 年夏，威尔逊开始竞选民主党总统候选人。

罗斯福和威尔逊的第一次会晤没有想象中的热烈，但给罗斯福留下了深刻印象。当他被带到威尔逊的书房后，立即被才华横溢的老州长吸引。罗斯福是这样描述威尔逊的："他有着冷峻的外表，又不失热情，有渊博的学识，又谦虚沉着。他不用情感，用理智就能够使人完全折服。"

罗斯福发现威尔逊虽然比自己年纪大 26 岁，但两人政治主张却几乎完全一致。他非常欣喜，愿意积极拥护威尔逊，许诺将全力以赴地支持威尔逊的竞选运动。罗斯福和威尔逊交谈过程中，分析了出席民主党全国代表大会的纽约州代表的情况，认识到纽约州的选票还是控制在党魁墨菲手里。

民主党内最有希望成为总统候选人的是来自西部的威廉·詹宁斯·布赖恩，虽然他在 1886 年、1900 年和 1908 年三次代表民主党竞选总统中都以失败告终，但凭借着深厚的政治背景，仍是本次的热门人选。尽管威尔逊并没有什么显著优势，罗斯福还是决定支持这位新泽西州的进步派。回到纽约后，罗斯福开始联合州内民主党进步派，为威尔逊的竞选造势。他组织了一些威尔逊俱乐部，并且在豪的帮助下大肆宣传，但是并没有取得什么实质成果。面对强大的坦慕尼厅，罗斯福的力量显得非常微弱。

在民主党代表大会上，墨菲把罗斯福的名字排斥在 90 名代表名单外。他仍然凭借手中的 90 张选票，掌控着纽约州的政治动态。

罗斯福全力为威尔逊助选的行动，让埃莉诺有些为难，因为威尔逊是西奥多叔叔的对手。埃莉诺有些犹豫，可还是按照老规矩支持丈夫的决定，并且期望他的事业能够成功。西奥多对罗斯福协助民主党候选人竞选的事情表示理解，但其他罗斯福家族的人并不理解他。从这次选举开始，罗斯福家族的内部矛盾延续了很多年。

1912 年春天，民主党总统候选人预选开始。同众议院议长钱普·克拉克相比，威尔逊明显处于劣势，只有几个州的代表支持他，其他的州都持反对态度。首轮投票结束后，克拉克凭借 440 张选票领先于威尔逊的 324 张选票，剩下的选票分散在次要候选人身上。按照民主党代表大会规定，候选人要得到超过总票数的 2/3 的选票才能获胜。接下去的几次投票中，克拉克的票数一直在稳步上升，这个时候纽约州的 90 张选票显得格外重要。罗斯福知道墨菲在等待时机，把选票投给克拉克，让其他候选人措手不及。

1912 年 6 月，共和党总统候选人提名代表大会在芝加哥举行。共和党党魁做了个错误决定，放弃了受党内大多数人支持的西奥多，重新提名塔夫托为总统候选人。西奥多和他的追随者无法接受这样的决定，西奥多决定作为独立候选人参与竞选。共和党的分裂为民主党提供了机会，民主党候选人获得胜利的几率大大增加。

1912 年 6 月末，决定总统候选人的民主党代表大会在巴尔的摩举行。很多人都认为大局已定，克拉克肯定会成为总统候选人，罗斯福却不这样看。他想削弱墨菲对纽约州代表团的操纵，但由于本身就被排斥在代表团外，这个方法根本不可行。罗斯福又想出其他方法，来为威尔逊制造声势。他联合纽约州 150 名有名望的民主党人组成的非正式代表团来到巴尔的摩，代表纽约州人民声援威尔逊。另外，他在代表大会会址附近设立威尔逊联合会，向其他州的代表们宣传拥护和支持威尔逊的理由。

民主党代表大会不仅是严肃的政治场合，也是令人啼笑皆非的闹剧舞台。大会开始后，克拉克雇佣的声援者涌进会场，按照预先安排，为克拉克喊支持口号。没想到罗斯福已经想到这点，也组织了人来对抗他们，现场一片混乱。会议主席想要阻止骚动，却徒劳无功，无可奈何之下只得宣布会议延期。克拉克的嚣张气焰得以收敛，但威尔逊还是没有什么胜算。罗斯福抓紧时间带领伙伴们在大会内外活动游说，披露纽约州选票的真实情况，引起进步派人士对坦慕尼厅支持的克拉克产生抵触情绪。另外，他们还鼓动各地选民给代表们寄信，敦促代表们把选票投给威尔逊。

在罗斯福等人的宣传努力下，各州代表开始关注威尔逊。在第 46 轮投票时，各州代表开始把选票投给威尔逊。墨菲察觉风头不对，知道克拉克已经完蛋了，于是他连忙寻找机会准备转向。而另一名有实力的候选人威廉·詹宁斯·布赖恩眼看自己无望得到第 4 次提名，就把手中控制的选票投给了威尔逊。大会局势完全逆转，最后的投票结果让人大吃一惊，威尔逊得到 990 张选票，远远超过了规定的 2/3 的选票；而原本稳操胜算的克拉克，只得到 84 张选票。

罗斯福给在坎波贝洛度假的埃莉诺发了电报，告诉她威尔逊赢得提名的好消息，和她分享成功的喜悦。

回到奥尔巴尼后，罗斯福开始为再度竞选参议员和协助总统大选做准备。没想到关键时刻，他却患了上伤寒卧床不起，政治前途变得渺茫。这时，罗斯福政治生涯中最重要的政治伙伴和助手豪走到他的身边。

路易斯·豪是美国政治史上的传奇人物，被后来的人称为"罗斯福的保护神"。很多美国人都相信正是由于豪的出现，罗斯福才能成为美国最优秀的总统之一。

豪的祖辈原是新英格兰人，父亲爱德华·豪是民主党人，经营过萨拉托加县的《太阳周刊》，后来被债主夺去经营权。豪长大后身材矮小，相貌平庸，看不出来有什么过人才华。从萨拉托加学院毕业后，他原本要上耶鲁大学，由于经济原因放弃学业，成为《太阳周刊》的记者。父亲失去经营权后，他就开始给纽约《先驱报》写报道。1906 年，豪成为《先驱报》驻奥尔巴尼站记者。他是一个优秀的记者，对新闻很敏感，善于发现新报道。另外，他文笔犀利，毫不留情地揭露和嘲讽政客们的丑陋嘴脸。但是没有人知道，这个其貌不扬的小个子记者是一个政治天才。同罗斯福一样，豪对政治也有着浓厚的兴趣，但是他知道凭借自己的背景和地位无法取得什么光辉成就。于是，他开始寻觅需要自己协助的合适人选。通过"希恩事件"，他见识到罗斯福的勇气和魄力，知道这个年轻人肯定会成为大人物。罗斯福去巴尔的摩前，豪就猜测到罗斯福日后或许会入主白宫。

得知罗斯福患病的消息后，豪赶到了罗斯福身边，为他量身定制新的竞选策略。豪相信自己的能力，认为即便候选人不能露面，也能够取得最后的胜利。豪以后的人生和罗斯福的政治生涯紧密联系在一起，直到 1936 年去世为止。

豪总揽了罗斯福竞选活动的大小事务，在波基普西饭店里成立了竞选总部，组织了竞选的工作人员。为了扩大声势，他选择民众广泛关注的农业问题和党魁问题做竞选主题，并且在各大报纸上赞扬罗斯福的政绩。尽管罗斯福因病不能露面，但是选民们并不觉得和他距离遥远，因为很多人都收到罗斯福的"亲笔信"。当然，这些都是豪安排竞选人员模仿罗斯福的笔迹写的，效果比预想的还要好。

豪还不忘凭借手中的媒体关系，攻击共和党候选人。共和党指责罗斯福反对天主教，对此豪以罗斯福的名义为当地的天主教徒募集捐款，获得他们的支持。豪不仅见识不凡，目光长远，还非常注意细节。为了调动竞选工作人员的积极性，他给每个人发了奖金，尽管金额不大，却还是让大家更积极地工作。罗斯福以后运用的政治技巧，很多都是从豪这里学会的。1912年年底，在豪的运筹帷幄下，罗斯福再度当选为纽约州参议员，在州议会里担任农业委员会主席，开始实施农业方面的改革政策。

在罗斯福患病期间，如火如荼的总统大选也在进行。西奥多和威尔逊实力相当，并没有太大差距。两人的政策非常相似，虽然分属不同政党，却都是进步派人士。威尔逊为了获得优势，接受路易斯·布兰迪斯的劝说，把解决托拉斯问题作为竞选主题，推出被称为"新自由主义"的施政纲领来对抗西奥多的"新民族主义"。威尔逊因反垄断立场得到商人和小业主的支持，赢得了大量选票。大选结束，威尔逊获得629.3万张选票，西奥多获411.9万张，塔夫托获348.5万张。威尔逊获胜，成为美国新一任总统。大选胜利后，威尔逊首先考虑的就是人事任免问题。他当然不会忘记罗斯福这位竞选功臣。

1913年1月，伍德罗·威尔逊邀请罗斯福到新泽西首府，和他讨论人事任免问题。期间罗斯福也婉转地向总统表达了自己想去华盛顿的愿望。

1913年3月4日，罗斯福到华盛顿参加威尔逊的总统就职典礼。在去华盛顿的途中，他见到了将出任财政部长的威廉·吉布斯·麦卡杜。麦卡杜问他是否愿意担当其助手时，他微笑着拒绝了，他心中想要的并不是这个职位。威尔逊了解到罗斯福对航海和海军知识非常感兴趣，并且收集这方面的藏书超过一万册，便任命约瑟夫斯·丹尼尔斯为海军部部长，让他提名罗斯福出任海军助理部长。

约瑟夫斯·丹尼尔斯来自北卡罗来纳州，是威尔逊竞选班子的成员之一，主要负责公共关系，对海军部完全外行，所以他很高兴能够倚重罗斯福这个内行。在罗斯福和坦慕尼厅作对时，丹尼尔斯就听过他的大名，并且欣赏他的进步思想和政治热情。在就职典礼当天，丹尼尔斯就正式宣布了对罗斯福的任命。曾任西奥多政府国务卿的鲁特参议员警告丹尼尔斯，要提防罗斯福，小心被他篡位，因为他不是久居人下之人。罗斯福非常高兴地接受了任命，能够重复西奥多走过的路，是他很久之前就树立的人生追求。他的升迁，对奥尔巴尼的当权者和坦慕尼厅的党魁来说是个好消息，大家都很高兴这个好斗分子的离开。

罗斯福选择了威尔逊，豪选择了罗斯福，两个看似关联不大的选择，为罗斯福铺设了一条奔向白宫的辉煌之路。因此，威尔逊和豪也可以说得上是对罗斯福政治生涯影响最大的两个人。

3 出任海军助理部长
ROOSEVELT

1913 年 3 月 17 日是罗斯福与埃莉诺结婚 8 周年纪念日，就在这一天，罗斯福出任海军部助理部长，担任其政治生涯中唯一的副职。来自赫德逊县的纽约州议员兰德尔·桑德斯在给罗斯福的信中写道："为你的好运感到高兴，希望你能够从此开始坚持走另一位罗斯福的道路，直到成为总统。"

前总统西奥多亲自发来贺信，对罗斯福担任海军部助理部长职务表示欣喜。罗斯福把进入海军部看成是跳板或契机，打算沿着西奥多走过的道路实现最终的政治目标。16 年前，39 岁的西奥多出任海军部助理部长，代替生病的海军部部长约翰·朗料理政务，取得了令人瞩目的成就，并因此成功当选纽约州州长，随后入主白宫。

刚到任时，罗斯福的行为有些张扬，经常有意无意地提醒别人罗斯福家族的人再次负责海军部。埃莉诺觉得他这样显得狂妄自大，劝他收敛一些。

海军部的办公地点和国防部、国务院一样，设置在白宫隔壁的大楼。罗斯福在这里主要负责管理日常事务，包括政府采购、供给和人事安排等。作为唯一的助理部长，他的工作沉重繁琐，不仅要编制美国海军舰队的各项预算，还要管理几十个造船厂和海军军事部门里的文职雇员。罗斯福坐到西奥多曾用过的办公桌旁忙碌着，给人留下了非常敬业的好印象。海军部部长丹尼尔斯不在华盛顿时，罗斯福行使代理部长权力，出面参加内阁会议。他通过工作学习管理经验，知道如何统筹大局，如何在逆境中谋求发展。

尽管美国海军在世界排名第三，但技术装备和官兵素质都远远落后于英国皇家舰队和德国帝国海军。它只是看起来力量强大，真正作战能力非常有限。在 259 艘各类舰只中，先进的军舰只有 21 艘，其他的都是美西战争以前的老式军舰，在战场上根本就不堪一击。另外，海军机构庞大，海军及海军陆战队人数加起来达到 6.5 万人，每年费用占到政府全部预算的五分之一。可是实际应用的兵力有限，防守环节薄弱，在美国 2 000 英里的海岸线上，只有 200 英里有海军防守。罗斯福经过调查统计后，发现海军缺额严重，很多军舰因人员配置不足而无法正常使用。造船厂由于技术陈旧落后，制造的都是些老式舰艇，根本无法抵抗欧洲设备先进的新式舰队。

1914 年 2 月 28 日，罗斯福在《美国科学》杂志上发表了《我国海军现状》一文，呼吁扩充美国海军人数，提高美国海军的战斗力。

海军部管理机构中各部门之间缺少互动和协调，将军或上校担任各个司局领导，却只知道争夺经费和地位，很少关心海军的现状。另外这里官僚主义盛行，大小事务都要提交公文申请，经过层层审批，最后由部长或助理部长签字才能实施。罗斯福对海军部工作中的官僚主义作风非常不满，认为这是工作效率低下的主要因素之一。为了发泄对官僚主义的不满，罗斯福在给丹尼尔斯部长的短信上写道："我已经签署了一式四份的正式申请，同意购买地毯钉 8 枚，特此报上。"

丹尼尔斯的回信风趣幽默，他说："两枚就够了，为什么这样浪费？"

罗斯福走遍东西海岸所有的造船厂，在了解具体情况后找出了对策，他对各个工厂有针对性地调整改革，让它们自负盈亏，不再是政府的负担。另外，罗斯福打破海军部内部论资排辈的升迁模式，提拔了一些积极肯干的年轻干部，让其负责各个领域的问题，大大提高了海军部的工作效率。

罗斯福任期内的主要工作方向，就是主张建立强大的海军。虽然部长丹尼尔斯也赞成扩大海军，但是行事低调，热情比不上罗斯福。美国海军同盟是美国扩建海军的最大阻碍，其领导人是钢铁界、海运界和金融界的巨头。为了防止引起战争，影响对外贸易，这些企业家们联合起来反对海军扩建计划。罗斯福决定正面出击，在美国海军同盟全国大会上发表"关于建立强大海军"的演讲，说明只有用力量强大的海军做后盾，他们才能够维持自己想要的和平贸易环境。丹尼尔斯部长和罗斯福的观念不同，他拒绝批准总务委员会关于增加 2 万人编制的提案，建议大量增加舰只。

丹尼尔斯 1862 年出生于北卡罗来纳州，比罗斯福大 20 岁。在具有绅士风范的罗斯福眼中，这位上司给他的最初印象是"不仅打扮过时，而且衣服皱巴巴的，就像个滑稽可笑的乡巴佬"。

丹尼尔斯是著名的和平主义者，是农业改革的积极拥护者，与新国务卿威廉·詹宁斯·布赖恩一起被认为是威尔逊内阁中最激进的两名成员。多年的政治生涯，并没有改变丹尼尔斯温和的性格。丹尼尔斯被威尔逊任命为海军部部长是出人意料的，因为他对海军事务完全外行。海军部各司局长暗暗窃喜，以为能够不受束缚放手行事，但是没过多久他们就知道这个想法是错误的。丹尼尔斯其貌不扬的外表下，隐藏着政治家的睿智和机敏，能够熟练地掌握局势。丹尼尔斯知道怎么制约这些海军上将，不让他们影响到自己的决策权。另外他还能利用物资供应商的贪婪，为海军部节约更多经费。罗斯福见识到丹尼尔斯的出色能力，虚心地从他这里学习联邦政府运作的知识，了解总统和各部部长、国会领袖之间彼此牵制的关系。

起初，罗斯福把丹尼尔斯看成一无是处的乡巴佬，在社交界的朋友们面前模仿和嘲笑他的言行举止。罗斯福还公开表示希望丹尼尔斯早点辞职，由自己来出任海军部部长。丹尼尔斯对助手的傲慢采取了忍让的态度，并且成功地把罗斯福的热情引领到正确方向。在以后长达7年的共事时间里，罗斯福和丹尼尔斯的意见经常产生分歧，但是罗斯福心里已经很依恋他。两个性格迥异的人逐渐成为关系密切的最佳搭档，罗斯福负责内部管理事务，其中包括政府采购和配给、海军预算、船厂和仓库管理、海军文职官员的人事管理等；丹尼尔斯负责决策，统筹大局，游说国会争取海军拨款。

海军部的军官们瞧不起性格温和的海军部部长丹尼尔斯，但是都很喜欢助理部长罗斯福。他的工作热情和领导才能，以及对海军业务的熟练程度，都让大家心悦诚服。罗斯福具备的专业素质，平等的待人态度，让他很快就和军官们打成一片，而埃莉诺也和军官的妻子们相处得很友好。

罗斯福想装得老成一些，但是还是掩饰不了真实年纪和阅历。他听到军舰鸣17响礼炮向自己致敬时，非常自豪和骄傲，因为这比迎接海军少将还多4响。他设计了海军部助理部长旗帜，他每到一处就让人悬挂这面旗，让欢迎仪式更气派壮观。对罗斯福偶尔流露出的天真幼稚行为，有些军官会觉得可笑，但绝对不会轻视他。罗斯福的航海才能让人钦佩，他曾引导高速驱逐舰通过狭窄的坎波贝洛海峡。

　　罗斯福在海军部能够应付自如，和豪的鼎力协助是分不开的。上任伊始，他就把豪调来海军部，担任秘书一职。表面上豪的主要任务是搜集整理海军部资料，为罗斯福和丹尼尔斯起草演讲稿，实际上还要处理采购、基建项目、劳工关系等事务。协助罗斯福成为美国总统，成了豪的人生目标。他努力维护罗斯福的形象，为将来的事业做准备。丹尼尔斯是这样评价豪的："他是我见过的最精明的人，对海军部和全联邦政治情况都一清二楚。他只效忠罗斯福，而不是我或威尔逊总统。为了确保罗斯福的利益，他愿意做任何事，甚至愿意趴在地上让罗斯福从他身上踩过去。"

　　豪用精明的政治眼光分析局势，教导罗斯福如何等待和抓住有利时机，进行政治场上的角斗。他还能够敏锐地察觉到别人对罗斯福的敌意，为罗斯福的事业扫清障碍。虽然他的感觉是正确的，却为自己树立了不少敌人。实际上，罗斯福从豪这里得到的不是协助，而是指导。听从豪的安排，控制自己的急躁情绪，是罗斯福走向成功的重要因素之一。罗斯福听从豪的建议，注意和劳工组织搞好关系。他经常到下面视察，在劳工组织代表中很受欢迎。在他7年多的任期中，没有发生劳资纠纷或罢工等令人头痛的问题。大家都知道罗斯福钟爱海军事业，并为之付出了真诚和热情。

　　虽然身在华盛顿，可是罗斯福和豪没有放弃削弱纽约坦慕尼厅力量的机会。罗斯福为返回纽约州做政治准备，和邮政部长艾伯特·伯利森、财政部长麦卡杜以及其他政府机构负责人保持联系，因为这些人控制着纽约州几百个联邦职位。罗斯福支持民主党进步派，反对坦慕尼厅的势力，希望威尔逊总统任命自己为纽约州民主党负责人。威尔逊总统知道罗斯福在海军部的作用，所以并没有给出明确答复。

　　罗斯福到华盛顿任职后，埃莉诺带着孩子们过来，住在西奥多曾住过的一处宅院里。当年西奥多入主白宫前，把这里当成暂住地，所以这里也被华盛顿政界称为"小白宫"。埃莉诺和军官们的妻子交际往来，还要负责给官员们寄问候卡片，每周三还要接待些不熟悉的新客人。她逐渐赢得了大家的好感，在华盛顿社交圈应付自如。

　　尽管罗斯福的助理海军部长职位能够给他带来5千美元年薪，夫妻俩每年的基金收入也超过了1.5万美元，但经济上还是入不敷出。为了保持体面，罗斯福一家按照华盛顿上流社会的标准雇佣保姆、仆人、司机和家庭教师等等，开销庞大。等待母亲萨拉的主动接济，成了夫妻俩解决拮据状况的唯一办法。

威尔逊总统和夫人都很保守，很少举办社交宴会。其他的内阁官员，也不好公然和总统相背，所以很少出现在社交圈。罗斯福家人能够接触的人士多是西奥多的旧交，还有一些思想积极的年轻人。罗斯福经常参加各个大学举办的社交活动，表现得很活跃。除了豪之外，还是没有人能够看出罗斯福有什么政治潜质。

罗斯福的眼界比过去开阔，结识了一些有声望的政治家、威尔逊政府中的内阁成员和重要的外国人士等。在海军部内部，他对航海知识丰富的威廉·哈尔雷和哈罗克·斯塔克等年轻舰长印象深刻，他们就是罗斯福日后任命的海军上将。通过和不同阶层的人打交道，罗斯福了解到政府的复杂状态。他借交际机会，从这些人身上吸收各种知识。人们对他这种广泛交际的做法持否定态度，认为他会一事无成，但是豪却不这样认为。罗斯福在和人交往时，不是单纯地接纳对方观点，而是有自己的分析和理解。他会在日记中记录每个人的特点和长处，并且能够找到与其和睦相处的办法。

在罗斯福忙于海军事务时，新总统威尔逊开始进行大刀阔斧的改革。在他的敦促下，国会通过了《联邦储备法》，为国家的银行和货币制度确立了新的方针。另外国会还通过了《关税法》，把税率降到南北战争以来的最低点，并推出分级税率条例。为了实现对选民的承诺，威尔逊总统施行自己的"新自由主义"改革措施，例如反对垄断、发展技能教育、确保工人权益等。罗斯福支持总统的改革政策，拥护其为民众服务的政治观点。因为工作内容所限，他始终处于威尔逊政府的外围，和总统接触的次数有限，但是关系一直很融洽。罗斯福密切地观察威尔逊，看他如何在民众和国会之间周旋。

1913 年 3 月，美日关系出现危机，罗斯福和海军将领们联名上书要求政府调动舰只和军队，向日本开战。威尔逊总统认为这样会被世人误会为美国在主动挑衅，会导致外交上的被动，因此驳回了这个请求。

1913 年 8 月，墨西哥内战波及美国边境，美墨武装冲突升级。威尔逊总统顺应民意，避免美军卷入墨西哥内战，再次采取了冷静观望的姿态。罗斯福知道参战是赢得声誉的契机，在豪的示意下他发表公开声明："战争不可避免，美军应该马上出兵。"他又呼吁建立强大海军，保护海防线，并且在战争期间保卫商船正常开展对外贸易。罗斯福的这些主张和活动，和威尔逊总统温和克制的态度出入很大。有人分析，威尔逊总统心里是默认罗斯福的扩军备战观点的，他只是在通过罗斯福来试探美国舆论的反应。

当时欧洲局势紧张，世界大战一触即发，威尔逊也在为美国的发展方向伤脑筋，不知道应该保持孤立主义传统置身事外，还是应通过军事力量树立国际地位。罗斯福和华盛顿的社会名流们达成共识，只有加大海军力量，美国才能够控制海洋，才能够在国际事务中居于主导地位，否则美国在国际社会中就没有说话权。在豪的帮助下，罗斯福作为政治新星在华盛顿崭露头角。但是由于年龄和阅历关系，他没有引起华盛顿和纽约州政界的重视。在那些老谋深算的政客眼中，罗斯福只是个精力充沛的小伙子，是个不让自己闲下来的小忙人。

在威尔逊总统看来，罗斯福性格冲动，是个不安现状的年轻人。但总统相信，关键时刻这个年轻人的冲动或许会爆发出强大的力量。

4　第一次世界大战
ROOSEVELT

20 世纪初期，欧洲列强在地中海沿岸和巴尔干地区展开了激烈的争夺，各殖民地的独立斗争也层出不穷。在俄国的支持下，波斯尼亚和黑塞哥维那两地民众强烈要求摆脱奥匈帝国的殖民统治，想要和塞尔维亚合并建立统一国家。奥匈帝国为了维护本国在巴尔干地区的统治权，准备对塞尔维亚作战。德国为了牵制俄国在该地区的力量，和奥匈帝国约定，如果俄国出面协助塞尔维亚，德国将出兵支持奥匈帝国。

1914 年 6 月 28 日，奥匈帝国在波斯尼亚邻近塞尔维亚的边境进行军事演习，以塞尔维亚为假想敌，由奥匈皇储弗兰兹·斐迪南大公亲自检阅这次演习。6 月 28 日是塞尔维亚的"国耻日"，是 1389 年土耳其军队打败塞尔维亚和波斯尼亚联军的日子。奥匈帝国的挑衅意味非常明显，这引起塞尔维亚民族主义者的极大愤怒。演习结束后，斐迪南大公偕同夫人返回萨拉热窝市区时，被隐蔽在一旁的塞尔维亚爱国青年加弗利尔·普林西普开枪击中，双双毙命。

　　这就是著名的"萨拉热窝事件"，德国和奥匈帝国以此作为借口，公然发动战争。7月28日，奥匈帝国对塞尔维亚宣战。8月1日、3日，德国分别向俄、法两国宣战。8月4日，英国向德国宣战。8月6日，奥匈帝国向俄宣战。8月23日，日本向德国宣战。第一次世界大战以欧洲大陆为主战场全面爆发。

　　第一次世界大战爆发后，美国政府没有马上参战，依然延续传统的孤立主义政策，采取观望态度。听到奥匈帝国宣战的消息后，罗斯福立即结束了夏季休假，回到华盛顿，前往海军部。但这里依然是老样子，丝毫看不出因世界大战爆发而引发什么紧张情绪。欧洲的战火和硝烟显得很遥远，大家好像都无动于衷。丹尼尔斯对于发生这样影响世界和平的事情只是表示非常遗憾和伤感。国务卿布赖恩依然坚持自己的和平主义立场，尽量让美国在这次战争中置身事外。

　　1914年8月4日，威尔逊总统发表《中立声明》，表明美国政府的立场。8月19日，他又发表《告美国民众书》，要求民众冷静面对，不要卷入这场纠纷。罗斯福不满意政府的中立态度，积极要求加强海军军事装备。他劝说威尔逊总统设立国防委员会，用来监督工业动员，为不可避免的战争做准备。他还提出实行普遍兵役制，增加现役军人数量。虽然罗斯福充满了热情和干劲，但是威尔逊总统经过多方考虑，没有采纳他的建议。

　　罗斯福的热情没有减灭，他客观地分析战事走向，认识到这可能会是一场持久战。他明白海军力量在世界大战中的影响力，于是开始着手准备人力和物资等后备力量。他辛勤工作，期望政府早点放弃"中立"立场，加入英、法为首的协约国一方。战争开始，罗斯福就倾向协约国，这点始终没有改变。豪知道罗斯福这样做就是和威尔逊政府唱反调，会影响到政治前途。他提醒罗斯福要意识到这一点，不要拿自己的前途冒险。罗斯福放弃了激进行为和言论，变得小心谨慎起来。

　　1915年3月，共和党奥尔巴尼党魁威廉·巴讷斯和民主党坦慕尼厅头目墨菲联和起来，控告西奥多犯有诽谤罪，因为他曾在公开场合说过两人相勾结。律师找不到两人合谋的证据，形势对西奥多十分不利。罗斯福知道回报西奥多的机会来了，他出面说出墨菲和巴讷斯在"希恩事件"中合谋的事，并提供了收集到的相关证据。情况发生逆转，西奥多最后赢得了这场官司，墨菲和巴讷斯则像两只斗败的公鸡，怅然离去。西奥多和罗斯福互发电文，庆祝罗斯福家族对抗党魁的胜利。

1915 年 5 月 7 日，德国潜艇在爱尔兰附近海域击沉英国丘纳德轮船公司的"露西塔亚"号客轮，1 195 人遇难，其中包括 128 名美国人。美国民众对德国产生强烈不满，要求政府宣战的呼声此起彼伏。美国国内媒体报道也越来越尖锐，以西奥多为首的参战派呼吁美国为荣誉而战，以布赖恩为首的和平主义者则要不顾一切维持平和。

表面上看来，威尔逊总统好像在为到底是参战还是继续观望而拿不定主意。实际上，他在等待时机，让美国能够在列强纷争中坐收渔利。为了化解国内民众高涨的不满情绪，他向德国政府提出并不严厉的抗议。国务卿布赖恩不赞同威尔逊总统对德国提出抗议，担心因此引发不必要的战争。为了表示维护国内和平的坚定决心，他毅然辞去国务卿一职。

到底要战争，还是要和平，成为美国人悬而不决的议论话题。但是关于备战问题，民众意见却出奇的一致。威尔逊总统也知道只有军事力量强大，选择是否参战的权利才会在自己手中，他向国会递交了扩军备战提案，其中包括罗斯福建立强大海军的计划。国会通过提案，美国备战活动全面展开，主要集中在增加陆军和海军现役军人数量，建造新式军舰，扩大舰队规模几方面。另外，政府成立了咨询委员会，以确保战争爆发后能够调动供给各项物资。

1916 年 6 月 3 日，美国国会通过了《国防法》，规定增加现役军队数量，全国范围内进行预备役训练。

1916 年秋，威尔逊再次获得民主党总统候选人提名，竞选连任。形势不容乐观，因为共和党在自南北战争结束后的半个世纪里一直处于有利地位。民主党为了赢得大选，加强了团结。罗斯福知道威尔逊能否连任关系到自己的政治前途，因此针对共和党关于消极备战的指责为威尔逊和丹尼尔斯辩护。他在演说中提到这件事，认为总统的对手在误导民众，做了不正确的陈述。罗斯福在各地为威尔逊进行宣传，甚至出面攻击西奥多，质疑其任期内出现的海军装备问题。后来他在给西奥多的信中就此事道歉，却始终没有在公开场合表示歉意。

威尔逊为竞选做着准备，竞选策略是要以实力争取和平，他的竞选办公室人员把竞选口号定为"他能够让我们免受战争困扰"。在国际局势紧张，国内人心不稳的情况下，威尔逊的竞选策略显得非常高明。

　　共和党的总统候选人是纽约州前州长查尔斯·埃文斯·休斯，是位受人爱戴的法官，没有任何不良记录供对手攻击。竞选初期，他的中立立场比威尔逊更坚定，但是后来开始偏向同盟国。他的做法有些矛盾，这给了对手可乘之机。西奥多不满威尔逊对德国采取的妥协政策，为了让共和党赢得大选，他呼吁大家重新团结起来，一起支持候选人埃文斯·休斯。大选前夕，共和党信心十足，觉得能够赢得大选。

　　罗斯福和威尔逊一样，以为民主党没有机会获胜。最初公布的是东部各州的选举结果，不出众人所料，休斯赢得了大部分地区的选票。共和党人以为胜券在握，甚至开始准备庆贺大选胜利的晚宴，但等西部各州的选举结果出来，他们才知道原来空欢喜了一场。最后的选举结果出来，威尔逊获得的选票数是 9 129 606 张，休斯的是 8 538 231 张，威尔逊成功连任。两个星期后，休斯才承认竞选失败，向对手表示祝贺。罗斯福松了口气，很高兴能在国际军事风云变幻之际继续担任海军部助理部长一职。

　　1917 年 1 月 9 日，德国皇家委员会会议在西里西亚举行。由于协约国的封锁削弱了德国的经济力量，德国在战争中越来越被动。为了扭转眼前的不利局面，大会通过了无限制潜艇战的决议。2 月 1 日，德国海军部队各潜艇艇长接到指令，开始进行无限制潜艇战，攻击同盟国之外的所有船只。2 月 3 日，德国潜艇击沉了一艘美国船只。威尔逊总统宣布召回美国驻德大使，和德国断绝外交关系，战争即将来临。

　　3 月 5 日是威尔逊总统举行连任就职仪式的日子，他在就职演说中提到"武装中立"，混淆了积极备战的真实意图。罗斯福对威尔逊总统的犹豫不决感到失望，甚至想过用辞职的方式进行抗议。他拜访了主张参战的爱德华·豪斯上校，说了海军战备不足需要做更多准备的情况。豪斯上校和威尔逊总统私交甚密，是总统最倚重的顾问之一，罗斯福希望通过豪斯上校劝总统放弃中立观点。没过多久，美国船只被德国潜水艇击沉的消息接二连三传回美国，民众要求参战的热情高涨。

　　3 月 20 日，威尔逊总统举行内阁会议，就参战问题征询各部长意见，各部部长都表示为了维护国家尊严，除了参战别无选择。4 月 2 日，威尔逊总统在国会发表演说，请求国会宣战。他的讲演中提到："为了世界和平，为了全人类，我们接受德国人的挑战。"4 月 4 日和 4 月 6 日，美国参、众两议院分别通过了对德宣战决议。8 个月后，美国又对奥匈帝国宣战。在进行了一系列参战准备工作后，美国加入协约国正式参战。

1917 年 6 月 5 日，美国派遣 34 艘驱逐舰参与大西洋的反潜艇战，对抗德国的无限制潜艇战，不久后又派遣战斗舰加入英国海军。美国的参战给德奥集团带来沉重打击，战争形势向着有利于协约国方面转变。

作为战时的海军部助理部长，罗斯福负责的行政管理工作沉重而繁琐，其中包括大规模征兵、完善战斗装备、开展防御措施和制订作战计划等。他知道世界大战中海军环节直接决定一个国家的战斗力，德国人之所以有恃无恐，倚仗的就是拥有装备先进的海军潜艇部队。他和海军官兵精心研究出一种新型水雷，用来对付德国潜水艇。因为发明者是布朗，所以这种水雷被称为"布朗水雷"。这种水雷通过四处散开的铜制天线，扩大了能爆区域。1918 年春，美国为首的协约国海军在从奥克尼岛到挪威北海处布下"布朗水雷"网，限制德国潜艇部队进入内海。德国海军的士气不振，再也嚣张不起来了。

美国政府宣战后，前总统西奥多把 4 个儿子全部送上了战场，还劝说罗斯福辞职入伍。罗斯福向威尔逊和丹尼尔斯表示了自己想要辞职入伍的想法，没有得到允许。对勉强同意参战的和平主义者丹尼尔斯来说，罗斯福是最能依赖的下属，是海军部工作效率的保证。罗斯福为了弥补不能够亲自加入战斗的遗憾，争取到一次欧洲之行。他将代表美国海军和其他协约国海军商讨各种问题，并且视察在那里作战的美国舰队。

1918 年 7 月 9 日，罗斯福率领一个专门委员会登上"戴尔"号驱逐舰，穿越大西洋前往欧洲。虽然途中曾被德国潜艇追踪，但只是有惊无险。7 月 30 日，罗斯福到达英国，会晤了首相劳合·乔治、勋爵鲍尔弗、军需大臣温斯顿·丘吉尔和一些著名的海军、陆军将领。他对精力充沛的劳合·乔治印象深刻，而对 23 年后的合作伙伴丘吉尔却没有什么特别印象。

1918 年 7 月 31 日，罗斯福来到法国前线敦刻尔克，参观海军陆战队战斗区，亲眼目睹了战争的残酷。虽然他没有穿上军装，但是如愿站到第一线，并且还遭到一些小规模的攻击，这都让他无比兴奋，也坚定了他想要入伍的决心。一位海军军官顾及罗斯福的安全，试图带他绕开战斗区，却受到了他的严厉训斥。

1918 年 9 月，罗斯福完成欧洲之行的各项使命，恋恋不舍地离开前线，乘坐"海兽"号驱逐舰返回美国。途中他患上了流行性感冒，并且发展为双叶肺炎，身体状态十分糟糕，是被担架抬上岸的。

1918 年 10 月下旬，罗斯福经过几个礼拜的治疗和调理，逐渐恢复健康，想要入伍的信念依然坚定。在丹尼尔斯批准后，他来到白宫请求威尔逊总统委派军职，得知战争已经进入尾声。罗斯福对不能以军人身份奔赴战场感到十分遗憾，后来听说格罗顿学校准备为参加第一次世界大战的校友建纪念碑时，他给相关负责人写信说道："虽然我没有正式入伍，但是我认为自己的名字应该列在第一批服兵役的人员表中。我在欧洲考察了大家服役的情况，还亲临战场领导了海军的战斗工作。"在极力争取下，罗斯福最终如愿以偿。

1918 年 11 月 11 日，德国和协约国在法国巴黎东北的康边森林签署停战协定。协约国军队总司令、法国的福煦元帅提出了苛刻的停战条件，日后它将成为《凡尔赛和约》的基础。战败的德国被迫接受这些条件，这也为第二次世界大战留下了伏笔。

1918 年 11 月 11 日 11 时，同盟国和协约国停止海、陆、空所有军事行动，第一次世界大战以同盟国的失败而宣告结束。这次世界大战历时 4 年 3 个月，参战国 33 个，死伤 3 000 余万人，军人阵亡人数在 800 万以上，经济损失折合 2 700 多亿美元，欧洲很多国家的经济受到重创。但是，美国却大发战争财，通过向协约国出售军火和武器获得了巨额利润，由战前的债务国转为债权国，包括英国在内的 20 个欧洲国家都沦为美国债务国。美国通过巨额黄金储备，加强了在资本主义世界金融市场上的主导地位。

罗斯福在战争中成熟起来，经过繁重工作的锻炼，成为一名合格的行政官员和政治家。这些战时经验，成为他日后担任总统和在第二次世界大战中充当三军总司令的有利条件。

5 舍弃命运般的爱情
ROOSEVELT

就在第一次世界大战结束时，罗斯福家中的战争开始了，他爱上了妻子埃莉诺的社交秘书，美丽端庄的未婚小姐露西·塞默尔。他认为露西就是自己命中注定要相遇的爱人，是最了解自己的人。他性格中浪漫多情的部分全面爆发，陷入爱河无法自拔。

露西·塞默尔是马里兰州名声显赫的塞默尔家族的支系子孙，在华盛顿长大。由于受过良好的教育，具有上流社会认可的教养，她的名字被列入华盛顿和纽约社交界的淑女名单。可是她却不能像其他名门望族的小姐一样过着风花雪月的日子，她父母双亡、家道中落，不得不在社会上谋生。对露西来说，能够维持生活的工作机会并不多，其中给别人当社交秘书算是不失体面而且收入不错的工作。

1913 年，经人介绍，露西·塞默尔成为海军部助理部长夫人埃莉诺的社交秘书。她工作态度认真，办事有条有理，而且很喜欢这个家庭，对埃莉诺毕恭毕敬，对孩子们疼爱有加。埃莉诺对这个年轻姑娘的能力和人品都非常满意，邀请她参加家里举行的各种宴会和舞会。露西很快就和罗斯福家的成员熟悉起来，经常和他们全家一起进餐。埃莉诺还不知道，这位看起来温顺乖巧的小姐会和自己的丈夫罗斯福纠缠一生，会给她带来最严重的家庭危机。

埃莉诺作为海军部助理部长夫人，要面对很多社交活动，除了应酬海军军官家属外，还要联系叔叔西奥多的旧部，为罗斯福稳固政治地位而努力。露西成了埃莉诺的得力助手，帮她往各处送名片，陪同她拜访华盛顿社会名流，还协助她准备各种得体的招待会。每个礼拜，露西会来罗斯福家工作三个半天，通常都是早晨到中午的时间。

露西身材高挑，皮肤白皙，有着迷人的大眼睛。她的脸上经常挂着浅浅的微笑，性格活泼开朗，又不失女人应有的含蓄内敛。她是个有些矛盾的女人，流露着无法掩饰的热情，却又具有异常冷静的思维模式。罗斯福虽然极力克制，但还是被这位小姐深深吸引，每次看到她时都会心动不已。露西没有恋爱经验，在风流倜傥的罗斯福面前当然没有什么抵抗力。不知道从什么时候开始，两人的心渐渐走到一起，开始了隐秘而愉快的交往。虽然两人年龄相差 10 岁，但是却没有隔阂。罗斯福从露西身上找到已经流逝的青春，露西在罗斯福这里得到父兄般的关爱。

关于罗斯福和露西的暧昧关系，在仆人中有了流言飞语，也传到埃莉诺耳中。她不担心丈夫会移情别恋，而是担心因这些没来由的闲话让露西受委屈。虽然出入上流社会，参加各种交际应酬，但埃莉诺依然衣着朴实，不怎么用化妆品，也不像年轻姑娘那样赶时髦。而罗斯福性格外向，能言善辩，到哪里都能够和人打成一片，在年轻姑娘中人缘也好。刚结婚的时候，埃莉诺为丈夫的这种不拘小节的行为苦恼过，但是随着孩子们接二连三地出世，她的心境也逐渐平和下来。她认为婚姻是神圣的，罗斯福的责任心会监督他不玷污这份神圣，而信奉天主教的露西也不会违反教义破坏别人的家庭。她不知道，爱情会让人盲目。

1917年时，罗斯福家已经有5个孩子，长女安娜，长子小詹姆斯，次子小埃利奥特（其实是罗斯福的第3个儿子，第2个儿子小富兰克林8个月大时夭折），三子小富兰克林，四子小约翰。一家七口住在过去的房子里，非常拥挤，所以就搬迁到北街2131号的一座宽敞的住宅里。埃莉诺已经六次生产，疲惫不堪，为了避免再次怀孕，她给罗斯福单独安排了卧室，夫妻俩暂时分居。

1917年夏天，按照家庭传统，罗斯福一家将前往坎波贝洛岛的别墅度假。此时美国已经参加第一次世界大战，罗斯福在海军部的公务繁忙，无法离开，埃莉诺只好带着孩子们前往。

夏末的时候，埃莉诺避暑回来，堂姐艾丽丝的造访彻底打破她宁静的生活。罗斯福结婚12年来，艾丽丝一直关注着这对夫妻的感情生活，希望能够抓到什么不幸的把柄。虽然她拒绝了罗斯福的求婚，但对他大张旗鼓地迎娶了自己不起眼的堂妹而耿耿于怀。埃莉诺听到了一个坏消息，那就是在她离开华盛顿的这段日子，罗斯福和露西成双结对，俨然是一对甜蜜的情侣。罗斯福不知避讳，甚至多次邀请露西和海军部的朋友乘游艇出游。看着艾丽丝幸灾乐祸地等着她出丑的样子，埃莉诺知道这些事都是真的。埃莉诺很了解这个傲慢的堂姐，知道她虽然尖酸刻薄，却从不会说谎。埃莉诺的心里愤怒不已，表面上仍十分平静，用优雅的口吻为丈夫进行并没有什么分量的辩护，送走了有些失望的艾丽丝。

埃莉诺想起过去几年听过的流言飞语，还有在那之后自己怕露西委屈对她更友好的事。她有种被人背叛的愤怒，自己请进门的人抢走了自己的丈夫，真是搬起石头砸了自己的脚。埃莉诺没有想到罗斯福会这样嚣张，公然和情人成双成对，让自己蒙受这样大的羞辱。她知道事情声张开来并没有什么好处，只会给华盛顿社交圈添一件丑闻。埃莉诺在心中把露西和自己做了比较，露西27岁，是个漂亮的年轻姑娘；自己比她大7岁，已经是几个孩子的妈妈。不管是身材，还是容貌，还是女性魅力，露西都是让人无可厚非的。如果让热恋中的罗斯福在两个女人中做选择，答案显而易见，因此为了保全家庭，埃莉诺选择了隐忍。她用战争时期社交活动稀少为由，辞退了露西。

埃莉诺以为随着露西的离开，一切都能够风平浪静，因此尽管对罗斯福有诸多不满，还是成功地扮演妻子的角色。罗斯福性格多情，怎么忍心和热恋的情人分开呢？他利用职务便利，把露西特招入伍进了海军部。露西由华盛顿上流家庭的社交秘书，成为美国海军三等兵，负责海军部办公室的文书工作。

海军部部长丹尼尔斯是个思想保守的人，对罗斯福和露西这段婚外恋很不满，但毕竟是别人的私事，也不好多说什么，只能睁只眼闭只眼。没过多久，露西凭借认真谨慎的工作态度和有条不紊的办事能力得到了丹尼尔斯的认可，被提升为海军二等兵。豪知道罗斯福是在玩火，但是也知道他目前的热情外人根本无法扑灭，只好替他多方掩饰，杜绝各种流言以维持罗斯福家庭的完整。

1918 年 10 月，罗斯福结束欧洲之旅，返回美国。几个月劳顿奔波，让他患上了流行性感冒，并且发展为双叶肺炎，身体情况十分糟糕。当他乘坐的舰艇到达纽约港口时，罗斯福已经陷入昏迷状态，被担架抬上岸，送到母亲萨拉在纽约的府邸。

埃莉诺到舰艇上收拾罗斯福的行李物品，在公文邮件中发现了罗斯福写给露西的一打情书。罗斯福在信中毫不掩饰地说，露西是他最爱的人，也是唯一的爱人。埃莉诺这才知道露西在海军部，并且一直和罗斯福保持着情人关系。她回想起罗斯福在自己面前装模作样地扮演好丈夫、好父亲角色，背地却和情人缠绵，怒火中烧。她想马上离婚，可想想孩子们要经受自己童年经历过的痛苦，不能够得到完整的父爱母爱，又于心不忍。埃莉诺性格中刚强的那面不允许她继续忍气吞声，于是她直接去和罗斯福交涉：要么选择和露西彻底断绝关系，永远不要见面；要么和她离婚，结束失望的婚姻生活。萨拉得到消息后，立即从纽约赶来告诫自己的儿子，不要为了一时兴起的爱情而放弃妻子和孩子们。她声明自己站在埃莉诺和孩子这边，如果罗斯福离婚，她也要和罗斯福断绝母子关系，带着孩子们回斯普林伍德庄园。

豪知道对罗斯福的政治事业来说，前总统侄女埃莉诺的支持是不可或缺的。他为罗斯福分析了现状。先说感情方面，就算罗斯福为了爱情放弃家庭，也不能够和露西正式结合。露西是虔诚的天主教徒，根据教义不能和离婚男人结婚。再说事业方面，罗斯福作为政治家，这种丑闻对政治前途的影响是致命的，更不要说想要成为总统。如果他抛弃自己5个孩子的母亲，那么就算他以后的各种竞选演说再怎么天花乱坠，也不会得到婚姻观念保守的选民的支持。他会受到社会的强烈谴责，所有的舆论都会同情埃莉诺。最后也提到经济方面，萨拉一直是罗斯福的经济依靠，全靠她的支援，罗斯福一家人才能够维持体面奢华的生活，如果萨拉断绝经济援助，后果不堪设想。

露西对受到感情折磨的罗斯福充满怜悯，写信过去安慰他。信中流露出缠绵和哀伤的情感，又不失调皮地提到因为和感冒的罗斯福通电话，她自己也被传染。她在信中称罗斯福为"我可怜的爱人"，并且幻想着世界上能够有真正的乐园，让人可以无忧无虑地生活，那将是多么美好的事情。但是她也提到幻想毕竟是幻想，现实生活中有太多无奈，不是凭借爱情的力量就可以解决一切。她在信中表示，她尊重罗斯福的选择，并且会永远默默地支持他，希望他用自己的手实现他的理想，成为让她自豪和骄傲的人。

罗斯福后悔自己为什么这样愚蠢，竟然留下了偷情证据，事到如今，没有其他办法，为了政治前途，只好忍痛割爱，放弃美丽动人的露西。因为在当时，离婚就是"政治上的自杀"。

豪为了保全罗斯福的家庭，不给这段婚外情死灰复燃的机会，请求丹尼尔斯把二等兵露西从海军部调离。在豪的介绍下，露西去了拉瑟弗德庄园，做了5个孩子的家庭教师。庄园的主人温斯罗普·拉瑟弗德先生比露西大将近30岁，是一位受人爱戴的富裕乡绅，唯一遗憾的是妻子病故，是鳏夫的身份。1919年冬天，拉瑟弗德先生因小儿子夭折，情绪非常低落，这时露西陪他度过最痛苦的日子，并且帮助他从痛苦中走了出来。

1920年2月，露西在接受拉瑟弗德先生正式求婚后，嫁给了拉瑟弗德先生，成为拉瑟弗德庄园的女主人。她凭借自己的温柔善良，得到了孩子的尊敬和丈夫的爱，家庭生活非常幸福美满。但是，露西知道自己一生只爱了一个人，那就是初恋对象罗斯福，她之所以默默接受豪的安排，也是因为爱罗斯福，不愿意让他为难而已。结婚之前，她在给罗斯福的一封信中写道："能够得到你的爱情是我一生中最幸福的事，我的人生永远为你守候。"

罗斯福和露西的关系，并没有因露西的结婚而中断，在以后的岁月中，两人一直保持着各种方式的秘密联系。1944年，在长女安娜的安排下，罗斯福和露西开始重新约会，直到最后在露西的陪伴下死去。两人的爱情，纠缠了一生，彼此都认定对方是自己最爱的人。

露西事件后，埃莉诺和罗斯福从暂时分居变成正式分居。在以后的人生中，埃莉诺开始寻找家庭以外的独立生活，进行各种慈善事业成为她生活中的主要内容。她将成为罗斯福事业上的伙伴，而不再是甜蜜的夫妻。

6 竞选副总统
ROOSEVELT

1919年元旦，罗斯福乘"乔治·华盛顿"号轮船前往法国巴黎，处理战后海军事务，埃莉诺作为家属随同前往。夫妻俩表面上看起来已经忘记了去年冬天的不快，重归于好。

1919年1月6日，美国前总统西奥多在纽约去世，如果不是1909年的那趟非洲之旅摧毁他的健康，60岁的他还有机会角逐1920年的总统大选。罗斯福和埃莉诺通过电台听到噩耗，悲痛不已。威尔逊总统也在欧洲，为巴黎和会的召开做前期准备工作。他得到消息后，马上致信给西奥多的遗孀伊迪丝·罗斯福，对她表示诚挚的慰问。他有一丝庆幸，现在西奥多已经辞世，明年总统大选的威胁也少了许多。

1919年1月18日，第一次世界大战胜利方协约国为缔结和约在巴黎凡尔赛宫召开会议，这就是巴黎和会。这个大会共有27个国家参加，出席的各国代表有1 000多人，其中全权代表70人。会议的主导权操纵在美国总统伍德罗·威尔逊、英国首相劳合·乔治、法国总理克列蒙梭三位大国首脑手中。为了维护世界和平和加强各国经济交流，威尔逊在自己"十四点原则"的基础上，提议建立"国际联盟"，并得到了英、法两位首脑的支持。巴黎和会没有解决各国之间争夺殖民地的矛盾，而是对战败国的利益进行掠夺和瓜分，其中对德国的条件最为苛刻，为第二次世界大战埋下了伏笔。后来法国元帅福煦这样评论道："这不是和平，而是二十年的休战。"

1919 年 2 月 15 日，罗斯福夫妇同威尔逊乘上"乔治·华盛顿"号轮船离开了欧洲，返回美国。回国后，威尔逊总统向国会递交了亲自起草的《国际联盟盟约草案》，希望能够在国会上通过加入国联的决议。在威尔逊的政治对手、共和党领袖亨利·洛奇的干预下，事情一波三折。

1919 年 8 月，威尔逊为了达成自己的理想，计划进行一次全民公投。他拖着 60 多岁的带病之身，在全国范围内做了动员演说。9 月 25 日，在前往第 41 场演说地的路上，他突然中风，随即回到华盛顿家中休养。1920 年 3 月 19 日，参议院彻底否决了威尔逊的提议。

1919 年至 1920 年，罗斯福的主要工作内容就是按照情报人员提供的线索，调查海军中的同性恋问题。他认为这样声势浩大的调查会引起不良反响，影响明年的征兵工作，应该低调进行。但丹尼尔斯不同意这样做，觉得为了杜绝这种丑恶行径，一定要严厉打击。

1920 年，四年一度的美国大选又要来临。战争带来的影响，使民主党处境艰难，自从 1918 年中期选举失利后，民众的支持率也在逐年降低。1918 年，共和党赢得众议院中的 237 席，比民主党的 190 个席位多了 47 席，已经可以左右外交和其他方面事务。

1920 年 6 月 25 日，民主党在旧金山举行总统候选人提名大会。经过 44 轮的紧张角逐，两度担任俄亥俄州州长的詹姆斯·考克斯击败了前财政部长威廉·麦卡杜，成为民主党总统候选人。考克斯在选择自己的竞选搭档副总统候选人时，想到了素未谋面的富兰克林·罗斯福。

考克斯是经过多重考虑才选择罗斯福为副总统候选人的，虽然战争让民众厌恶了民主党政府，却让人们熟悉了年轻有为的海军部助理部长罗斯福。另外，西奥多去世没多久，影响力还没有完全消失，凭借罗斯福的姓氏可能会争取到一些共和党进步分子的支持。如果说提名罗斯福有什么顾忌，就是他和坦慕尼厅的紧张关系，那或许会让民主党在纽约这个全国人口最多的州选举情况严峻。为了以防万一，考克斯在公开提名前先去征求墨菲意见。墨菲知道眼前民主党人获胜的可能性微乎其微，又见罗斯福这几年已经是妥协姿态，就赞同考克斯的提议，表示愿意带领纽约州代表支持罗斯福。

罗斯福知道选举前景渺茫，但是不愿意放弃这个在全国政治舞台上高调亮相的机会，他想通过这次竞选提高自己在民主党内部的地位。1914 年参议员提名的挫败，一直让罗斯福不能释怀。1914 年 8 月，罗斯福在豪不在身边的情况下，决定竞选纽约州民主党参议员提名。在遇到豪后，罗斯福政治方面的决定都是在和豪商议后决定的，只有这次例外，也只有这次遭到惨败。墨菲推出的候选人是美国驻德国大使詹姆斯·杰勒德，罗斯福无法攻击威尔逊总统亲自任命的大使，最终罗斯福以 76 888 票对杰勒德的 210 765 票狼狈收场。通过这次挫败，罗斯福从理想主义者蜕变为一个真正的政治家。他知道如果想在纽约州获胜，就不能够和坦慕尼厅公开决裂。他学会了怎么应对失败，怎样从失败中吸取教训。1914 年的经历，成为罗斯福能够没有负担地接受副总统候选人提名的重要因素之一。

罗斯福接受民主党副总统候选人提名的消息传出后，病中的威尔逊总统给罗斯福发来贺电。《纽约时报》发表公开评论，认为罗斯福在纽约和华盛顿时政绩出众，是适合该提名的最好人选。

考克斯和罗斯福这对搭档的竞选对手，是共和党总统候选人沃伦·哈定。哈定 1865 年出生于俄亥俄州一个医生家庭，做过小报记者，1891 年结婚后在妻子弗洛伦斯·克林·德沃尔夫的经济支持下投身政界。1899 年，哈定在共和党代表大会上被提名为俄亥俄州参议员候选人，竞选获胜，接着 1903 年当选副州长。1909 年，他被提名共和党州长候选人，竞选失败。1912 年，他担任威廉·塔夫托竞选连任的班子负责人，因塔夫托失败而沉寂两年，1914 年当选国会参议员。哈定是共和党中的保守派，他选择的竞选搭档、前马萨诸塞州州长卡尔文·柯立芝也和他一样保守。

哈定最大的特点就是能够完全迎合选民的心意，不会像其他政客那么无耻地攻击自己的竞选对手，而是很有心计地称赞考克斯和罗斯福的一些长处，表现出自己心无成见。但是他知道怎么抓住对手犯下的小疏忽，并且把这种小疏忽的恶劣影响扩张到最大，给予对手致命打击。哈定在竞选期间非常低调，与跑了 22 000 英里劳累不堪的考克斯相比，哈定就太安逸了。竞选期间，他大部分的时间都稳坐俄亥俄州老家，从这里向全国发表一些竞选文稿。他是个圆滑的政客，知道怎么回避争端，博取大家的欢心。

竞选开始前，考克斯和罗斯福专程拜会中风后的威尔逊总统。在威尔逊总统的强烈要求下，这对搭档把加入国际联盟作为竞选主题。实际上这个竞选主题存在弊端，那就是过于侧重对外政策，不容易引起普通民众的共鸣。

通常情况下，副总统候选人作为总统候选人的搭档，起到陪衬作用，并不需要弄得大张旗鼓。罗斯福却不这么看，他希望即便大选失败，也要有其他政治方面的收获。

1920 年 8 月初，罗斯福正式离开海军部，两千多名工作人员聚集在海军部大楼门口给他送行，并且送给他一只银杯作为纪念。临别前，罗斯福对丹尼尔斯表达了深深的谢意，感激他 7 年来对自己的宽容和体谅，感激他教会自己脚踏实地地做人。

1920 年 8 月 9 日，罗斯福在斯普林伍德庄园前发表演说，竞选活动正式展开。到场的 5 000 多人中，包括罗斯福的朋友和邻居们，民主党纽约州负责人，还有一些坦慕尼厅代表。罗斯福乘坐竞选车从芝加哥出发，到西北部太平洋沿岸，再南下到加利福尼亚，开始全力以赴进行全国范围内的宣传，在接下来的 92 天中，他有 84 个晚上是在竞选车上度过。他每天要发表十来次演说，总计演说次数近千次。与罗斯福同行的，除了埃莉诺之外，还有竞选工作小组，成员包括：负责管理竞选车和起草演讲稿的总管马文·麦金太尔，负责公关和宣传工作的斯蒂芬·厄尔利，负责财务工作的汤姆·林奇，负责专职采访工作的斯坦利·普伦诺西等。豪交代了海军部的工作后，也从华盛顿赶来助阵，当时他在海军部的任期还没有结束。罗斯福的竞选总部设在纽约，由他过去的秘书查尔斯·麦卡锡全权负责，一位名叫玛格丽特·利汉德的年轻小姐成为这里的雇员，担任麦卡锡的工作助理。

在一次又一次演说中，罗斯福为国际联盟问题向公众呼吁，希望大家能够支持。他强调随着世界文明的发展，各个国家的交流不可避免，像过去那样独立于世界之外的行为只会让美国失去对世界的主导权。他指出国际联盟方案是符合发展潮流的，是处理可能出现的国际纠纷的最佳解决方案，加入国联是和美国一向奉行的政策相吻合的。除了这些，他对国内事务也发表了观点，主张组织高效能政府，以提高公民生活水平为目标，进行工业和财政改革，还要重视环保和节能问题。

罗斯福很会掌握分寸，知道怎样在竞选活动中引人注意，又不会喧宾夺主。可是他也有过严重的失误，给对手可乘之机。在一次会议上，共和党人提到英国在国际联盟大会上控制 6 票，掌握着主导权，美国加入并没有什么好处。罗斯福很不满意这个观点，他认为美国控制着更多的票数，就是拉美国家的票数。他还说自己在海军部工作期间，曾参与起草了海地宪法。共和党人抓住这个机会，大肆渲染，罗斯福提到的已经是干涉别国内政这样敏感的国际问题。拉丁美洲人感到愤怒，通过外交途径向美国政府抗议。罗斯福得到了教训，知道即便有再好的口才，也不应该涉及有争议话题。

1920 年 11 月初，在纽约麦迪逊广场公园，罗斯福发表了总结性演说，竞选活动落下帷幕。11 月 6 日，选民开始投票。结果出来，共和党的哈定和柯立芝搭档获得 16 152 220 张选票，民主党的考克斯和罗斯福只得到 9 147 553 张选票，共和党以超过 700 万张选票的绝对优势获得大选胜利，并且控制了国会参、议两院的多数席位。另外，纽约州的竞选中，共和党也全部取代了民主党而获胜，内森·米勒接替艾尔弗雷德·史密斯成为新州长。

罗斯福坦然地面对一切，觉得自己又有很大收获，不仅在全国选民中亮相，扩大了社会知名度，还结识了很多地方上的政要人物，为将来东山再起奠定了基础。他还详细地总结了失败的教训，这为他以后的成功提供了宝贵经验。

罗斯福相信自己的政治前途不会就这样结束，为了感谢竞选班子成员的辛苦工作，也为了拉拢人心，他送给每人一副金质袖链扣，链扣中一粒上刻着罗斯福的姓名缩写"FDR"，另一粒上刻着受赠人的姓名缩写，作为这次竞选活动的纪念品。后来，这些人组成一个"链扣俱乐部"，在罗斯福的生日那天定期聚会，以表示对他的忠心和爱戴。随着罗斯福事业的发展，这个俱乐部的势力越来越大。罗斯福入主白宫后，"链扣俱乐部"成员作为罗斯福的私人智囊团，多数在白宫秘书处工作，担任秘书处主任的就是罗斯福最倚仗的助手和伙伴豪。

7 "年轻的资本家"
ROOSEVELT

1920 年大选失利后，38 岁的罗斯福暂时退出政坛，成为一名普通的美国公民。豪去了华盛顿，他在海军部的任期还没有结束。原副总统竞选办公室的雇员利汉德小姐凭借自己的聪明勤奋，得到了罗斯福和埃莉诺的青睐。她成为埃莉诺的生活助理，帮助照顾孩子们和罗斯福的生活，成为罗斯福家不可或缺的一员。在以后的20多年的时间里，她始终追随着罗斯福，与其说是他的工作伙伴，更像是忠诚的家人。

埃莉诺决心摆脱萨拉的束缚，走自己的人生，而不只做丈夫的陪衬。她把家事完全托付给利汉德小姐，把利汉德小姐当成自己的女儿一样依赖和信任。利汉德小姐也很尊敬埃莉诺，像对罗斯福一样对她忠心耿耿。埃莉诺认真学习各种有兴趣的知识，不仅在烹饪方面大有长进，还掌握了打字和速记的技巧。她还参加了学院的进修班，在中断学业20多年后重新学了法语和诗歌。在社会生活中，埃莉诺在妇女权利问题上形成了自己的政治观点。她参加了妇女投票委员会，结识了一些著名的女权主义者。

罗斯福家族奥伊斯特湾支系和海德公园支系的关系，这期间开始恶化。共和党获得大选胜利后，西奥多的儿子小西奥多接替罗斯福出任海军部助理部长。出于竞选需要，他要抨击上任的意见和做法。在对外公开前，他曾私下就此事与罗斯福进行了开诚布公的讨论，试图劝说罗斯福支持他的新观点。罗斯福倔强的性格让他不会妥协，两人难免产生了点小口角。在艾丽丝的煽风点火下，小西奥多与罗斯福的关系越来越糟糕，到了水火不容的地步。

在陪孩子们度过一段轻松的休息期后，罗斯福决定开始出来工作。虽然他心中还坚持自己的政治抱负，准备寻找机遇重整旗鼓，但是眼下他想到经济领域尝试一番。这时马里兰信托储蓄公司计划在纽约开设分部，正寻觅合适人选。该公司经济实力雄厚，主要从事证券发行担保和海外投资等金融业务。它的经营者范·布莱克是波士顿富豪，也是罗斯福在游艇俱乐部的朋友。他认为罗斯福名声显赫，交际广泛，很适合纽约分部负责人这个职位，于是高薪聘请罗斯福出任。罗斯福的年薪2.5万美元，是海军助理部长时的五倍，这让他比较满意。另外，他还重操旧业，和几个朋友在华尔街52号开设了一家律师事务所。

除了长子詹姆斯之外，罗斯福一家人又搬回了纽约第65街的住宅。詹姆斯已经13岁，被罗斯福送进格罗顿公学读书。罗斯福知道插班生的辛苦，所以不管是詹姆斯，还是以后对其他几个孩子，都是一年级的时候就送去入学。罗斯福每天上午到百老汇120号的信托储蓄公司上班，下午到华尔街52号的律师事务所料理业务。两份工作的性质完全不同，可他都处理得很好。他的选民登记地址仍是海德公园村，每个周末他都回斯普林伍德庄园，和那里的邻居和朋友聚会。

20 世纪 20 年代是美国商业兴旺发展的 10 年，各种生活消费品产销两旺；商业广告迅速发展，使得广告成为热门行业；股票一直呈上升趋势，利润丰厚。掩藏在经济繁荣下的是政府的贪污腐败，这是政府和企业相互勾结的结果。在国家发展商业的主导思想下，农民的收入日益微薄，工业方面活动也都低调进行，工会组织的重要性逐渐减弱。

在 1929 年经济大萧条到来之前，罗斯福一直进行着各种风险投资活动，但成功的例子屈指可数。虽然他是一个有些盲目的积极投资者，但是身上仍然存在着政治家特有的谨慎性。他不会孤注一掷地把投资集中在单笔生意上，因此即便接连投资失败也没有蒙受太大的经济损失。他的投资方向不固定，涉及的业务五花八门，包括购买石油公司股票、囤积物资、开办运输公司等。他的热情并没有得到回报，投进去的资金基本上都是有去无回。罗斯福并没有被失败吓倒，依然参与一些投机性很强的项目，并且设想着各种生意计划，想在这个经济繁荣时期获得理想的收益。很多年后，罗斯福因这段失败的投资经历被政敌攻击为投机分子，并且被称为没有眼光的投机分子。在 1929 年经济危机中，罗斯福投资的公司中除了一家艰难经营外，其他的全部倒闭。

罗斯福在国内的投资都以失败告终，在海外的一笔投资却获得丰厚利润。他帮助一家加拿大公司购买贬值的德国马克，并以此收购德国各行业大公司的股票，然后把股票出售，从中获得了巨额利润。在这次投资成功后，他投资了另一个公司，想用同样的方式再赚上一笔，但是到头来只是白忙了一场。另外，罗斯福还加入了一些金融公司，他的出现引起了金融人士的广泛关注，可是仅此而已，没有什么实质性收益。

1922 年，在商务部长胡佛的提议下，罗斯福出任美国建筑协会主席，成为建筑业的特权人物。此时，美国的建筑业正遭遇信用危机。从第一次世界大战时开始，美国建筑业发展走向误区，建筑商为了牟取暴利，一方面提高工程价格，一方面使用劣等材料而不顾工程质量，逐渐失去公众信任，负面报道层出不穷。媒体和公众都强烈呼吁，要求彻底调查建筑业的行业黑幕。为了挽回公众的信任和恢复行业正常秩序，成立美国建筑协会不失为合适的解决办法。这个协会是按照商务部长胡佛倡导的企业自动调节的理念建立的，管辖着 250 家全国性组织，成员不仅包括建筑商、建筑师和工程师，还包括所有的建筑工人。

罗斯福反对用政府行为直接干涉工商业，认为这种协会应该独立于政府外自由发展。他曾经在协会内部发表演说，提出政府干预工商业的做法是愚蠢的，因为那样需要增加税收来维持相应开销，会加重公众负担，对工商业并没有什么好处。罗斯福是位很称职的主席，他主张提高建筑工人的社会地位，在建筑业内部实行岗位聘用制，给每个人提供平等的就业机会。在建筑商的要求下，罗斯福依据《反垄断法》成功地对一些建筑行业协会进行起诉。另外，为了消除制约建筑业发展的季节性波动，罗斯福收集了大量资料进行长远规划，为建筑业的有序发展作了积极贡献。

罗斯福对商业领域的基本概念没有全盘接纳，虽然已经是商人身份，但他还是一个威尔逊主义者。他和那种纯粹谋求利润的商人不同，他认为：商人在获利的同时，要服务社会和改善民众生活水平。政府不应该对商业进行直接干涉，但是也不能完全放手不管。各个行业应该在政府的监督下，进行一定程度的自我制约和协调。他还在证券投资领域提倡加强教育，认为这是避免投资者失败的唯一解决办法。

罗斯福不只担任美国建筑协会主席，还积极参与其他社会组织的活动，并担任相关职务。他凭借着海军部助理部长的资历，担任海军俱乐部主任、海军教会学校瓦萨学院的名誉校长和纽约童子军俱乐部主席等。他在欧洲战场视察过，所以还主动申请加入了美国退伍军人协会，并且为这个协会募集捐款，用以改善退伍军人生活状况。他还参加天主教会圣约翰大教堂的社会活动，逐渐改善了和天主教的关系。另外，他成为哈佛大学监理会成员，并组织成立了伍德罗·威尔逊基金会。通过这些频繁的社会活动，罗斯福的名字经常出现在各大报纸上，让他避免了像其他在竞选中失败的副总统候选人那样销声匿迹的下场。

马里兰信托储蓄公司纽约分部的业务开展得很顺利，罗斯福把他的政治经验带进了公司活动中。公司的主要经营活动以债券业务为主，很大部分客户是纽约州的政治家。罗斯福通过在奥尔巴尼和华盛顿培养起来的各种政治关系，得到客户的信任和支持，签订了大量交易合同。范·布莱克的选择是正确的，罗斯福确实在这个岗位上取得了相当不错的成就。公司的股东们也对罗斯福的业绩表示满意，认为他是个有能力的人。当有记者来采访他时，他把自己定位为年轻的资本家，并且夸大债券业务的重要性，认为这发挥着平衡工业发展的积极作用。

在外人看来，罗斯福是个随心所欲的投资家，有时候对投资的狂热性和他优雅的绅士性格非常不符。罗斯福的骨子里隐藏着渴望冒险的成分，喜欢不断地尝试新事物，喜欢果断地采取行动，让事情能够取得圆满结果。在罗斯福的一生中，不管是作为商人，还是作为政府官员和总统，他爱冒险的这面多次展现出来。其实罗斯福能够任意进行新尝试，主要的条件是他有强有力的经济保障，那就是他和埃莉诺继承的遗产收入和妈妈萨拉的不断援助。因此他才能够进行金钱投资，进行商业冒险。他发现，商业风险投资也是一种智力冒险，能够增强人的判断和分析能力。

罗斯福虽然自称为"年轻的资本家"，但他对收益多少并没有太大兴趣。他和其他商人不同，他投资的目标不是为了赚钱，更多的是享受投机活动中带来的乐趣。他讨厌一成不变的生活，喜欢不停地挑战新事物。对他来说，商人只是他人生中的过度角色，他密切关注政坛上发生的各种变化，等着合适的机会复出。如今小西奥多当上了海军部助理部长，正在接受各界的祝贺，罗斯福怎么甘心就这样悄然隐退呢？他和威尔逊时代的政治家们一直都保持着通信联系，他相信机会终将来临，他还年轻，这也成为能够耐心等待的原因之一。他还发表政治声明，适时地提出一些容易被民众接受的观点和意见。对已经解散的副总统竞选班子成员，他也保持着密切联系。他曾经对这些工作伙伴说过，以后的日子还会需要大家的协助。罗斯福在进行商业活动时，从来没有放弃自己的人生理想，那就是走西奥多所走过的道路，成为一名伟大的政治家。或许商人身份能够给他带来更多的经济收益，但是这不是他的人生追求。

罗斯福对自己的政治前程充满信心，他敦促各地民主党领导人合作起草内政纲领，为 1922 年的中期选举做准备。他不知道，自己等待来的不是机遇，而是一个巨大的灾难，他的人生和政治前程即将面临最严峻的考验。

8　天有不测风云
ROOSEVELT

1921 年 8 月 5 日，罗斯福从纽约乘坐范·布莱克的游艇前往坎波贝洛度假。由于这段时间一直忙着为明年的竞选做准备，他有些疲惫不堪。8月7日，罗斯福到达坎波贝洛，埃莉诺带着孩子们到码头接他。路易斯·豪已经在海军部任职期满，也带着妻子格雷斯在这里等候罗斯福的到来。

8月9日，罗斯福和布莱克等人驾驶着游艇，到海上捕鱼。罗斯福不慎从船上跌了下去，掉进了冰冷的海水中。虽然他很快就被同伴拉了上来，但还是冻得瑟瑟发抖，好一会儿才缓过来。晚上的时候，罗斯福觉得自己浑身无力，双腿肌肉酸痛。他没有太在意，以为是疲劳的缘故。

8月10日清晨，布莱克及其随行人员离开坎波贝洛，返回纽约州。罗斯福送走他们后，和埃莉诺、詹姆斯以及埃利奥特乘着自己的单桅小帆船"维力奥"号，从自己家的海滨别墅出发，在芬迪湾附近游弋。返程的时候，詹姆斯发现坎波贝洛旁边的小岛上冒着一缕细烟。罗斯福知道是树林起火，就带着大家一起去扑火。一家人奋力扑救了两个小时，尽管显得手忙脚乱，没有头绪，但庆幸的是林火终于被扑灭。大家弄得灰头土脸，狼狈不堪。筋疲力尽的罗斯福浑身被汗水浸透，感觉很不自在，就跳到海水中，打算清洗一下，却被冰冷的海水逼回岸上。他穿着湿衣服回到家里，正好家中刚到了一些邮件，他就穿着湿衣服看了半小时的信件。他突然觉得浑身发冷，双腿的肌肉酸痛得更加厉害，知道自己可能是着凉了，就喝了点热汤后早早上床休息。当天夜里，罗斯福一直连续发高烧，体温达到39度。

8月11日，罗斯福挣扎着起来，想按照计划带孩子们去参加野营，但是因双腿疼痛难忍，连站也站不稳，只好回到床上。为了不让孩子们失望，他拜托豪的妻子带孩子们去野营。罗斯福的高烧持续不退，开始的时候只是身体发麻，到后来浑身酸软无力。埃莉诺请当地的贝内特医生过来诊治，医生诊断是重感冒，建议罗斯福卧床休息。8月12日，罗斯福的病情没有缓解，反而更加严重，不能走路，腿也不能动。

8月14日，豪请来了正在缅因州度假地旅行的费城名医威廉·基恩博士，为罗斯福做详细诊断。基恩博士认为罗斯福的这种情况是血栓形成引起的肢体麻木，建议用强力按摩的方式帮助他消解血栓。埃莉诺和豪轮流为罗斯福按摩，但是他不仅没有丝毫起色，而且情况越来越糟糕。罗斯福的膀胱也出了问题，必须插导管才能够排尿。他的上半身也逐渐不能动了，体温忽高忽低变化不定，精神非常沮丧。埃莉诺睡在罗斯福房里的长椅上，和利汉德小姐一起不分昼夜地看护他。虽然她的心中焦躁不安，但还是装作镇定的样子精心照料他，给他洗澡，喂他吃饭，鼓励他不要灰心。

基恩博士见病人情况没有什么好转，开始怀疑自己前面的诊断，认为这或许是脊髓灰质炎。脊髓灰质炎俗称"小儿麻痹症"，是由脊髓灰质炎病毒引起的急性肠道传染病，多发生于夏秋季节。患者在病毒潜伏期的症状表现和感冒症状相似，多汗发热，浑身无力。潜伏期过去后，按照病毒侵害的部位不同，患者会相应地发生局部瘫痪。病势轻微的，一两年内就能够恢复。但如果病毒侵入脑神经，患者会出现面瘫，吞咽和呼吸都会变得困难，严重者危及生命。通常情况下，这种病毒在 5 岁以下儿童中传播，很少有成年人感染。

豪原本要在短暂休假后出去工作的，现在为了陪在罗斯福身边，他放弃了好几次重新出山的机会，全心全力地协助埃莉诺看护罗斯福。埃莉诺非常感动，不再把豪当成是罗斯福政治上的助手，而是当成了这个家的朋友。

埃莉诺和豪都有些慌乱，因为罗斯福的病情诊断结果不统一，不知道到底该用哪种方式帮助他恢复。罗斯福心情也很糟糕，但是为了不让妈妈担心，他要求不要把他生病的消息告诉在欧洲旅行的萨拉。豪知道，如果病情拖下去，对罗斯福有害无益，便写信给罗斯福的舅舅弗莱德·德拉诺。他在信中附上罗斯福的病历，拜托弗莱德寻找纽约和华盛顿的名医诊断。弗莱德拿着这份病历拜访了好几位医生，得出的结论都是罗斯福患上了脊髓灰质炎。医生们建议弗莱德去请哈佛大学教授罗伯特·洛维特博士做罗斯福的主治医生，他不仅是美国顶级的脊髓灰质炎研究专家，也是临床治疗该病的首席权威。

8 月 25 日，在弗莱德的陪同下，洛维特博士带着几位同事到达坎波贝洛。在罗斯福家的海边别墅中，医生们进行了详细诊断。罗斯福已经卧床两个星期，腰部以下的肌肉完全没有力气，但是还没有发生明显萎缩。他的膀胱依旧瘫痪，需要插导管通便。另外，他的体温变化无常，时高时低，有时会感觉到全身疼痛。不过值得庆幸的是，由于埃莉诺和利汉德小姐看护得当，罗斯福没有发生什么感染，否则会引发更多其他的疾病。从权威人士罗伯特·洛维特口中，大家终于听到了最后的诊断，那就是罗斯福得的确实是脊髓灰质炎。万幸的是，罗斯福的病不会危及生命，也不会传染给孩子们，并且在一两年内会有改善，他的四肢还有恢复的可能性。

知道诊断结果后，罗斯福稍稍松了一口气，精神状态好了很多。埃莉诺认为罗斯福已经度过了最难熬的日子，经过了"烈火的考验"。罗斯福为了保持勇敢面对病魔的勇气，拼命地思考问题，不停地读书，不让自己闲暇下来。他回想自己的政治生涯，为了更好地总结经验，他认真地阅读了大量美国历史政治方面的书籍和世界名人传记。罗斯福知道只有了解敌人，才能够更好地战胜敌人，所以他还阅读了大量医学书籍，有关脊髓灰质炎的书差不多他都看过，成为一个理论上的医学专家。

罗斯福逐渐恢复了自信，没有放弃自己的理想和追求，认为总有一天自己会重返政治舞台。他的伙伴豪也这样认为。罗斯福生病后，豪就决定要帮助罗斯福渡过这场灾难，但是又不能够让外界知道真实情况。他知道对于罗斯福的政治前程来说，"小儿麻痹症"、"瘫痪"这样的字眼会带来致命打击。豪轻松地代替罗斯福同外界保持着联系，向新闻界发布了模糊的通告，告诉罗斯福的亲戚们他只是得了感冒，正在休息中。利汉德小姐成为罗斯福的私人秘书，帮助他回复各界来信。豪则模仿罗斯福的笔迹，在信件后面签名。

9月1日，萨拉从欧洲旅行回来，豪代替罗斯福去港口接她，并且婉转地说了罗斯福的情况。萨拉没有在纽约停留，马上前往坎波贝洛。罗斯福尽管有些憔悴，还是很沉着地在病床上向母亲致意，说自己还好，这病没什么大不了的。萨拉很感动，知道儿子会坚强地面对眼前的困难。

9月13日，在豪的安排下，罗斯福被送到伊斯特港的一列火车上的包厢中，离开坎波贝洛，前往纽约。罗斯福这次离开后，一直到成为总统后才再次回来。9月14日，罗斯福乘坐的火车到达纽约，经过特殊通道离开站台，住进纽约市长老会医院。豪对外宣称罗斯福这次患病不会留下永久性后遗症，只会让他的小腿暂时失去活动能力。记者们看到的情况也是如此，罗斯福面带微笑地倚在临窗的卧铺上，嘴里叼着一根香烟。

罗斯福的主治医师是乔治·德雷珀医生，他是格罗顿和哈佛的校友，早就认识罗斯福。他很担心罗斯福的情况，认为罗斯福可能永远都要躺在床上。但他知道，病人的精神状态很重要，所以他做出了比较乐观的病情报告，说罗斯福会好起来，不会残疾的。在埃莉诺和医生们的精心照料下，罗斯福的精神状态也好了起来，积极接受各种检查和治疗。他在长老会医院治疗了6个星期，病情没有明显起色。德雷珀医生建议他回家休养，毕竟要面对的是漫长的恢复期，在医院没有太大意义。

10 月 28 日，罗斯福从长老会医院出院，回到位于 65 号大街的家中。12 月初，在德雷珀的推荐下，理疗专家雷克夫人来到罗斯福家，负责监督和指导罗斯福每天的物理治疗。罗斯福严格执行着雷克夫人规定的锻炼计划表，接受各种痛苦的治疗措施。他学会了怎样操纵轮椅，知道如何才能移动身体。通过艰苦的努力和锻炼，罗斯福手臂和背部的肌肉强壮起来。几个月后，他终于能坐起来了。罗斯福拄着拐杖，开始练习走路，每天比前一天多走几步，就是他最大的目标。就这样，罗斯福的状态大有好转。

1922 年 2 月，德雷珀大夫为罗斯福的双腿配了用皮革和钢板制成的支架。这副架子每只重 7 磅，绑在大腿和小腿上，在膝部固定。罗斯福凭借这副架子和拐杖，就能够站立起来，除了无法登上台阶外，看起来和正常人没什么两样。要熟练地掌握这种技巧并不容易，刚开始的时候罗斯福总是笨拙地摔个不停，但是他还是很顽强地坚持锻炼。罗斯福应用自如地使用这副架子后，认为自己可以公开露面了。他接受豪的告诫，在公开场合不要别人搀扶，也不去需要登台阶的地方。没有人把罗斯福当成病人，在大家看来，他还是那个态度积极、思维敏捷的年轻政治家。

1922 年夏天，在医生的建议下，罗斯福一家搬回了斯普林伍德庄园。因为 65 号街的住宅显得有些拥挤，不适合罗斯福进行恢复锻炼。罗斯福相信眼前的一切终将过去，自己肯定能够重新走路。他在医院时，以为自己两三个星期后就能架着双拐出院。回到斯普林伍德庄园后，他依然充满了希望。他在给朋友们的信中多次提到，自己的情况正在好转，很快就能撑着支架独立行走，以后依靠手杖就行了。一直到很多年以后，罗斯福才知道自己再也不能像健康人那样走路了。

除了保留纽约童子军俱乐部主席和哈佛大学监理会委员等职，罗斯福辞去了其他社会性职务。他还向布莱克提出辞呈，打算辞去马里兰信托储蓄公司纽约分部负责人的职位。布莱克拒绝接受辞呈，他相信罗斯福依然是最适合这个职位的人选，和生病前没什么两样。罗斯福出于感激，动用自己的社会关系，为公司签订了很多大额订单，没有辜负布莱克的期待。

豪放弃了好几次就职机会，也没有按照原计划去经商，一直陪在罗斯福身边，成为罗斯福最倚重的人。豪以他的名义书写大量信件，代表他和外面各阶层的人见面，让罗斯福不会断了和外界的政治联系。另外，他还劝说埃莉诺走出家庭，开展社交活动，只有这样才不会让公众遗忘罗斯福的名字。

埃莉诺加入民主党的州委员会妇女部，结识了很多重要人物。她参加各种社会公益活动，为了提高妇女工作地位和保护妇女权益积极呼吁，成为社交圈的知名人士。开车和游泳是埃莉诺的两个弱点，但这个时候的她表现出了坚强的一面。为了适应政治生活需要，在没有任何人协助的情况下，她克服了心理障碍学会了开车和游泳。埃莉诺成了罗斯福的助手和耳目，向他如实反映各种民情。

利汉德不仅成为罗斯福的私人秘书，还接替埃莉诺负担起照顾罗斯福生活起居的责任。利汉德比罗斯福小18岁，却像个慈爱的小母亲，在他脆弱的时候给他最温柔的关心和呵护。利汉德和豪一样，在遇到罗斯福后，为他默默地奉献了自己的一生。

萨拉站在母亲的立场上，希望罗斯福能够在斯普林伍德庄园安度余生，而不是为了什么所谓事业奔波劳累。埃莉诺反对萨拉的观点，并且引发无数场不愉快的争吵。她不愿意让自己的丈夫放弃希望，鼓励他继续积极从事政治活动。埃莉诺和豪知道，工作会带给罗斯福动力和希望，让他能够更好地与疾病斗争。两人达成同盟，挫败了萨拉的计划。豪所做的一切都是为如何让罗斯福成为总统做准备，他依然坚持自己的观点，认为罗斯福会成为伟大的政治家。

处于母亲和妻子的斗争间，罗斯福有些为难，但是他的想法却始终没有改变。他不会忘记自己的理想，就是走西奥多走过的路成为美国总统。即便在生病初期最沮丧的时候，他也没有想过放弃政治追求。通过这场漫长而艰难的考验，只是让他更积极地关注政治。他认为只有不停地接触各种人物，参与到社会生活中，才能够提醒自己生活的美好，让自己永远保持战胜病痛的信心。

ROOSEVELT
第三章
叱咤纽约

　　艾尔弗雷德和罗斯福之间的气氛微妙起来，不再是大选前那种彼此依存的关系。这次民主党的大溃败，更映衬出罗斯福胜利的可贵，各大媒体已经开始预测罗斯福将来会不会和他的堂叔西奥多一样入主白宫。艾尔弗雷德的心情非常复杂，他怎么也没有想到双腿残疾的罗斯福会成为民主党中最活跃的人。

1 温泉疗养院
ROOSEVELT

　　斯普林伍德庄园的生活虽然安逸，但是埃莉诺和萨拉无休止的争吵让罗斯福疲惫不堪。在利汉德的陪同下，罗斯福开始到各处寻找有效的治疗办法，甚至还尝试了一些偏方，但都没有得到什么明显的疗效。

　　1923年冬天，罗斯福认识了新朋友约翰·劳伦斯，他也是一位腿部有残疾的人。两个志同道合的朋友决定结伴去航行。罗斯福做事从来不考虑经济问题，这点让埃莉诺有些不满，但是为了不让病中的丈夫扫兴，她还是表示支持和理解。

　　1924年2月3日，被称为"政界校长"的美国第28位总统伍德罗·威尔逊病逝。这时，罗斯福和劳伦斯正进行着"拉洛克"号的首次航行之旅，同行的还有贴身照顾罗斯福的利汉德小姐。罗斯福写了文章悼念这位前总统，并把"拉洛克"号上的旗帜降半旗30天致哀。这个季节不适合航行，"拉洛克"号的装备也并不先进，所以这次航行并不是一帆风顺的，发生了几次事故，幸好只是有惊无险。

　　1924年夏天，罗斯福接到老朋友乔治·皮博迪的来信，信中提到他在佐治亚州西部的土地上有个温泉疗养所，虽然环境简陋，但是温泉富含各种矿物质，对罗斯福的病应该能够有所帮助。他还提到有个患小儿麻痹症而导致下肢瘫痪的年轻人，通过温泉治疗取得良好的效果。罗斯福知道希望渺茫，但是不愿意放弃任何有可能痊愈的机会，他决定去佐治亚州温泉试一试。

　　1924年10月，在埃莉诺和利汉德小姐的陪同下，罗斯福来到佐治亚州的温泉疗养所。这里是一个荒废的温泉疗养地，在南北战争前，这里是上流人士度假疗养的地方。因为年久失修，罗斯福到这里看到的，不过是一座破旧的旅馆和几间白色小屋，在不远处的山坡下是在温泉上修建的室外游泳池，山坡上是茂密的松林。虽然这里景色还可以，但由于周围农民大量开垦土地，水土流失严重，让这里的环境逊色不少。罗斯福习惯了赫德逊河流域的优美景致，对这种脏乱的农村地区很失望，但当他把瘫痪的双腿泡进温泉时，他知道自己没有白来这一趟。这里的水温始终保持在摄氏 30 度左右，又因充满矿物质而浮力很大。罗斯福非常高兴，忍不住喊道："太舒服了，真想就这样泡着不出来。"

这里实在是太偏僻，根本找不到医生来帮忙指导，罗斯福只好按照自己制定的办法，每天在游泳池中游泳和享受日光浴。这里的温泉能够缓解疲劳，在让人感到身体舒适的同时，又能够让人感觉浑身有劲。一个星期过后，罗斯福的脚趾恢复了知觉，他在给母亲的信中说到此事，认为温泉的疗效真的很神奇。虽然这次疗养时间只有一个半月，罗斯福的收获比患病后的三年还要多，他的双腿逐渐有了力气，这带给他战胜疾病的信心。罗斯福积极的精神状态引起了媒体关注，两个记者通过采访知道了温泉的事情，就写了一篇《游向健康》的报道，于是佐治亚州的温泉成了国人关注的焦点。

1925 年 4 月，罗斯福再次来到佐治亚州，修缮了这里的房屋，提高了这里的居住水平。因为那篇《游向健康》的报道，全国各地的小儿麻痹症患者和他们的家人看到了希望，大家从各处聚集到温泉疗养所。罗斯福帮助大家安顿下来，积极开展治疗。为了让大家得到科学有效的治疗，罗斯福请来了著名矫形手术专家哈帕德博士和他的伙伴，为大家进行医疗指导。哈帕德博士通过详细的调查研究，认为温泉疗养确实对脊髓灰质炎患者有疗效。罗斯福对这个结论非常满意，打算购买温泉和附近土地，修建温泉疗养院。

1926 年 4 月，罗斯福用了 19.5 万美元的价格从乔治·皮博迪手中买下包括破烂旅馆、小木屋、游泳池和附近的 1 200 亩森林在内的温泉疗养所。按照约定，他先支付了 2.5 万美元，其余部分在 10 年内付清。萨拉的经济观点比较保守，拒绝投资温泉建设，这让罗斯福失去了主要的经济支援。埃莉诺很忧虑，儿子们都在上学，女儿又到了出嫁年龄，家庭收入有限，开支却十分庞大，经济状况窘迫。但是她知道温泉对罗斯福意味着信心和希望，所以并没有怎么反对。后来罗斯福从同父异母的哥哥罗西那里继承了一笔 10 万美元的遗产，才缓解了他经济窘迫的状况。

罗斯福最初的计划是不仅把温泉疗养院修建成小儿麻痹症患者康复中心，还要建设成有钱人的度假胜地。没过多久，他就发现这是一个不可行的计划：对健康人来说，接触小儿麻痹症患者并不是让人愉快的事。这并没有影响罗斯福的热情，他仍然对这里进行大规模的房屋修缮，进行温泉改造工程，他还修建了道路，让这里成为一所初具规模的温泉疗养院。哈帕德博士接受罗斯福的邀请，正式负责疗养院医疗指导工作。这里还配备了专业护理人员，为疗养的患者服务。截止到1926年年底，已经有来自全国各地的150名患者在这里进行了治疗，并得到了一定的疗效。

1927年初，罗斯福成立了非营利性的"佐治亚州温泉基金会"，接收各地小儿麻痹症患者，帮助大家开展温泉治疗。罗斯福亲自担任基金会主席，豪也当上了理事，协助他处理各种事务。温泉疗养院成为小儿麻痹症患者的乐园，这里带给大家希望和勇气，让人忘记了痛苦和悲伤。罗斯福还不知道，这里将成为研究小儿麻痹症及治疗此症患者的国际中心。他用自己大部分财产换来的这座疗养院，将成为他留给美国人民的最宝贵的遗产。

随着温泉疗养院知名度的扩大，从四面八方赶来的患者也越来越多，罗斯福不停地投资，但还是入不敷出。就在罗斯福要陷入困顿时，开始有社会人士为基金会捐款，罗斯福的朋友们也纷纷慷慨解囊，基金会的经济状况趋于好转。为了解决季节对温泉疗养的限制，罗斯福用亨利·福特的儿子埃德索尔·福特捐助的2.5万美元为温泉池修建玻璃棚。患者不管什么时候过来，都能够进行温泉疗养。

埃莉诺还有很多事情要处理，不能陪罗斯福在温泉疗养院长住，所以拜托利汉德小姐照顾他。利汉德小姐每天要记录罗斯福的健康情况和精神状态、具体活动等，然后把这些寄给埃莉诺，让她了解到罗斯福的详细动态。

罗斯福喜欢温泉疗养院，但是从来没有把自己当成需要疗养的病人。虽然他的腿部肌肉已经出现萎缩，但是上半部分肢体的肌肉更加强壮发达。他保持着积极乐观的心态，在行动不便的情况下，学会用更多的时间思考问题。那个激进的、略显浮躁的罗斯福消失了，取而代之的是沉着稳重的罗斯福。

罗斯福的名字再次被世人熟知，在大家眼中他是和小儿麻痹症进行战斗的现代英雄。他成为世人景仰的榜样，他的温泉疗养院也成为患者终将战胜疾病的希望的象征。1932年，罗斯福在温泉疗养院附近买了占地600公顷左右的农场，修建了被人称为"小白宫"的住宅，把这里当成斯普林伍德庄园以外的第二个家，并且在这里度过生命的最后一刻。

罗斯福当选为总统后，援助温泉疗养院成为美国人对他表达景仰之情的一个方式。每年1月30日前后，无数的小额捐款单从美国各地飞到温泉疗养院。1938年，罗斯福倡议成立小儿麻痹症全国基金会，并且把温泉疗养院无偿捐献出来，作为基金会的研究和实验基地。该基金会通过下辖的全国各地近3 000个地方分会，为小儿麻痹症患者提供就近住院治疗和护理。为了彻底征服这种疾病，基金会还为研究此病的科学家们提供研究资金，为学生们发放奖学金。

罗斯福的残疾双腿为他赢得了公众同情，成为了一项政治资产。当在公众场合露面时，他用痛苦和笨拙的样子移向演说台前，然后展现乐观的微笑和挥动自信的手势，这样前后略显矛盾的举止震动了无数美国人。罗斯福在经历过疾病的痛苦后，性格也发生了一些变化。他比生病前更显得有人情味，知道怎么和别人用平等的态度相处和交谈。他开始同情弱势群体，比过去更加成熟稳健。但是他的人生理想还是没有改变，走西奥多走过的路成为他从病痛中解脱出来的主要动力。他的政治见解没有变，保持着思想的进步性，是个自由主义者。他的大儿子詹姆斯多年后提起父亲的这段经历时，认为小儿麻痹症并没有改变罗斯福的性格，只是让他能够对人类苦难有更深刻的了解和同情，不管他是否得过小儿麻痹症，他执著的信念都会让他选择走那条通往白宫的路。

虽然有豪的统筹和规划，但是患病后的罗斯福和政界接触还是有限，他原本1922年参与竞选职位的计划延后了好几年。不过这段时间正好是柯立芝时代，很多民主党人都出师不利，罗斯福即使参与，胜算也不是很大。

卡尔文·柯立芝是罗斯福1920年副总统竞选的对手，获得大选胜利后成为美国副总统。他生于佛蒙特州，父亲是州议会议员，母亲在他12岁时病逝。柯立芝从阿默斯特学院毕业后，成为一名律师，随后开始参加政治活动。1899年，柯立芝当选为北安普顿市议员，1915年当选为马萨诸塞州副州长，3年后当选为州长。1920年，柯立芝被哈定提名为共和党副总统候选人，成为其竞选搭档，获得成功。1923年，哈定去世，柯立芝继任为总统。柯立芝团结起四分五裂的共和党，整顿国家政府状态，树立联邦政府信誉，得到民众的信赖和认可。1924年，柯立芝被提名为共和党总统候选人，参加大选，获得连任。柯立芝在第二任期内，对内发展经济，采取政府不干涉方针，用相应经济政策间接调控；对外又恢复威尔逊任职前的孤立主义。1928年，柯立芝第二任届满后，再次被共和党提名为总统候选人。柯立芝拒绝提名，退出政坛，著书立说，偶尔也参加些社会活动。柯立芝当政的5年，是美国经济繁荣发展的5年，国内市场供销两旺，股票价格稳步上升，所以被称为"柯立芝"时代。

除了患病最初的几个星期里有些沮丧，过着完全和外界隔离的生活外，罗斯福从没有停止往政治方面发展的努力。患病没多久，他就接受了纽约州民主党州委员会委员一职，并且开始和纽约州以及其他各州的民主党领导人恢复通信联络。1922年，他在艾尔弗雷德·史密斯重新当选纽约州州长的竞选中发挥了重要作用，另外他还担任了民主党提名的参议员候选人洛伊·科普兰竞选班子的名誉主席。

罗斯福知道自己需要耐心等待时机，他一方面在温泉疗养院进行恢复治疗，一方面开始研究美国的政治经济问题。豪分析各方面情报，预计共和党的胡佛能连任两届总统，建议罗斯福不要盲目出山，建议他1932年再去竞选州长，准备着1936年参加总统选举。罗斯福身体上的不便也成为一个借口，可以让他回避那些没有实质意义的政治活动。这个借口让他巧妙地躲避各种麻烦，还不会得罪任何人。

2 无心插柳
ROOSEVELT

1928年是美国大选年，国家经济在共和党政府的带领下蒸蒸日上，民主党的形势非常被动。虽然柯立芝拒绝了共和党候选人的再次提名，但是共和党又推出了前商务部部长赫伯特·克拉克·胡佛为候选人参与竞选。

胡佛1874年出生于衣阿华州，6岁丧父，9岁丧母。他有一个哥哥、一个妹妹，兄妹三人由叔叔阿伦·胡佛抚养。11岁时，胡佛被舅舅约翰·明索恩接过去抚养，并且在舅舅的资助下从斯坦福大学毕业。23岁时，胡佛成为一家公司的雇员，并且被派往澳大利亚，次年到达中国，主要负责煤矿合作开采业务。几年后，胡佛自己开办了公司，并且发展良好，成为百万富翁。1914 年，胡佛以自己拥有的 400 万美元的财产为后盾，逐步涉足政界。1921 年，胡佛出任柯立芝政府的商务部部长，是新经济时期的主要人物，取得了令人瞩目的工作成绩，得到社会各界的广泛认可。1928 年，他接受共和党总统候选人提名后向公众承诺，保证让大家以后的生活更美好。

相对于共和党的良好局面，民主党情况有些混乱，党内形成各种政见不一的派系，组织混乱的现象很严重。为了扭转不利局面，民主党负责人主张提名 4 次当选为纽约州州长的艾尔弗雷德·史密斯为总统候选人。

罗斯福在 1927 年就宣布支持艾尔弗雷德，并且相信他非常有可能得到提名，因为他最有力的竞争对手麦卡杜已经决定不参加 1928 年的竞选。罗斯福知道即便艾尔弗雷德获得提名，在这次选举中获胜的希望也非常渺茫。他和过去的上司原海军部部长丹尼尔斯谈到 1928 年的大选形势时，这样说道："如今柯立芝时代的经济繁荣局面依旧维持下去，人们能够看到战胜贫穷的曙光，没有哪个民主党人能在这样的情况下获得胜利。"任商务部长的胡佛是新经济时期的主要人物，他说："我们美国人今天比历史上任何一个时期都更接近于最后战胜贫穷。"

1928 年 6 月 17 日，罗斯福在二儿子埃利奥特的陪同下，到休斯敦参加民主党提名大会。作为艾尔弗雷德·史密斯总统候选人的提名者，罗斯福为史密斯举办了多场提名演讲。他称史密斯为"政坛上的快乐勇士"，并且称赞艾尔弗雷德是人心所向、众望所归的，不管是孩童还是老人都会真诚地爱戴和拥护艾尔弗雷德。罗斯福的话具有感染力，能够鼓舞人心，从这点看他算是成功的演说家。

1928 年 6 月 26 日的候选人提名投票结果，艾尔弗雷德以绝对优势赢得了提名。罗斯福通过提名演说，成为公众关注的焦点。《纽约时报》推出专题评论，认为他精彩的演说是提名大会的最大亮点。芝加哥《论坛报》也对罗斯福的演讲进行评论，认为他具有绅士风范，是民主党中的共和党。

艾尔弗雷德是个保守分子，提名同样保守的阿肯色州参议员约瑟夫·罗宾逊为副总统候选人做自己的竞选搭档。两人制定的竞选纲领没有什么实质性的内容，多是空洞的许愿，可是这样的纲领竟然在民主党大会上很快通过了。艾尔弗雷德的天主教信仰，让他受到美国新教徒的反对，他没有合理地解决这种危机，反而任命另一个天主教徒约翰·拉斯科布为民主党全国委员会主席，这更激起宗教主义者的强烈不满。随着竞选运动的临近，民主党获胜的希望也越来越渺茫。选民们对共和党现行的经济政策充满信心，没有多少人愿意转向支持民主党的空洞理论。这对民主党来说，获得纽约州的 45 张选票就显得至关重要。艾尔弗雷德知道，物色合适的州长候选人，帮助自己掌握纽约州，已经是大选中的关键环节。他想到了罗斯福，通过全面考虑，认定罗斯福就是州长候选人的最佳人选，并且向他发出了邀请。罗斯福没有介入派系之争，本身又是新教徒，可以在竞选中起到平衡作用。

罗斯福知道艾尔弗雷德的想法，但是却没有出面参与竞选的打算。他明白民众对美好生活的渴望，不管自己是否出面，艾尔弗雷德都不会获得这次大选的胜利。就算罗斯福能够成功当选纽约州州长，也不过是降为地方政治家，对长远发展并没有太大好处。另外他也考虑到自己的健康问题，医生已经说过，按照目前的恢复状况，只要再坚持治疗两年说不定左腿就能够康复。如果参加竞选，繁重的竞选活动或许会让罗斯福这几年的努力毁于一旦。豪的意见也是不赞成他出面竞选，希望他能够凭借无派系的身份，等候更合适的机会。罗斯福很诚恳地和艾尔弗雷德说明了自己的身体状况，婉转地拒绝了他的邀请，随后就回佐治亚州温泉疗养院静心疗养。

罗斯福家庭的情况没有太大变化，埃莉诺继续开展着各种社交活动，并且结交了不少新朋友。女儿安娜已经在两年前出嫁，丈夫是性格内向的保险经纪人科提斯·达尔。她的婚礼在海德公园的圣詹姆斯教堂举行，皮博迪博士应罗斯福的邀请前来主持了结婚仪式。一年前，罗斯福唯一的哥哥罗西在纽约去世，享年 73 岁。罗西性格温和宽厚，在世的时候一直很照顾罗斯福，去世前仍惦记着他，知道他因为购买温泉经济窘迫，就给他留了一笔 10 万美元的遗产。

共和党推出州长候选人艾尔伯特·奥汀格，这让艾尔弗雷德和纽约州民主党首领更加不安。艾尔伯特·奥汀格是纽约州司法部长，因公正廉洁深受市民尊敬。艾尔弗雷德离任后的州长位置，在纽约州共和党人眼中已经成为囊中之物。

艾尔弗雷德需要罗斯福帮助的心情更加迫切，他不停地打电话过去，试图劝说罗斯福出面竞选。纽约州民主党领袖和其他各州的民主党知名人士也寄信、打电报，希望罗斯福能够从大局出发，出面为民主党稳固纽约州势力。罗斯福还是用健康问题谢绝了艾尔弗雷德的提议，他认为自己的身体状况不适合参与竞选活动，而且也无法胜任工作繁忙的州长职务。他还提到自己在温泉疗养院上投入了大部分家产，如今正是发展的关键时刻，根本就无暇分身。艾尔弗雷德为了解除罗斯福的顾虑，请银行家赫伯特·莱曼接受副州长候选人提名，并且说明莱曼会负责州政府的大部分工作，绝对不会影响罗斯福的康复计划。按照艾尔弗雷德的说法，罗斯福只要出面挂个名就可以，在必要的时候露面集中处理些事务，其余时间可以在温泉疗养院疗养或者去其他想去的地方。艾尔弗雷德的亲信约翰·拉斯科布知道罗斯福的温泉疗养院运营困难，答应先捐资 10 万美元，并且承诺承担疗养院的后续财务开支。除了自己捐助外，拉斯科布还向全国商业界知名人士呼吁倡导，为温泉疗养院拉来各方捐款。罗斯福知道再也没有理由推托，否则就会失去纽约州民主党人对自己的信赖，得不偿失。

1928 年 10 月 1 日，纽约州民主党举行州长候选人提名大会，纽约市市长詹姆斯提名罗斯福为候选人，得到了大会代表的一致认可。在众人的欢呼声中，罗斯福服从党的需要接受了提名，正式参与竞选纽约州州长。知道罗斯福接受提名后，埃莉诺打来电报安慰他，并且为他的无奈表示遗憾。豪这次又不在罗斯福身边，对他的冲动行为还是不怎么认可。利汉德小姐担心罗斯福的健康，希望他能够继续治疗，所以祈祷他不要获胜。

罗斯福接受提名的消息马上在各地传开，随之而来的就是共和党的攻击。他的政敌利用他的残疾做文章，把他定位成一个可悲的人，还造谣说他的身体状况十分糟糕，根本无法参加竞选，是迫于压力才勉为其难的。共和党在报纸上指责艾尔弗雷德被权势的诱惑蒙蔽了良知，把残疾人罗斯福拉到政治斗争的舞台。他们还发表谬论，呼吁选民不要投票给罗斯福，认为那才是爱护他的最好方式。

面对指责和刁难，艾尔弗雷德奋起反击，发表讲话："州长是在办公桌前办公，想办法造福一方民众的。州长不用表演什么高难度的走路技巧，我们也不需要运动员。我们选择罗斯福，是因为相信他能够带给纽约州人希望和幸福。"

1928 年 10 月 7 日，罗斯福就共和党的攻击在纽约召开新闻发布会，郑重地发表演讲，说明自己不是因艾尔弗雷德逼迫而参与竞选的。他有条不紊地讲道："我被提名是因为党内领袖和代表的认可，我接受提名是为了和纽约州所有的朋友们一起努力，继承和发扬艾尔弗雷德州长树立的为民众服务的崇高理想。我不会计较个人得失，但是我会尽全部努力争取胜利。"为了粉碎健康方面的谣言，罗斯福频繁地接触选民代表，和他们直接对话。

罗斯福接受提名后，豪开始分析眼前局势，认真规划起来。艾尔弗雷德可能会败给胡佛，但对罗斯福却不完全是坏事。如果艾尔弗雷德因此退出政坛，罗斯福在民主党内部的地位会进一步提升，正好是他迈向白宫的绝好机会。罗斯福也这样认为，他知道美国历届总统一半以上都曾担任过纽约州州长，而自己崇拜的政治偶像西奥多叔叔也是从这个职位上走向白宫的。

纽约市的竞选宣传工作由坦慕尼厅负责，罗斯福集中精力在北部各县进行竞选活动。以豪为核心，罗斯福组织了出色的竞选班底，这些人以后都将跟随他入主白宫，成为他的亲信。豪凭借政治天分和处事能力，当之无愧地成为竞选班子的主席，负责统筹竞选活动、安排和募集资金。布朗克斯区民主党领袖爱德华·菲林成为豪的助理，虽然他不怎么爱说话，却有极强的洞察力，能够认识到豪其貌不扬下掩藏的过人能力。因此他对豪非常敬重和友好，两人相处得十分融洽。州民主党委员会秘书吉姆·法利成为罗斯福的政治顾问，海德公园的邻居亨利·摩根索成为他的农业顾问，纽约州议会前议员萨缪尔·罗森曼负责提供纽约州政务咨询和分析，哥伦比亚大学政治学教授雷德蒙·莫利负责撰写罗斯福的演讲稿，新来的年轻女孩格雷斯·塔利和玛格丽特·利汉德小姐担任罗斯福的秘书。

豪向罗斯福提出各种建议，并且组织一些独立委员会，散发了大量宣传品。他还尽量协调竞选班底成员间的关系，减少大家的摩擦，让每个人都发挥最大的能量。

10月17日，罗斯福乘坐竞选车起程，拉开竞选活动的帷幕。根据民主党内部调查统计，罗斯福这时的民众支持率为33%，与艾尔伯特·奥汀格的支持率比起来，只会让人觉得沮丧。他明白了具体情况后，并没有灰心，虽然不容易，但是他相信自己一定能够战胜对手艾尔伯特·奥汀格。为了接触更多的选民，罗斯福放弃火车，乘汽车到全州各地做巡回演说。

他在为期 4 周的竞选活动中，平均每天演说 7 至 12 次，行程将近 200 英里。每到一处，罗斯福都面带微笑地和选民们握手，亲切交谈，并且对伤残选民给予更多关注，轻松地得到了这部分群体的拥护和爱戴。罗斯福还通过无线电广播，向全州民众发表竞选演说。因为日程安排紧张，随行工作人员都忙得疲惫不堪，罗斯福却依然精力旺盛，这使人打消了对他的健康方面的质疑。

由于前任艾尔弗雷德的政绩优异，罗斯福无法提出更好的发展纲领，他就选择民众关心的热点问题进行广泛的演说，取得了喜人的成果。他承诺继续施行艾尔弗雷德的改革政策，为工人阶层争取每周 48 小时的工作标准，并且关注弱势群体，为老人提供养老补助金，为贫民提供社会援助等。他还谈起自己的遭遇，呼吁公众关心、照顾残疾人。罗斯福凭借他的真诚和热情，赢得了广大选民的好感，其中包括天主教徒和犹太裔选民。

11 月 6 日，总统大选开始。罗斯福在海德公园投完票后，到纽约市比特莫尔酒店和竞选班子成员会面，等待投票结果。初步结果出来，共和党人赫伯特·胡佛以 2139.2 万张选票对 1501.6 万张选票的绝对优势战胜了艾尔弗雷德，成功当选为美国总统。共和党取得了前所未有的最大胜利，民主党比想象中的结果还要悲惨。

11 月 7 日凌晨 4 点，纽约州州长竞选的结果终于出来，罗斯福在总共 425 万张选票中以多于对手 25 564 票的微弱优势赢了这次选举，这就是为什么在以后的两年中他经常自诩为 "0.5% 的州长" 的原因。这次选举中，北部各县 7 万多胡佛的支持者被罗斯福的精彩演讲和亲民态度打动，也投了罗斯福的票，这成为他获胜的重要因素之一。

罗斯福的胜利，给备受打击的民主党带来希望，引起全国政界的关注。弗吉尼亚州州长哈里·伯德打来贺电，认为他能够带领民主党走向光明。

3　奥尔巴尼的微笑
ROOSEVELT

1928 年 12 月 31 日，罗斯福和埃莉诺来到设在奥尔巴尼的纽约州州长官邸，和艾尔弗雷德夫妇一起共进晚餐。在大选结束后，艾尔弗雷德发表公告，不再参与其他职位的竞选。如今为了给新州长的到来腾地方，他即将搬离官邸。

艾尔弗雷德和罗斯福之间的气氛微妙起来，不再是大选前那种彼此依存的关系。这次民主党的大溃败，更映衬出罗斯福胜利的可贵，各大媒体已经开始预测罗斯福将来会不会和他的堂叔西奥多一样入主白宫。艾尔弗雷德的心情非常复杂，怎么也没有想到双腿残疾的罗斯福会成为民主党中最活跃的人，而且原本支持自己的民主党人已经开始转向拥护他。不管怎么样，他和妻子还是很热情地迎接罗斯福夫妇的到来，愉快地共进了晚餐。考虑到罗斯福行动不方便，艾尔弗雷德在房子里新装了电梯，并且说了很多赞扬和勉励的话。对这位 4 次担任纽约州州长的政治家，罗斯福也表示了无比敬重之情。

尽管罗斯福取得胜利，但是各种质疑的声音还是接二连三地传来，民主党和共和党的党魁都在关注，想看看双腿残疾的罗斯福是否真有精力和能力管理这个州。州长艾尔弗雷德虽然即将离职，但是在奥尔巴尼的影响力并没有比在任时减弱多少，州政府的主要官员都和他有着千丝万缕的联系。州政府中的秘书长贝尔·莫斯科维茨女士精通政务，文采华丽，曾负责撰写艾尔弗雷德总统竞选的演讲稿，是其总统竞选班底的主要成员。州务部长罗伯特·摩西能力出众，善于规划，纽约州政府的许多重要预算都是出自此人之手。他认为罗斯福有些虚张声势，从心底瞧不起他，在竞选结果出来前曾经说过这样的话："罗斯福能够算是个优秀的竞选人，但是做州长就显得资历太浅。"新副州长赫伯特·莱曼也是艾尔弗雷德的亲信，对他的指示也会言听计从。艾尔弗雷德已经多次私下找过罗斯福，建议他保留莫斯科维茨和摩西的职务。罗斯福当然没有答应，如果那样做，艾尔弗雷德就能够通过这几个人继续行使州长的权力，自己就会被这几个人架空，做个"清闲"的州长。

罗斯福知道只有组成新政府班子，探索纽约州发展的新途径，才能够从艾尔弗雷德的光环下走出来，树立自己的威严和声誉，为以后的总统选举赢得政治资本。他按照自己的发展规划，着手组建了受人关注的专家政府。他认为现在正是改革发展的关键时刻，专家人才能够带给政府高效率和新活力，通过这些人还能够因地制宜地制订出合理的发展规划。

前政府的 18 位高级官员中，有 16 位留任，但罗斯福重新调整了这些人的职务。两位没有获得留任机会的官员中，就包括艾尔弗雷德时最倚仗的莫斯科维茨女士。艾尔弗雷德的另一个亲信，州务部长摩西作为园林委员会委员留在了新政府中。罗斯福州长竞选班底的成员就任要职，成为新政府的核心。爱德华·菲林接替莫斯科维茨的职务，出任州政府秘书长。吉姆·法利取代摩西，成为州务部长。萨缪尔·罗森曼担任州长秘书，协助罗斯福尽快地了解政务情况。格雷斯和利汉德小姐是州长办公室人员，每天24小时听从罗斯福召唤。除了以上几个职务外，其他部门的负责人都由相关领域的专业人士出任。弗朗西丝·帕金斯女士曾经先后担任过州工业委员会委员和主席，对工业发展和改革方面的问题了如指掌，现出任工业局长。亨利·摩根索的儿子小亨利是位成功的农业专家，不仅掌握专业的理论知识，还有丰富的实践经验，现出任州农业委员会主席。

在雷德蒙·莫利教授的协助下，罗斯福还组建了一个由高级学者组成的专家顾问团。法学专家菲力克斯·弗兰克福特教授和公用事业专家利兰·奥尔兹教授担任公用事业顾问，阿道夫·伯利教授担任金融和商业顾问，林赛·罗杰斯教授担任税收顾问，雷克斯福特·特格韦尔担任农业顾问等等。除了菲力克斯·弗兰克福特教授来自哈佛大学外，其他的学者都来自哥伦比亚大学，是莫利教授的同事。罗斯福再次对豪的安排表示由衷的满意，因为莫利教授是州长竞选时由豪请过来的。在竞选中最卖力的豪没有担任公职，他留在纽约，已经在暗中筹备罗斯福的总统竞选事务。

1929年1月1日，在奥尔巴尼的议会大厅举行了新州长的就职仪式，罗斯福发表了就职演说，主要内容是称赞前任州长艾尔弗雷德的，肯定他取得的杰出成就，表示自己会继续推行他的改革政策。新政府在罗斯福的领导下已经步入正常轨道，艾尔弗雷德有些失落，不久之后，他应一个朋友的邀请去纽约任职，离开了奥尔巴尼。

罗斯福应该感谢艾尔弗雷德，这位前州长没有遗留下什么棘手问题，交给他的是运转良好的政府，工作负担没有想象中的那样沉重。他不用改变自己的生活方式也能够处理好州长的工作。罗斯福有充裕的假期在温泉疗养院继续接受治疗，或者去各地旅行，要不就到海德公园过周末。他的健康状况良好，左腿有好转的迹象。

埃莉诺的日程安排比罗斯福的还要繁忙，除了从事政治和社会活动，还创办了一家规模不大的家具厂，开始尝试着学习经营企业。为了协助罗斯福更好地融入纽约州政界，她每星期举办好几次晚宴，招待来自党政各阶层的客人，还为大家播放最新的电影作品。利汉德小姐和过去一样，住在罗斯福家，除了担任罗斯福的秘书，还帮忙料理一些家务。

罗斯福知道，能否在纽约州树立自己的威望，直接关系到其政治前途。在联邦各州中，纽约州人口最密集、发展最迅速，有着特殊的政治地位和经济地位。南北战争后当选的15任总统中，有5位来自纽约州。罗斯福最崇拜的西奥多也是从纽约州州长的位置一步步走进白宫的。纽约州的政治地位决定了这里政治斗争的激烈程度，共和党和民主党都想取得这个州的政治主导权，结果却是不相上下。共和党虽然经常在参众两院中占多数，可是民主党人相对地屡次赢得州长职位。两党之间的矛盾，显现在州长和议会的对立上。罗斯福尽量让自己摆出超越党派的姿态，想要拉拢共和党中的进步派，还要注意不卷入坦慕尼厅贪污受贿丑闻中。为了避免民主党分裂，也为了不影响以后在纽约州的选举工作，罗斯福不能和坦慕尼厅公开为敌，这让他有些苦恼。

一个多月后，在《行政预算案》的修正问题上，新州长和议会中的共和党议员发生了争执。议会不愿意放弃对政府预算的控制权，反对改变这些存在弊端的预算方式。罗斯福知道自己不能够示弱，如果这样不了了之，以后的工作就会被议会束缚住手脚。议会是通过控制预算来对州政府部门进行间接操控的，并且在制定什么样的预算、是否通过预算等问题上都和政治斗争相挂钩。在议会咄咄逼人的气势下，双方开始了旷日持久的僵持局面，罗斯福将此事上诉到纽约州最高法院，请求法官给予裁决。结果罗斯福取得最终的胜利，通过了预算。从此预算的制定和审核权都不在议会手里，议会只有对预算的补充权，这就相对地扩大了州长的权力。

当时纽约州的很多媒体都由共和党控制，民主党的宣传工作没有得到足够重视。罗斯福听从小亨利·摩根索的建议，呼吁民主党组织出资成立了自己的新闻办事处。办事处设在奥尔巴尼，负责把州长工作进程等材料无偿地提供给各个地方报社，加强民主党对共和党控制的北部地区的影响力。罗斯福还开始利用无线电广播的形式，拉近和民众间的距离，用亲切率直的语调发表超越党派的政治讲话。后来总统任期内的"炉边谈话"，就是在这个基础上加以完善的。另外，他还频繁地到地方上进行巡回视察，深入了解民众需求，实事求是地制定最利于提高和改善民众生活水平的发展规划。通过以上方式，罗斯福提高了自己的声望，得到更多民众的支持和认可，为成功连任州长奠定了基础。罗斯福一心为民的姿态使他获得了政治主导权，那些共和党议员为了不被公众指责，只好被迫地通过了罗斯福的各种实施纲领。

纽约州有将近20万个农场，农场主人数众多，他们手中的选票能够直接影响政坛变化。在南北战争后，很多农场主都是共和党人的追随者。为了赢得这部分人的支持，罗斯福制订了大力发展农村经济的计划，提到了农业救济、植树造林和开发电力资源等。他想通过这个计划减轻农场主的经济负担，消除农村和城市的生活水平差别。他强调了自己农场主的身份，以农民的代言人自居，想要为农民争取更多的权益。

罗斯福认为城市和农村两地的经济发展是相互依存的，只有共同繁荣才是最好的发展途径。农村经济振兴，农民购买能力增强，城市工业才能良性发展。罗斯福和相关农业专家讨论后认为，要发展农业，首先要解决制约其发展的两个不利因素：产量过剩和价格过低。罗斯福主张减少播种面积，用一部分土地种植树木、发展林业，这样避免了发生农产品产量过剩的局面，也消除了对农产品价格的不利影响。在罗斯福的改革政策中获益良多的农场主们开始在政治上支持他。而共和党的议员大多来自农村地区，不敢得罪本区的选民，只好无奈地接受罗斯福的各种建议。

1929年3月，就在圣·劳伦斯河上建造大型水电站之事，罗斯福在议会上发表了自己的开发计划：在确保消费者权益的情况下，可以把电力工程和运营权交给私营电力公司。如果这些公司为了谋求利润，提高供电价格，那州政府就要自己施工。他摆出战斗的姿态，愿意为了民众利益，为低价电力而战斗。当时，纽约州北部最大的三家电力公司都隶属摩根集团，正在进行合并计划，想要对电力运营进行垄断，用通过提高电费来获取更丰厚的利润。罗斯福的倡议粉碎了电力公司的梦想，在全州范围内赢得了更广泛的民众支持。

罗斯福避开被共和党操纵的公共事务委员会，另外任命5人组成圣·劳伦斯电力开发委员会。为了保护消费者权益，圣·劳伦斯电力开发委员会起草了关于发电和运营方面的发展计划。摩根集团的政治投资是共和党选举的主要经费来源，由于要维护摩根集团的利益，所以共和党领导人对罗斯福这个积极的水电开发计划只能持否定意见。可是眼下各种舆论都是支持罗斯福的，几位电力公司老板担心局面僵持起来后，不利于进行合并案，纷纷劝说共和党一方做出让步。

罗斯福关于圣·劳伦斯电力开发计划案的通过，在全国范围内引起了广泛关注，大家都对他的能力给予肯定评价。不管是各政治团体，还是舆论媒体，都认为罗斯福带领下的纽约州政府是高效能政府，必将带来更辉煌的成绩。

罗斯福声望的不断提高，引起共和党的不安，他们决定抓住罗斯福的弱点，给予他致命的打击。罗斯福的弱点，就是他和坦慕尼厅的关系。罗斯福曾经按正常手续任命一个坦慕尼分子为普通法院法官，而根据传闻，此人是用 3 万美元从坦慕尼厅买到这个职务的。共和党把这件事情当做把柄，将罗斯福和坦慕尼厅肮脏的政治交易内幕挂钩，把他定位成坦慕尼厅的同谋者。他们这样做的目的，就是想让罗斯福和坦慕尼厅划清界限，或者迫使罗斯福反对坦慕尼厅。如果罗斯福和坦慕尼厅矛盾激化，纽约州民主党内部分裂就在所难免，这样罗斯福就会陷入政治上的困境。

罗斯福看透了共和党人的阴谋，他知道这件事不好应付。如果罗斯福对坦慕尼厅展开调查，不可避免地要和它发生正面冲突，那样，1930 年的大选获胜的希望就会变得渺茫；但要是什么也不做，就会被人看成是在庇护坦慕尼厅，失去民众的信任。这个时候，罗斯福只好采用以退为进的办法，用低调妥协来摆脱困境。他和坦慕尼厅头目进行了好几次诚恳的谈话，解释自己即将采取的举动是迫不得已的。罗斯福以公正、公平的姿态，把案件交给共和党控制的检察院和法院，让他们来进行相关审理。在不破坏和坦慕尼厅关系的前提下，罗斯福轻松地化解了这次危机。

罗斯福在适当的时候，也会给予共和党反击。在各项新的经济政策发展良好的情况下，他对共和党统治下政治和经济权力的垄断趋势进行了尖锐的抨击。罗斯福认为联邦政府对地方干涉过多，会影响到下面各州的综合发展；各大财团在经济领域的垄断会损害民众权益，给社会发展带来不可估量的恶性影响。

罗斯福掩饰自己的政治欲望，否认自己对竞选总统有兴趣，用积极务实的姿态来赢得更多民众的认可，为 1930 年再度竞选州长做准备。

1929 年夏，罗斯福和埃莉诺搭乘州政府的快艇经巴奇运河，对纽约州北部各县进行了巡视。北部各地区的选票，是罗斯福能否成功竞选州长获得连任的关键。他积极和各地方的政治家交流，进行认真详细的谈话。不管对方是共和党人，还是民主党人，他都同样热情亲切。罗斯福的这些举措，将会取得超乎预想的收益。

4 1929 年经济危机
ROOSEVELT

　　罗斯福是在经济繁荣的时代背景下出任纽约州州长的。最近 10 年的美国工商业都在宽松的环境下迅猛发展，群众对消费品的需求扩大，而消费需求刺激了投资领域的发展，成为 1929 年经济危机爆发的重要原因。另外，各阶层出现收入分配日益不均的趋势，虽然民众的收入有所提高，但是少数掌握大量资本的资本家收入水平提高得更快。他们用这些收入继续进行大规模投资，用发行和购买股票的方式来谋取更多的利润。

　　美国国内经济发展开始失衡，消费工业领域发展迅猛，而国家基础工业停滞不前，农业方面则出现倒退迹象。各种新兴的股票不断投入市场，股票投机吸引了无数人的目光。兴旺的投资领域背后隐藏的是发行公司的高额债务和非法交易的丑陋内幕。同一时期，美国通过贸易顺差，成为世界黄金存储大国，影响了欧洲各国的金本位金融制度，导致欧洲各国频繁发生财政问题。而胡佛政府为了保护本国工农产品市场，施行了高关税政策，引起其他国家的反弹，出口贸易额锐减，国内经济受到打击。

　　1929 年 10 月 23 日，对政府经济发展质疑的民众开始大量抛售手中的股票。10 月 24 日，星期四，位于华尔街的纽约证券市场一片混乱，几十种股票价格狂跌，引起股民的慌乱。为了减少损失，大家疯狂地抛售手中的股票，却没有想到这样会带来更大的灾难。从这天股票市场的大崩溃起，美国进入 1929—1933 年为期 4 年的经济萧条期，所以这天又被经济学家称为"黑色星期四"。金融大亨们为了挽救股票市场，恢复正常秩序，集资 24 亿美元投入股市，暂时稳定了价格，但是只维持了大半天时间。第二天，情况又开始恶化，抛售现象越来越严重。

　　1929 年 10 月 29 日是华尔街历史上最糟糕的一天，勉强挣扎了几天的纽约证券市场全面崩盘，大量的股票不计价格地抛售，无数中小型投资公司破产，很多股民手中持有的股票成为了废纸。芝加哥和波士顿的交易所已经关门，股民因绝望而选择自杀的事情时有发生。

股票市场的崩溃成为美国经济全面衰退的开端，工厂相继关门，商业公司倒闭，失业人口比例日益加大。曾经辉煌的钢铁、汽车和房地产业神话已经不复存在。民众生活水平急速下降，排长队领政府提供的救济面包，成为城市中的特殊景观。罗斯福曾经预言，胡佛的"繁荣经济"是建立在泡沫上，将来肯定会面临破碎局面，那时共和党就不能再稳坐白宫。他没有想到，这个时刻竟然来得这样快，一时之间有些不敢相信。

胡佛总统赶紧想对策，却不知道怎样才能够解决巨大的经济危机。他要求各州州长和几个中心经济城市的市长不要慌乱，继续进行公共设施建设，安抚民心。另外他尽量协调各大工厂的劳资关系，希望大家能够暂时停止纠纷、共渡难关。

1930 年 1 月，胡佛总统发表讲话，宣布失业人口比例有所下降。罗斯福清楚，情况不容乐观，通过珀金斯小姐掌握的详细数据来看，情况正在往相反方向发展。纽约州作为全国的经济中心，成为这次经济危机的重灾区。

严重的经济危机和政府的粉饰太平，让民众对共和党政府产生了不满和厌恶情绪。人们渴望尽快改变现状，从困苦的生活中解脱出来。人们把全部的希望寄托在新政府上。从共和党和民主党中重新选择信赖的政党带领大家度过危机，成为唯一的解决途径。不管是失业的工人，还是破产的农民，都不愿意再投共和党的票。四分五裂的民主党突然迎来了机遇，重新活跃在政坛上。

1930 年的国会选举上，民主党在众议院的席位超过了共和党，在参议院中也比共和党只少几个席位。罗斯福就是在民主党形势一片大好时，开始竞选州长连任。这次竞选意义深远，因为只有获得胜利，才有资本赢取两年后民主党总统候选人的资格。罗斯福在 1930 年推行的各种改革政策都在为竞选做准备，他知道用什么方式来取悦民众。他依然保持着超越党派的政治态度，在专家顾问团的帮助下，在 4 月份的州议会上提出了对民主党和共和党都有吸引力的发展计划。这份计划结合纽约州现状，有针对性地提到几个方面的变革：修改银行法，保障储户权益，防止银行用大家的钱进行金融投资；刑事审判制度透明化，避免非法交易，保障每个公民在法律面前平等公开地接受判决；加强对公用事业的监管，防止垄断资本的扩张侵害到民众的利益；推行和完善退休金和养老金制度，加大对社会弱势群体的扶持力度等等。

罗斯福利用无线电广播的形式，和纽约州的民众进行亲切交流。他总是有意识地向民众灌输一个观念，那就是把改革中的成就归功于他的努力上，而把失败的责任推给共和党。1930 年夏，豪请人制作了有声电影《罗斯福实录》，并且在全州上映，变相宣传他的政绩。

罗斯福的对手们没有办法，只好再次拿他的健康问题大做文章，甚至安排了记者暗中追踪，并且在共和党各大报章发表罗斯福体力不支、精力衰退的相关消息。他们还提供了所谓的"证据"，用来证明罗斯福不适合继续担任全国第一大州的领导人。豪出示了另一份权威的证据，粉碎了共和党的阴谋。他请来多家保险公司的代表，为罗斯福申请保单，并且在记者们在场的情况下，请医生们为罗斯福做了健康检查。个人健康保险的上限是 50 万美元，但罗斯福却凭借比同龄人还要健康的身体，得到了保险公司 56 万美元的保单。

共和党开始就坦慕尼厅的受贿舞弊案旧事重提，谴责罗斯福是一切罪恶的掩护者，但此举没有起到什么效果。选举结果出来，让罗斯福和其他人都非常惊讶。罗斯福获得的票数是 1 770 342 张，而他的对手、共和党的塔特尔得票是 1 045 341 张选票，相差 72.5 万张，是 1924 年艾尔弗雷德当选时 38.7 万票差额的两倍多。罗斯福的能力得到广泛肯定，成功地连任纽约州州长。很多人开始预测，1932 年举行的总统选举，说不定会让这位罗斯福成功入主白宫。

在联邦政府 48 个州长中，罗斯福或许是处理经济危机最积极的一个。纽约州是经济危机的重灾区，失业人口数最多，情况最紧张。不管胡佛总统怎么发表声明，稳定民心，也解决不了失业人口的民生问题。有保守的经济学家试图劝说罗斯福，整顿经济市场、平衡供求关系就能够克服危机。可是，罗斯福知道，这些空洞的理论根本不能够维持民众的基本生活。如果人民的生存成为问题，那随之而来的各种社会问题更是不可避免。

1930 年 3 月，胡佛总统郑重发表声明，通过政府的努力，渡过经济危机将指日可待。事实上，情况还在恶化，无数家工厂倒闭，勉强支撑的也大量裁员，金融投资资金短缺，市场经济流通缓慢。罗斯福原本以为解决失业问题应该依靠经济实体，而不是政府干预，可是随着对这次经济危机的深刻认识，也逐渐改变了那种天真的看法。他见胡佛政府并不能拿出什么合适的解决方案后，知道只能够靠纽约州自己的力量解决这个州的问题。他和他的专家顾问团客观冷静地分析了眼前局势，制定了相关的解决办法。罗斯福赞成把失业保险纳入社会保障体系，并且号召各职能部门在所属领域中尽可能地帮助人们提高就业率。在他的提议下，为了帮那些流离失所的人解决基本生活问题，纽约州成立了紧急救济失业委员会。

1930年，美国国会为了恢复国内市场，度过经济危机，再次提高关税税率，进口贸易额缩减到最低程度。欧洲经济经过第一次世界大战的重创后，还没有完全恢复，美国的做法无疑使这些国家雪上加霜。除了法国之外，欧洲的各个工业国家都放弃了金本位，通货膨胀非常严重，各种股票价格纷纷狂跌。

1931年夏，美国国内经济逐步恢复发展，失业者重新就业，股票价格开始回升。胡佛认为在政府的统筹安排下，经济危机已经过去。可是没过多久，从欧洲市场蔓延过来的金融风暴再次席卷了美国。美国很多银行在经过1929金融风暴的打击后，已经外强中干，出现巨大的资金缺口，依靠投资外国股票的收益艰难生存着。随着国外股票价格的一路狂跌，各家银行因周转困难无法继续运营。1931年9月，305家银行倒闭，进入10月，又倒闭了217家。这还不是终点，截止到1933年底，大约1万家银行宣布倒闭，人们的钱被银行用这种方式吞掉，生活更加窘迫。平均每4个工作者中，就有1人失业，失业人口总数高达1 700万。

胡佛总统认为经济危机是受到欧洲工业国家的波及，和国内政治没有什么直接关系。他反对政府干涉经济，认为应该通过市场调节，达到供需平衡，自然地化解危机。他反对直接救济失业工人，认为那样对经济发展起不到什么作用，主张用一部分预算成立复兴金融公司，来帮助银行和企业，恢复正常的经济秩序。他反对直接向特困人口发放救济款，主张用抵押的形式从银行发放贷款。联邦政府复兴经济的预算，基本上都用来援助大银行、大公司和保险公司等。需要救济的家庭成千上万，却在政府那里看不到任何希望，这引起大家的强烈不满，开始在各地出现暴力抗议运动。

1931 年 6 月，罗斯福和珀金斯小姐召开了一次非正式的小型会议，邀请了一些研究劳工问题的经济学家，就纽约州的现状进行了细致分析。纽约市区失业人口超过 100 万，地方政府和社会慈善机构的救济金已经所剩无几，指望通过市场调控来解决眼前的危机无疑是痴人说梦。

1931 年 8 月，罗斯福在州议会上发表演说，敦促议会批准成立临时紧急救济署，对失业人口和贫困人口进行无偿援助。他强调这不是政府可以选择是否进行的慈善事业，而是必须要施行的义务。罗斯福建议由州政府用增加所得税的办法筹集资金 2 000 万美元，拨进临时紧急救济署。这笔钱用来给失业者提供就业机会，为贫困人口提供最低生活保障。为了让这些救济款项发放到真正需要的人手中，杜绝这过程中可能出现的贪污腐败现象，救济款在州委员会和执行主任的监督指导下，由地方官员负责发放。

共和党没有理由反对罗斯福的提案，于是开始争夺救济机构的主导权，想把这个机构的管辖权归到共和党领导的社会福利部下。罗斯福拒绝了这个提议，并且指责共和党还纠缠于政治方面的利害之争，没有顾及到人民迫切的需求。因为胡佛政府的相关政策，共和党已经处于十分尴尬的地位，他们当然不愿意得罪更多的民众，罗斯福的提案就这样轻松地通过了。

1931 年年底，纽约州临时紧急救济署正式成立，被报界简称为 T·E·R·A。财务专家杰西·斯特劳斯担任救济署署长，他后来成了罗斯福竞选总统班底成员之一，负责协助筹集竞选资金。哈里·霍普金斯担任执行主任，虽然他很年轻，却具有过人的洞察力，知道哪里是完成任务的关键之处。纽约州的失业人口总数超过 150 万，全州大约 10% 的家庭依靠救济署的救济金维持生活。虽然分到每个家庭的救济金非常微薄，但是保障了最低生活标准。和其他州每家每月从慈善机构领到几美元相比，纽约州每家每月领到的 23 美元救济款就显得非常不错。罗斯福需要面对的问题是，2 000 万美元的救济款太少，并不能够维持多久。

1932 年 3 月，罗斯福向州议会要求增拨救济款 500 万美元，使救济工作能够持续到 10 月底。到时候再举行全民公决，看是否发行 3 000 万美元的公债。保障民众能够维持最低生活标准，成为罗斯福 1932 年前半年的工作重点。

全国主要新闻媒体都在关注着纽约州临时紧急救济署，并且把它的工作安排和相关成绩相继报道出来。纽约州成为克服经济危机的典范，罗斯福声威大振，成为民众心中优秀州长的代表。

5 麦迪逊大街办公室
ROOSEVELT

    1929 年美国爆发的经济危机让共和党陷入困境，民主党走势强劲。通过 1930 年的中期选举，民主党得到联邦众议院的多数席位，在参议院的席位也与共和党相差无几。不管是民主党人，还是共和党人，都清楚地看到1932 年的总统选举中民主党获胜的可能性极大。

    罗斯福参加过 1912 年、1920 年和 1924 年的提名竞选，知道通过总统候选人提名并不是什么容易的事。如果在提名大会前没有取得什么明显优势，那么即使他通过层层选拔参与提名竞选，也很难得到大多数代表的支持。按照民主党相关规章制度，必须得到代表总数的 2/3 以上的支持票，才能够通过总统候选人提名。

    1930 年连任州长后，罗斯福收起锋芒，变得低调起来。他对有争议性的历史问题和政治问题都采取观望态度，而在经济和社会问题上大做文章。罗斯福这样做的目的是既要避免和党内任何主要派别发生冲突，同时也在不断提升自己的影响力。外界对他是否参与 1932 年总统大选的猜测一直没有断过，但他却用各种方式掩饰自己入主白宫的野心。罗斯福知道过早地暴露自己的目的和实力，只会成为对手们攻击的对象，没有任何好处。他能够做的，就是养精蓄锐，为将来的提名竞选做准备。他的身体状况良好，并没有像共和党对手们攻击的那样衰弱不堪。家庭生活也很美满，埃莉诺在政治中获得了乐趣，这让她和罗斯福有了更多的共同语言。两人与其说是夫妻，更像是政见相同的事业伙伴。

    1931 年初，纽约市诞生了一个新的俱乐部，名字叫"罗斯福之友"。没过多久，"罗斯福之友"已经在全州乃至全国有了五十多个分部。俱乐部的会员来自各行各业、不同阶层，大家都是罗斯福的支持者和崇拜者，组织起来要求他参加总统竞选。在豪的策划下，法利利用自己纽约州民主党主席的身份在报纸上发表公开声明，声称就算没有人主动提出来，罗斯福也会被民主党提名为下一任总统候选人。两个搭档合作愉快，全心全意地为罗斯福明年的竞选造势。

"罗斯福之友"的办事处设在麦迪逊大街，实际上就是罗斯福提名竞选办公室。这里的负责人是豪和法利，工作人员很多都是来自州长竞选班子，还有一部分人是"链扣俱乐部"的成员。豪是罗斯福的政治总顾问，通过各种方式，为罗斯福树立睿智、干练、温和的领导人形象。他知道怎样抨击罗斯福的对手，怎样扩大罗斯福的影响力。他还通过新闻报道，在全国各大主要报纸上肯定罗斯福的竞选能力。长时间的操劳和思考，让豪比过去更加清瘦，脾气也更加暴躁。但是他的头脑依旧敏锐，对罗斯福必将入主白宫的信心丝毫没有减退。性格温和的法利，则成为罗斯福的政治助手。他是个交际家，不管对方是什么人，只要见过一次就能够记住对方的名字。他经常面带微笑，周旋在民主党各个派别之间，缓解他们彼此的争斗。他和谁都能很好地相处，和豪也能够合作愉快。

通过新闻界的同事和朋友们的帮助，豪在全国范围内收集政治情报，集中掌握各个地方的政治情况和相关政治家的资料。他客观地分析每个人的实力，以及应付该人需要的手段，并且把这些整理在卡片上。罗斯福通过这些卡片，即使足不出户也能够对全国政局了然于胸。豪清楚个人交流对政治活动的意义，麦迪逊大街办公室有专门的秘书组，负责模仿罗斯福的笔迹，和全国各个地方的民主党领导人进行通信交流。豪和法利两人，则和各个地方的民主党领导人保持电话联系，为罗斯福明年的大选做准备。对纽约州的政治家们，豪更加重视，经常邀请一些具有影响力的人物到奥尔巴尼和海德公园村做客，让罗斯福能够经常和他们会晤。

当时经济危机日益严重，政治筹款成为一大难题，但在菲林的多方奔走下，罗斯福竞选资金基本得到解决。偶尔出现资金短缺的情况时，菲林就自己掏腰包，承担办公费用。虽然他没有豪和法利那样积极，但是他对罗斯福的忠诚度并不比两者差。

罗斯福的党内竞争对手开始蠢蠢欲动。民主党领袖之一的拉斯考比为了扩大在党内的影响力，同前三次获得提名的民主党总统候选人艾尔弗雷德、戴维斯和考克斯联名给胡佛总统写了公开信，表示拥护政府的高关税政策，愿意为经济复苏尽最大的努力。

1931 年 2 月 10 日，在拉斯考比的主持下，民主党召开了特别会议，主张废除禁酒令，拥护高关税政策。这些提案和民主党一贯坚持的立场正好相反，拉斯考比想通过这种方式来巩固自己在党内的政治地位，为明年的大选赢得资本。豪识破拉斯考比的用意，以其人之道还治其人之身，也在民主党全国委员会正式开始前召集纽约民主党会议。法利作为纽约民主党主席主持会议，并且通过了由豪、法利和菲林起草的谴责拉斯考比的提案。

1931 年 3 月 5 日，民主党全国委员会召开，拉斯考比志得意地递交了反对禁酒令的提案。在纽约州代表还没有提出反对时，联邦参议员约瑟夫·罗宾逊就发表了抨击拉斯考比的讲话，而罗宾逊 1928 年的竞选搭档艾尔弗雷德也没有支持拉斯考比。拉斯考比得不到大家响应，只好收回自己的提案。

1931 年 4 月，罗斯福正准备按照这几年的习惯去温泉疗养院度假，从欧洲传来一个让人担忧的消息，正在法国旅行的萨拉抱病卧床。罗斯福带着儿子们前往欧洲，探望和照顾母亲。萨拉的病没有想象中的那样严重，等儿孙们赶到时已经好了大半。罗斯福在法国停留了一个多月，直到母亲完全病愈才返回美国。

1931 年 6 月 12 日，罗斯福应皮博迪校长邀请，参加格罗顿公学的学位授予大会，并且为毕业生发表了讲话。在讲话中，罗斯福真诚地表明自己对皮博迪校长的无限敬意。皮博迪校长对罗斯福有着特殊的意义，是除了父母之外对他影响最大的人。

1931 年 6 月 13 日，罗斯福离开格罗顿公学，拜访了马萨诸塞州的老朋友爱德华·豪斯上校。豪斯是前总统威尔逊的好友，和威尔逊时期的老政治家们保持着良好的关系。他后来成为罗斯福竞选总统的主要经济支持人，也是其竞选总统班底的最早的成员之一。豪斯为罗斯福的到来举行了隆重的欢迎会，邀请了该州的民主党人参加，给罗斯福提供和大家交流的机会。罗斯福积极乐观的态度，幽默风趣的谈吐，给很多人留下了深刻的印象。

豪清楚，只凭写信和打电话，并不能够对竞选起到什么实质性的帮助，只有到各个州去才能真正了解地方政治家的想法，才能够制定合适的竞选计划。但要是让罗斯福亲自出面到各州访问，又过于招摇，容易引起对手们的集体攻击。如今有关罗斯福竞选的相关工作由豪和法利合作完成，豪负责筹划，法利去执行。豪要坐镇本部，和各方面的人士进行权利谈判，并且还要协助菲林解决竞选资金问题。法利凭借其显赫的政治身份和过人的交际技巧，被豪和罗斯福委以重任，代替罗斯福去探测各州的政治局势。他利用 7 月要去西雅图参加动物保护组织代表大会的机会，和豪拟定了巡视路线，将在 19 天内出访 18 个州。

1931 年 6 月 29 日，法利带着各州民主党委员会相关负责人名单，搭乘卧铺车离开纽约，开始了历时 19 天的贯穿全国的旅行。每到一州，法利都要停留，和各州民主党主席会谈，并且参加各种形式的招待会。法利有着惊人的记忆力，对那些只见过一面的小人物，也能够记起他们的名字，并且能够用真诚的口气给对方最大的恭维。他通过各种交流方式，试探大家对罗斯福的真实评价。如果他发现某地有罗斯福的支持者，便暗示他们抓紧行动，组织起来获得该州代表团的支持。

法利调查的结果表明，罗斯福具有一定的竞选实力，大部分州的政治形势都对罗斯福有利。法利得意洋洋地回到纽约，并且预言罗斯福会得到大多数人的支持，能够在民主党提名大会上第一轮投票中轻松胜出。法利的调查结果和预言为罗斯福的竞选带来了新动力，那些观望中的政治家终于下定决心支持罗斯福；同样也带来了困难，罗斯福的对手们开始集中起来攻击他。法利的调查报告并不客观，他在每个地方只停留一两天，并不知道地方上派系斗争的严重程度。就算一些民主党领导人保证要支持罗斯福，可是根本无法掌握本州的政治形势。来自不同派别的代表们，会拥护不同的总统候选人，引发无休止的矛盾和冲突。

法利的乐观总结，让罗斯福和豪都有些麻痹大意，没有想到第一轮投票中不能获胜后的应对方法。罗斯福受到乐观总结的影响，竞选的筹备活动全面展开，并且逐渐走到台前，招待来访的政治家们。他开始向全国宣传自己对经济危机的看法，还强调公民是国家的主人，国家有义务让公民过上幸福生活。他针对经济危机中大家的民生问题，提出了建立临时紧急救济署的方案，并且最终得以落实。

1931 年 7 月 25 日，纽约一本杂志刊登了关于罗斯福健康报告的文章，通过详细观察，例如罗斯福走路蹒跚，演说的时候因为残疾而使身体倾斜等等，他们说罗斯福正忍受着病痛的折磨，不适合继续繁忙的政治生活。罗斯福对这样的攻击非常生气，从他竞选州长开始，拿他身体残疾问题做文章的事情就始终没有中断过。他认为自己的健康状况很好，事实上他身体恢复情况并没有什么进展。

在坦慕尼厅的支持下，艾尔弗雷德再次走到台前，开始加入竞争总统候选人提名的行列。坦慕尼厅党魁支持艾尔弗雷德也是出于私心，罗斯福虽然没有直接和他们发生冲突，但是关系一直很冷淡。纽约州很多政客反对坦慕尼厅的情绪高涨，想要分裂纽约民主党的共和党人也不断对坦慕尼厅施加压力。为了摆脱困境，寻找政治庇护，坦慕尼厅和艾尔弗雷德达成同盟，全心全意地支持他竞选民主党总统候选人。大家心中都清楚，就眼前的美国政局来说，当选民主党总统候选人意味着什么。

在 1928 年总统竞选失败后，艾尔弗雷德曾经发表公开声明，不再参加任何职位的竞选。可眼前的局势对民主党十分有利，越来越多的迹象表明共和党已经失去民心，这对艾尔弗雷德这个老政治家来说是个极大的诱惑。而罗斯福上任州长后，他和艾尔弗雷德的关系不断恶化。种种因素，让艾尔弗雷德改变了初衷。他故意寻找事端，在坦慕尼厅的会议上攻击、反对罗斯福提出的《3号公民复决案》，想通过这件事来测试一下自己在纽约州政坛的影响力。

罗斯福在 1931 年 11 月提出的《3号公民复决案》的主要内容是，要求州政府拨款 2 000 万美元，在产量过剩的农业区植树造林。这个方案不仅能够解决农产品过剩、市场价格过低的问题，还能够给大批失业人口安排暂时就业的机会。艾尔弗雷德对这项原本利国利民的提案进行了恶意攻击，把它和罗斯福妻子埃莉诺的家具厂联系起来，暗示罗斯福是为了木材行业的利益才提出这个方案。

罗斯福没想到艾尔弗雷德会不顾党内团结，激烈地反对自己提出的合理政策。历经波折后，《3号公民复决案》最终获得通过，大家认为这是罗斯福在纽约州拥有政治实力的证明。罗斯福并没有盲目乐观，很担心艾尔弗雷德的敌对情绪给自己带来更大的困扰。在纽约市民主党基层组织里，艾尔弗雷德很得人心，而坦慕尼厅可以通过控制纽约州代表团，支持自己的总统候选人。

艾尔弗雷德参加竞选，让其他潜在竞争者也逐渐浮出水面，其中包括联邦众议院议长约翰·加纳、前陆军部长牛顿·贝克等，他们准备在艾尔弗雷德和罗斯福两败俱伤后坐享渔利。艾尔弗雷德的出面，还让许多拥护罗斯福的政治家困扰。毕竟他是德高望重的前州长，很多人都曾经和他共过事。大家因为他不再参加任何竞选的声明，才选择拥护罗斯福的。如今这样的局面有些可笑，大家拒绝接受艾尔弗雷德参与竞选的事实，认为他是在为其他候选人进行掩护才走到台前的。

6 提名之争白热化
ROOSEVELT

　　1932 年 1 月 23 日，罗斯福宣布自己将竞选民主党总统提名候选人，正式开始了竞选角逐。两周后艾尔弗雷德宣布虽不会进行积极的竞选活动，但自己不会拒绝总统候选人的提名。还有 6 名其他候选人也陆续走到台前，其中众议院议长约翰·加纳和前陆军部长牛顿·贝克都在舆论界具有很高的声望。

　　罗斯福经过精心筹备，已经获得一定优势，也拥有了很多支持者。这些人来自不同地区，有南部的保守分子，也有西部的激进派和圆滑的中西部人。他们又来自不同阶层，包括百万富翁、高级学者、城市党魁、三 K 党人等。他们分属不同的政治派别，例如老威尔逊派、老布赖恩主义者等等。他们的政见不同，有的主张高关税率，有的主张低关税率。凭借大家的支持，罗斯福的影响力从纽约州扩大到全国范围。由于支持者成分复杂，也容易因缺乏团结和凝聚力而导致力量分散。在民主党全国代表大会上，如果罗斯福的支持者们没有一定的凝聚力和耐力，是无法在极其容易出现的僵持局面中获得最后胜利的。

　　报界大王威廉·伦道夫·赫斯特是加纳的主要支持者，他从 1931 年年底就开始在报纸上攻击罗斯福，把他定位为一个"国际主义者"，认为曾经主张美国加入国际联盟的他没有资格成为总统候选人。赫斯特是个顽固的孤立主义分子，曾经多次发表文章，把 1929 年的经济危机归因于美国的债务国没有偿还巨额债务。赫斯特控制着民主党各种主要传媒，这些报纸在全国有数百万名读者。如果罗斯福不妥善处理赫斯特的攻击，不断刊登的负面报道将会带来恶劣的影响，他前面所有的努力将毁于一旦。罗斯福和豪清楚没有什么好办法可以击败赫斯特，与他对峙只会扩大影响，让事态恶化。他们委托中间人私下去见赫斯特，转达罗斯福反对美国和国际联盟发生关系的想法，打算说服他不要继续和罗斯福作对，没有想到却授人以柄。赫斯特没有半点让步的意思，而且马上把罗斯福想做幕后交易的事进行公开报道。

1931 年 1 月 31 日，赫斯特在《纽约美国人》上发表评论，对罗斯福进行辛辣的嘲讽。他在评论中这样写道："如果罗斯福想声明自己不是国际主义者，反对加入国际联盟，主张保持国家的独立性，那么他就不应该只对我一个人讲，而是应该开诚布公地告诉大家。如果因为害怕影响选举结果，而没有勇气公开自己的意见，只想暗地里做好人，那么他不会得到我的信任，也不会得到大家的信任。"

2 月 2 日，罗斯福听从豪的建议，在公开演说时对赫斯特的攻击做了回复。他和豪知道，如果不在竞选活动开始前发表公开声明，将会失去选民对罗斯福的信任和支持。罗斯福在不损伤颜面的情况下，用婉转的方式改变了自己以前的观点，背弃了他早期坚持的国际主义观点。罗斯福的演说中，先全面地回顾了国际联盟的发展史，宣称现在的国际联盟已经不是威尔逊当初所设想的联盟。他说："国际联盟成为讨论欧洲各国政治困难的会所，偏离了维护世界和平的中心主题。它没有朝威尔逊期待的方向发展，没有以防止战争和解决国际困难为目标前进。如果美国当年参加，它可能不会演变到这个样子，但是事已至此，我认为美国已经没有参与的必要。"

罗斯福的这次演说让赫斯特感到非常满意，也停止了舆论攻击。虽然演说达到了预期目标，但正如豪担心的那样，罗斯福的这种行为激怒了许多威尔逊主义者，令人庆幸的是没有引来太大的麻烦。罗斯福的屈服为他的竞选带来意想不到的收益，在提名大会进行到关键时刻，赫斯特帮助罗斯福得到了加利福尼亚和得克萨斯两州代表团的选票。事实证明，罗斯福的观点并没有真的改变，竞选活动结束后他又恢复了国际主义者的姿态，并且和孤立主义分子展开了长期的拉锯战。

罗斯福和其他候选人不同，他不是站在地方州的立场，而是在党内寻求全国性的支持。这样做的好处是扩大了影响力，弊端则是对政治问题一直含糊其词。他不表明自己的立场，也让自己陷入尴尬处境。他的缄默和低调，引来很多指责和猜疑，甚至被一些人认定为胆小怕事的表现，觉得他缺乏领导人应具有的魄力。

艾尔弗雷德的支持者，另一位报业巨子沃尔特·李普曼也在罗斯福争取提名后对他进行了尖锐的攻击。他在纽约《先驱报》发表评论，指出罗斯福是回避问题无法说出自己观点的新政治家，虽然非常想当总统，但并不具备担当总统的资格。他嘲讽罗斯福没有自己的理论，只是个鲁莽上场参与角逐的人。

李普曼的话并没有完全说错，罗斯福确实还没有制定出明朗而具体的政治计划。他把全部的精力都用在获取民众的广泛支持上。他知道，不管制定多么出色的纲领，只有竞选成功，才能够施展抱负。罗斯福回避对外政策等争议性问题，不愿意在竞选初期就把自己放到危险的位置。如果由于这些问题引起民主党内部主要派别的对抗，后果将不堪设想。罗斯福知道怎么取悦别人，所以他经常是面对不同阶层的人讲述不同的观点。虽然在经济方面的书读的不多，但是通过身边专家顾问团的总结，他形成了自己的经济观点。他凭借敏锐的头脑，在经济危机时期不断寻找办法，为保障民众生活和国家安定而努力。

在民主党提名大会召开前，罗斯福要进行各个地方州的预选。以莫利为首的专家顾问团，就经济领域的各类问题向罗斯福献计献策，并且负责起草演说稿和声明。总统候选人有自己的顾问团不足为奇，但是通常情况都是由金融家和实业家组成，像罗斯福身边这种由高级学者组成的顾问团还没有先例。豪称这个专家组为智囊团，对其实力颇多质疑，担心罗斯福被舆论界嘲讽为不切实际。正如豪担心的那样，记者们凭借蛛丝马迹，发现了隐藏在罗斯福身后的专家组，罗斯福的"智囊团"见了报。在以后的日子里，"智囊团"这个名称被舆论界广泛使用。

1931年4月7日，罗斯福在民主党全国委员会主持下，用向全国广播的形式发表了十分钟的公开讲话。他为了改变眼下被左右夹攻的不利局面，提出了一项积极计划。他呼吁复兴金融公司不要只面对大银行和大企业，也应该拿出部分资金帮助面临破产的农场主和商人，以及被银行收回抵押房屋的城市平民。他认为共和党的复兴计划存在弊端，不应该舍弃那些被遗忘的人的利益，应该通过由下而上的方式开展复兴计划。

罗斯福这十分钟的讲话，是"智囊团"的专家们用整整一个月的时间，经过认真探讨、争论和修正才最后定稿的。这些是后来罗斯福新政的主要内容，而"被遗忘的人"这句话则成为罗斯福最令人难忘的名言之一。这次讲话在竞选活动中争取支持率的关键时刻发表，带来了意想不到的收获。在中西部和南部各农业州中，罗斯福的讲话引起了广大选民的共鸣。各州的大部分代表对罗斯福表示支持，认为他能够帮助大家走出困境。

4月13日的杰斐逊纪念日集会上，艾尔弗雷德针对罗斯福6天前的讲话，进行了猛烈的攻击。4月14日的《纽约时报》上全文刊登了艾尔弗雷德的讲话，他指责罗斯福的论调是在蛊惑人心，会带来不良结果。他说："某些竞选人在演说中总是无中生有地挑剔我们的国家出了问题，这样的腔调真是让人厌烦。他们煽动这个国家的劳动人民发动阶级斗争和贫富斗争，只会导致美国陷入绝境，让大家都走向毁灭。如果他们还坚持这种论调，那我将赤膊上阵，和他斗争到底。"

艾尔弗雷德成功地吸引了民众的关注，罗斯福非常担心他会继续进行不失体面的攻击，两败俱伤后，让其他候选人坐收渔利。

1932年上半年的几次预选中，罗斯福的成绩喜人，和其他几位候选人相比有着明显的优势。可是，由于艾尔弗雷德参加竞选，分散了一部分选票，使罗斯福没有取得决定性的领导地位，即赢得代表数2/3以上的多数票。即使他的对手们联合起来，也没有他的票多，但是根据相关提名制度，他还是无法通过提名。他在阿拉斯加、北达科他、威斯康星、佐治亚、艾奥瓦、华盛顿和缅因等州都获得了预选胜利，然而在马萨诸塞和纽约两个大州却败给了艾尔弗雷德。在一些反对禁酒者控制的地区，艾尔弗雷德具有比罗斯福更高的人气。艾尔弗雷德的竞选纲领中，提出了要求撤销禁酒令的主张，这为他赢得了选票，并且极大地鼓舞了他竞选班子的士气。相对于罗斯福关于恢复经济的高调宣言，艾尔弗雷德的纲领更能够引起普通民众的兴趣。

1932年5月初，罗斯福、艾尔弗雷德和众议院议长约翰·加纳3个总统提名候选人出现在加利福尼亚州，竞争该州的44张选票。罗斯福对这个大州的形势估计颇为乐观，认为能够获得胜利，没有想到却败给了加纳。约翰·加纳是来自得克萨斯州的银行家，虽然成为联邦众议院民主党领袖，但大家认为他并没有全国范围内的号召力。他强烈地反对禁酒令，并且敌视那些行业垄断财团，是个攻击性很强的家伙。竞选形势变得微妙起来，谁也不知道提名大会上会出现什么结果。

在民主党全国代表大会召开前，罗斯福发挥着自己娴熟的演说技巧，进行最后的努力。他把自己定位为乡绅，刻意强调自己的农村背景，并且赞扬农村轻松愉快的生活氛围，用来迎合广大农场主。为了赢得城市选民支持，他则有针对性地把扩大失业救济、提高工人福利等内容写进施政纲领中。

1932 年 6 月 24 日，法利组织了一次会议，大约 65 个支持罗斯福的代表团领导人参加。在法利的支持下，路易斯安那州参议员休伊·休斯·朗提出了废除 2/3 多数票规定的决议案，这是在为罗斯福顺利通过提名做准备。在大家的热烈拥护下，提案获得通过。但他们忽略了一件事，罗斯福的主要支持者——南方的保守派是拥护 2/3 多数票规定的。如果强行取消这个规定，会让罗斯福失去这些地区的选票。

罗斯福的对手们联合起来，指责罗斯福是想用不光明的手段赢得胜利，所以才会有这种不道德的行为。《纽约时报》就此事发表评论，认为罗斯福给了反对派可乘之机，让已经灰心的对手们再次看到希望的曙光。罗斯福的支持者们也面临分裂的危险，他们认为用这种方式获得提名无法得到民众的认可，拥护罗斯福的几个州的代表也公开表示不同意取消 2/3 多数票规定。在芝加哥竞选总部的豪打电话给罗斯福，让他放弃原来的打算。罗斯福在恰当的时机撤回了关于取消 2/3 多数票规定的提案，并且不失身份地保留了再次提案的权利。

1932 年 6 月 13 日，共和党全国代表大会在芝加哥召开。由于没有合适的候选人，他们只好再次提名胡佛代表共和党角逐总统竞选。这打消了民主党的担心和疑虑，大家都相信下届美国总统将由民主党人来担任。民主党内部的争斗一直没有停止，艾尔弗雷德和贝克都利用舆论，对罗斯福进行反复攻击。罗斯福却显得低调得多，在纽约静观局势发展，没有赴芝加哥出席代表大会。豪、法利和菲林在国会饭店设立了罗斯福竞选总部，展开会前最后的宣传活动。法利在墙上贴了一张美国地图，用各种颜色在每个州的位置做标识，从这张地图上能够看到罗斯福在哪些地区有优势，哪些地区处于劣势。豪挑选了《幸福的日子又重来》作为罗斯福的竞选歌曲，在国会饭店的竞选区播放。

6 月 27 日，民主党全国代表大会在芝加哥体育场开幕，本次会议的主题就是通过总统候选人提名。会议进行到 7 月 1 日凌晨 4 点多时，提名和赞成提名的演说都进行完毕，其中提名罗斯福为总统候选人的演说由约翰·麦克法官负责发表。

7 月 1 日凌晨 5 点，第一轮选举的结果出来，罗斯福以 666 张选票遥遥领先，艾尔弗雷德获得 201 张选票，加纳获得 50 张选票，贝克是 52 张。参加这次大会的代表人数有 1 105 人，只有获得 2/3 的选票 770 张，罗斯福的提名才能够通过，可眼下却相差 104 张选票。第二轮选举结果揭晓，罗斯福又多得了 11 票，第三轮，又多了 5 票。代表团在观望，看一下会不会有什么逆转的情况发生。法利清楚，如果不抓紧时间争取最后的选票，那支持罗斯福的阵营也会发生动摇。法利在第四轮投票开始前，找到加纳，用副总统候选人的条件和他谈判。赫斯特担心会议僵持下去，会让他更不喜欢的艾尔弗雷德或贝克获得提名，所以也劝说加纳支持罗斯福。加纳见胜利无望，接受了法利的条件，愿意放弃竞选，支持罗斯福。

7 月 1 日晚，第四轮投票开始，原来支持加纳的得克萨斯州将选票投给了罗斯福，随后加利福尼亚州、伊利诺斯州也将选票投给罗斯福。会场沸腾起来，除了艾尔弗雷德坚守阵地外，其他的候选人也都转向罗斯福。投票结果出来，罗斯福凭借 945 张选票的绝对优势，当选为民主党总统候选人。罗斯福的对手们纷纷表示了对这提名的支持和认可，就连一向尖锐的李普曼也改变了态度，说明以前是因为罗斯福的年轻也低估了他的能力，相信他能够带给大家新活力，并且十分愿意在大选时投他一票。

在奥尔巴尼，人们通过收音机获得和会场同步的信息。当投票结果出来，罗斯福兴奋得手舞足蹈；埃莉诺、格雷斯和利汉德小姐则含着眼泪，相互拥抱；罗斯福的儿子们也为父亲的胜利欢呼。道贺的人开始涌向州长官邸，和这位候选人一起庆祝。

芝加哥国会饭店，记者们追逐着其他落选的候选人，问他们是否会支持罗斯福，加纳表现得轻松幽默，而艾尔弗雷德却显得有失风度，他摆出不耐烦的表情，用"无可奉告"来应付大家。豪开了一瓶香槟酒，和其他工作人员一起为胜利欢呼。但是豪的心情并不轻松，他知道真正的考验还在后面。

7 "我需要大家的帮助"
ROOSEVELT

1932 年 7 月 2 日，罗斯福乘坐包机离开奥尔巴尼，来到芝加哥，在民主党代表大会会场发表接受提名的演说。随同罗斯福一同前往的，有他的妻子埃莉诺、儿子詹姆斯和埃利奥特以及助理罗森曼等。按照传统做法，被提名的总统候选人要等待民主党委员会的通知，然后才正式开始一系列的竞选活动。罗斯福显然打破了这个程序，用戏剧化的开场拉开了总统竞选的帷幕。

罗斯福受到人们的热烈欢迎，并且在法利、莫利等人的簇拥下进入会场。他径直走上大会前台，双手扶住讲台，先让身体保持平衡，然后开始了热情洋溢的演说。除了会场的民主党代表之外，全国大约 1 000 万民众通过收音机听到了罗斯福充满希望的宣言。罗斯福并没有完全用智囊团送来的稿子，前几段用的是豪草拟的演说稿。他通过这种方式来协调与下属的关系，并且取得了明显的效果。

罗斯福在演说中提到，要打破一些不必要的传统，但是也要保持美好的传统，那就是民主党会带领国家走富强民主之路。他提出"公民最需要的是什么"这个话题，强调除了和平之外，还需要经济稳定。他提到自己在纽约州施行的各种解决经济危机的办法，例如为穷人提供政府救助、为失业者创造就业机会、合理利用土地、降低关税税率和促进对外贸易等等。罗斯福的演说比较平实，并没有使用华丽的词语大肆渲染什么，但是语调中充满信心，让人觉得这不是什么演说，而是向民众公布未来政府行为的规划草案。

演说快结束时，罗斯福变得激动起来，他说："人类在经历各种劫难后获得新生，并且会变得知识更渊博、情操更高尚、目标更纯洁。现在世风日下，是自私自利的时代，除了责备政府，我们也要检讨自己。那些被政府遗忘的人，期待着在我们的领导下能更合理地对国家财富进行分配。乡村也好，城市也好，美国亿万公民都希望保持过去的生活方式，也希望继承过去的思想准则。人们的希望不会落空，也不应该落空。我向大家保证，我会执行新政，有利于每个公民的新政，让我们在场的每个人都成为创建新秩序的倡导者。这不只是政治竞选，还是斗争的口号。我需要大家的帮助，不只是赢得选票，还要在恢复美国自由和民主的战役中取得胜利！"

那天的报纸上，著名漫画家罗林·柯尔比发表了一幅漫画：一个疲惫的农民倚锄伫立，仰望天空中掠过的一架罗斯福座机。他看着机翼上标的"新政"两个字，眼神有些迷茫，但是又充满了希望。

罗斯福的竞选总部设在纽约市麦迪逊大道 331 号一座不起眼的办公楼里，600 多名工作人员为这次竞选忙碌着。这里的总负责人是豪，他早就为罗斯福制定了贯穿全国的竞选路线，还有针对不同地区演说的主题。法利取代拉斯科布成为民主党全国委员会主席，负责在全国范围内为罗斯福拉选票。他根据不同地方的政治情况，运用各种方式为罗斯福宣传，打破了传统的总统竞选模式。莫利负责带领"智囊团"的学者和专家们，运用各自领域的渊博知识，为罗斯福起草演说稿和备忘录。虽然"智囊团"的学者专家来自不同行业、不同阶层，但是大家就经济问题达成共识，那就是提高社会购买力，促进民众消费，只有这样才能够让市场繁荣、经济复苏。

美国的总统竞选不仅是规模宏大的政治游戏，也是热闹非凡的金钱游戏。候选人除了要精心准备竞选纲领，还需要充足的竞选经费做后盾。共和党已经募集了大约 270 万美元的经费，而民主党只有不到 220 万美元。罗斯福竞选的最大开支，就是在电台做广播的费用。无数美国人就是通过收音机，对这位候选人有了更深的认识和了解。美国东部各大资本家，成为罗斯福竞选的主要资助人。他们这样做的目的不是拥护罗斯福，而是为了保住自己的财产。他们在 1929 年开始的这场经济危机中损失惨重，只要能够早日摆脱困境，当然愿意慷慨解囊，这其中包括乔·肯尼迪、皮埃尔·杜邦和拉斯科布·赫斯特等。

1932 年 7 月底，胡佛武力镇压了索取第一次世界大战退役金的退伍军人，引起民众的强烈不满。胡佛固执地实施政府不干预经济的方针，反对政府直接救助饥民，这在民众心中留下了冷酷无情的坏印象。美国《文摘》杂志的民意调查显示，罗斯福的支持率远远超过胡佛，赌博公司开出 7∶1 的赔率赌罗斯福会赢。

竞选大战开始前，共和党人首先给罗斯福出了个大难题。他们咬住坦慕尼厅的营私舞弊案不放，要求罗斯福州长对涉嫌贪污受贿的纽约市长沃克进行深入调查。罗斯福能不能公正公平地处理此事，成为国人关注的焦点。罗斯福原本还很为难，在维护民主党声誉和不违背良心道德中犹疑。但是提名大会上艾尔弗雷德和坦慕尼厅的背叛，让罗斯福的选择变得轻松起来。8 月

5 日，罗斯福把案件转交纽约州最高法院，同意对沃克案件进行公开审理。

坦慕尼厅对罗斯福展开了一系列的报复行动，例如阻挠其亲信罗森曼出任纽约州高等法院法官、阻挠提名副州长赫伯特·莱曼为下届州长候选人等。艾尔弗雷德为了修复和罗斯福的关系，主动帮了莱曼的忙。他在纽约州民主党代表大会上主动向罗斯福示好，罗斯福也愉快地和他打了招呼，就好像根本没有发生过任何不愉快的事情。罗斯福的宽容大度为他带来了收益，艾尔弗雷德在自己人气旺盛的马萨诸塞州和康涅狄格州为罗斯福摇旗呐喊，帮助他在大选中轻松地赢得这两个州的选票。

关于罗斯福健康状况的报道又出现在共和党的报纸上，他的对手们不厌其烦地用残疾问题展开攻击。他们试图给民众灌输这样的概念，就是罗斯福的身体状况让他根本无法担当总统的职责，更不要说引领大家摆脱眼前的经济危机。为了平息谣言，也为了充分展现个人魅力，罗斯福接受豪的安排，选择了巡回旅行的竞选方式。

1932 年 9 月 12 日，罗斯福的竞选专列从奥尔巴尼驶出，随行的除了埃莉诺、詹姆斯、利汉德小姐、莫利、法利外，还有"链扣俱乐部"的其他成员、新闻记者、保安人员等。竞选列车横穿北美大陆后，抵达西海岸的旧金山，接着从西往东到洛杉矶、西雅图、科罗拉多、内布拉斯加、衣阿华、底特律等市，然后去了南部诸州。大家谈笑风生，气氛轻松活跃，好像在进行愉快的旅行，而不是在进行激烈的竞选。

罗斯福乘坐竞选专列前后行程大约 1.3 万英里，总共发表了 16 次长篇演说和 67 次简短演说。他已经是竞选老手，根据各地区的不同情况制定了不同的演说主题。为了不引起对手的攻击，他在很多问题上留有余地，没有明确地表态。不管是谈到消除贫困、农业计划、公用事业，还是财政公开和关税政策，罗斯福都没有停止对胡佛政府的攻击。他列举眼前的各种困境，来强调施行新政的必要性和紧迫性。他在很多问题上并不单刀直入地明确表态，而是尽量多留些余地，以便使自己处于不易受攻击的稳固位置。但是，所有的演说都贯穿着这样一根红线，即通过抨击胡佛政府来强调改变现状的必要性和紧迫性。他还对胡佛政府进行了严厉批评：错误的经济政策，导致投机活动盛行和生产过剩；想要缩小经济危机的严重性，让民众不知道真相；把经济危机的产生归罪于其他国家，不承认自己的失误；对陷入困境的民众不进行救济，不积极寻找改变现状的方法。在罗斯福的演说中，胡佛被描绘成只知道坐在白宫里享受生活、不顾民众疾苦、没有作为的总统。支持民主党的记者们在报纸上刊登了胡佛在白宫草坪上喂狗的照片，似乎更加验证了罗斯福评论的可靠性。

胡佛对罗斯福的批评展开强烈反击，一连发表 9 次重要演说，强调经济危机的产生不是人为可以控制的。他从第一次世界大战说起，讲到经济的恶性膨胀、1931 年欧洲经济动荡对国内金融行业的影响。他抨击罗斯福纲领中的集体主义、激进主义的部分，认为那只会让美国人失去自由和民主，而不会带来什么希望和机会。他再次强调自己的基本观点，联邦政府的职能权力有限，公民在宪法面前享有平等和自由。

胡佛在公开演说中提醒民众注意，不要受政治家的蛊惑，也不要病急乱投医，只有坚持美国传统，才能让美国的发展回到正轨。他还请前总统柯立芝出面，以壮共和党的声威。胡佛政府的内阁成员看出他的颓势，也纷纷出面帮助罗斯福竞选。海军部长查尔斯·亚当斯认为若是罗斯福当选，会让 1 亿美国人的身家性命难保。农业部长阿瑟·海德指责罗斯福进行虚假宣传，是个典型的政治骗子。

虽然胡佛知道自己没有连任的希望，但还是用吓唬选民的方式来诋毁罗斯福，说他会做对人民不利的事。在经济危机中挣扎的人们没有受胡佛的愚弄，大家已经彻底放弃了这位不顾民众死活的总统。胡佛在竞选活动中处境非常尴尬，所到之处选民就用鸡蛋和西红柿投掷他的竞选专车，发泄不满和愤怒，并且高呼着："胡佛是杀害退伍军人的刽子手！绞死胡佛！"

1932 年 9 月 23 日，罗斯福在旧金山联邦俱乐部发表了长篇演说，基本阐明了"新政"包含的政治哲学，并且对以后的每个目标都做了解释。他认为政府职能不是一成不变的，应该根据经济发展规律或历史潮流做出适当的调整和改革。罗斯福先回顾了美国民主发展史和政府干预政策对工业发展的促进作用，然后提到了如今经济垄断带来的恶果。他提到了西奥多倡导的"公平政治"和威尔逊推行的"新自由"政策，用来说明对政府加强经济调控并不是他盲目制定的新主张，而是有案可循的。眼下的美国，经济寡头控制全国工业，并且直接决定民众生活水平，形势非常严峻。罗斯福表明，只有政府适当介入指导才能够建立利国利民的经济新秩序，而政治家的职责就是为社会发展提供新的规范。他最后强调，政府对经济进行干预和调节、限制投机倒把和规范市场行为，是为了保护美国传统的个人主义，而不是妨碍个人主义。

在演说的最后，罗斯福郑重说道："政治家最伟大的责任在于教育，通过耐心的引导，让人们认识到什么样的政策是正确的，什么样的政策会影响到国家的未来。"简单的几句话，却概括了罗斯福的政治风格和领导艺术。

1932 年 11 月 7 日晚，罗斯福对海德公园村的邻居们做了竞选活动中的最后一次演说。他先是回顾自己贯穿全国的竞选历程，认为重要的不是跋涉多少英里和见过多少民众，而是通过耳闻目睹的方式透过社会现象发现事物本质。罗斯福这样说道："经过多年政治生活，会让人变得有自知之明。他清楚，人们之所以都称赞他，是因为在人类发展的漫长过程中，在某一个瞬间，人类共同拥有的某种意志在他身上得以体现，而不是他本身有什么重要性。"

1932 年 11 月 8 日，罗斯福在海德公园村投完票后回到纽约市，来到巴尔的摩饭店的民主党总部，在家人和朋友的环绕中，坐在收音机旁听着大选的进程报道。11 月 9 日凌晨零点 17 分，大选结果出来，罗斯福获得了 22 815 539 张选票，胡佛获得 15 759 930 张选票。罗斯福获得胜利，并且在 48 个州中赢得了 42 个州，胡佛只在 6 个州获得胜利。民主党的好运在国会选举中也得到了体现，在参议院以 59 票对共和党的 37 票占多数，在众议院以 312 票对共和党的 123 票占绝大多数。在地方州长的竞选中，民主党有 40 人当选。

罗斯福当众宣布，自己能够成为总统，贡献最大的人就是豪和法利。他和两位老朋友紧紧拥抱，并且郑重地表达了对他们的感谢之情。豪追逐了 20 年的理想终于实现，他的兴奋并不亚于当事人。罗斯福接受完大家的道贺后，和儿子詹姆斯回到了第 65 街的家，亲自向母亲报告这个好消息。萨拉等在门口，骄傲地拥抱了自己的儿子。罗斯福奋斗了 22 年的总统梦终于实现了，他认为那是自己人生中最辉煌的一天。

8　一切准备就绪
ROOSEVELT

由于还要等 4 个月才就职，罗斯福准备向莱曼移交州长工作后去欧洲旅行。他知道这个时候如果不小心和胡佛的乱摊子扯上牵连，就会束缚手脚，以后的工作就很难开展。胡佛总统还在做最后的努力，想做出点什么成就挽回自己的政治声誉。国会议员们都很消沉，等到换届的那天，他们中的大部分人就要与失业者为伍。倒闭的银行越来越多，旧的经济秩序已经完全崩溃，人们的基本生活无法保障，游行、示威、暴乱的事情在全国各地时有发生。

1932 年 11 月 13 日，胡佛总统给罗斯福发了一封电报，邀请他到华盛顿商讨国际债务问题。罗斯福和豪商议后认为，催讨欧洲债务不是解决经济危机的正确途径，只有建立经济新秩序才是复兴之路。胡佛的用心很明显，就是把这位预备总统拉下水，让他不能置身事外。如果公开拒绝与即将下台的政府的合作建议，会显得不近人情，容易引起民众反感，因此罗斯福决定和胡佛进行正式会谈。

11 月 22 日，罗斯福在莫利的陪同下乘火车到达华盛顿和总统会晤。豪的身体状况很糟糕，长年的奔波和操劳摧毁了他的健康，大选结束后他就一直在纽约家中休养，所以不能陪同罗斯福一同前往。莫利是政治学专家，近年对经济领域也有研究，将承担总统代言人的角色。罗斯福现在的身份，对胡佛的任何提议表示肯定和否定都是不妥当的。胡佛总统安排专人到车站迎接罗斯福一行，并且为他的到来举办了盛大的宴会。

宴会过后，胡佛和罗斯福进行会谈，并且很快进入主题。胡佛就国际债务展开长篇大论，想从政府抽调人手组成债务委员会，负责收回各个国家的外债。他还固执地认为，国内的经济危机就是因为这些国家延迟还债导致的，他认为只有追回外债社会才能够逐渐稳定下来。罗斯福对这个提议似乎没有什么异议，微笑着倾听胡佛的讲话，并且很认真地做着记录。莫利按照和罗斯福事先商议好的，为两位领导提供专家建议。他分析了经济和政治的关系等等，赞成把贷款和政治分开的办法。他又表示催还国际贷款的事通过行政机构谈判依然可以，或许没有必要成立专门委员会。胡佛边听边点头，心中有些不以为然。在他眼中，罗斯福是个政治新生，还需要他的教导。对罗斯福的智囊团，他也早有耳闻，觉得罗斯福竟然依靠这些和政治沾不上边的人有些荒唐。胡佛以为罗斯福同意了关于债务委员会的提议，这显然是低估了罗斯福。罗斯福离开白宫后，就对等候在外的记者表明了自己置身于外的立场。

11月23日，各大报纸上都刊登了罗斯福的公开声明："我现在还不是总统，不适合处理国际债务方面事务。我认为，正常的外交途径才是解决问题的妥善方式。"

胡佛看到这个声明后暴跳如雷，大声咒骂："罗斯福，你这个变色龙！"

因为州长工作已经移交完毕，罗斯福离开华盛顿后，去了温泉疗养院做暂时休整。几天以后，豪、法利、莫利、菲林等人也相继来到温泉，大家开始着手拟定各种立法计划。接下来的日子，罗斯福在这里接待政府人士和专家顾问，温泉疗养院一时之间成为美国权力中心。根据目前的实际情况，罗斯福和他的下属们拟定了各项立法计划，包括国家救济、商业扶持、公共事业和货币管理等。

罗斯福没有被大选的胜利冲昏头脑，他知道总统的责任重大。他认为，理想的施政纲领不仅要得到中产阶级支持，也要给那些贫困人群以希望，能够适用于城市和农村。罗斯福广泛听取各方面意见，自己也详细翻阅"智囊团"交上来的各种备忘录，就其中的重点内容和下属们讨论。罗斯福认为经济危机产生的原因不是国际债务问题，而是国内市场消费能力下降，政府需要做的是用进行改革的方法稳定经济。他主张，政府一方面应该对企业进行调控，另一方面应刺激民众购买力，这样才能达到经济复兴的目的。

1931年冬天，是经济危机开始后最糟糕的一个冬天。不算农业地区，等待政府救济的就有1 100万个家庭。全国的失业人口为1 300万人，没有任何收入的城市居民达到3 400万人。大家有的靠微薄的储蓄度日，有的只能够依靠地方政府提供的救济金。持续了几年的经济危机，给美国的人口、家庭、教育、信仰和生活水平等方面造成严重危害。高失业率已经破坏了无数个家庭，离婚率居高不下，结婚率和出生率大幅度降低。这期间出生的孩子，普遍的特征就是身材瘦小，因此被历史学家称为"萧条的一代"。青少年因营养不良发育迟缓，成年人身体也受到极大摧残。城市中移动着数百万的流浪大军，社会治安混乱，犯罪现象猖獗。农业地区情况更加糟糕，一半以下的农村人口生活在贫困线以下，破产的农民对政府充满了愤恨，暴力事件时有发生。

面对如此严峻的形势，罗斯福已无法安心在温泉休养。1933年2月3日，他离开温泉疗养院，和菲林一起到受经济危机影响较为严重的几个州巡查。

ROOSEVELT

　　1933 年 2 月 15 日，罗斯福在迈阿密州公园的户外演讲地遭到刺杀，庆幸的是有惊无险，并没有受到什么伤害。当时已经是晚上 9 点，罗斯福乘车来到灯火通明的公园，要向等候在这里的数千民众发表演说。人群中有一个名叫朱金涅·赞加拉的失业者，没有什么政治信仰和背景，因为生活穷困潦倒，对社会充满怨恨。为了宣泄这种不满，他原本计划去华盛顿刺杀总统胡佛，没想到罗斯福恰好到这里巡视。赞加拉在距离罗斯福不到 20 英尺远的地方掏出了手枪，旁边的莉连·克罗斯夫人察觉出了他的意图。情况危急，赞加拉的枪口已经瞄准预备总统，克罗斯夫人迅速地伸手抓住赞加拉的胳膊，想要制止他开枪，但是晚了一步，四颗失去目标的子弹已经连续发射出去。罗斯福幸免于难，可在迈阿密州出访的芝加哥市市长塞尔麦克中了子弹，受了重伤。还有几位围观民众受了轻伤，但是并没有大碍。刺客被警察和民众制服，后面的人群见前面发生变故，不知道情况如何，喧嚣起来。

　　罗斯福保持镇定，为安抚慌乱的民众，大声喊道："大家不要担心，我没有事，我没有事！"

　　为了确保罗斯福的安全，司机立即发动汽车，准备离开这里，却被罗斯福制止。罗斯福把受伤的塞尔麦克扶上车，送往医院抢救。令人遗憾的是，塞尔麦克因抢救无效停止了呼吸。罗斯福忍着悲痛，慰问了赶来的家属，并且去探望了其他几位伤者。赞加拉因故意谋杀罪被判处死刑，一个多月后执行。

　　这次刺杀没有对罗斯福造成什么影响，他依旧不动声色地保持自信沉着的态度，没有在意自己的安危，反而更担心那些无辜受到牵连的民众。自从患了小儿麻痹症后，罗斯福把生死看得很淡，认为所有劫难都是命运的安排。他处事不慌不忙的态度和坦然对敌的勇气博得了民众的赞美，人们对这位预备总统更加信任，认为他一定会引领这个国家走出困境。《纽约时报》就刺杀事件发表评论，说罗斯福就是民众对未来的信心，他在刺杀事件中的胜利，就是民众信心的胜利。

　　在经济危机的影响下，各州的信托公司到了山穷水尽的地步，美国银行系统终于全线崩溃。2 月 14 日，由于亨利·福特拒绝提供 750 万美元的保证金，密执安州州长为了防止银行因挤兑破产，被迫宣布关闭全州所有银行。截止到 3 月 1 日，共有 17 个州的州长宣布全州银行休假。

在这期间里，罗斯福宣布了他的内阁成员名单。这届内阁成员有倡议新政的积极人士，有因政治债务而给予官职的人，有根据考核遴选出来的，也有按潜力试用的，按照当时评论家的话来说，就是一个"大杂烩"。

来自南方田纳西州的科德尔·赫尔，政治经验丰富，是低关税政策的支持者。他和保守派议员关系良好，在参议院中颇有影响，被任命为国务卿。虽然这个61岁的小老头性格比较倔强，但还是努力让自己逐渐适应了新政的各种主张。他成为美国历史上供职国务卿年限最长的人，并且凭借任期内出色的表现赢得了1945年诺贝尔和平奖。

共和党人威廉·伍丁曾任美国汽车公司总经理，对如何解决银行危机有切实可行的办法，被任命为财政部长。实际上，他只是名义上的共和党人，私下里一直支持罗斯福，是罗斯福的老朋友。他爱拉小提琴，说话风趣，很有魅力。可是，他已经65岁，身体状况不佳，任职半年后就辞职休养，副部长小亨利·摩根索继任为部长。小亨利·摩根索是罗斯福在海德公园的老邻居，两人是交往多年的老朋友。小亨利是《美国农业家》的发行人，是罗斯福政府中比较有影响的阁员之一。

来自芝加哥的共和党人哈罗德·伊克斯出任内政部长，他是著名律师，是共和党中的进步派。他看起来仪表不凡，具有和罗斯福类似的绅士风度，但是办起事来雷厉风行，尤其对贪污受贿行为深恶痛绝，必除之而后快。

来自衣阿华州的亨利·华莱士出任农业部长，他的父亲曾在哈定和柯立芝政府中担任过同一职务，人们认为这位新部长是子承父业。他的人生经历也和父亲一样，担任过著名农业期刊的编辑。父子的区别是，父亲是忠诚的共和党人，而儿子却转向民主党。华莱士在农业方面的重大问题上提出过新的解决办法，在中西部农业州具有一定的影响力。

商业部长由来自南卡罗来纳州的丹尼尔·罗珀出任，他是西部民主党麦卡杜派的核心人物。民主党中间派的代表是来自康涅狄格州的霍默·卡明斯，将出任司法部长。罗斯福的竞选总管和民主党全国委员会主席吉姆·法利出任邮政部长。

劳工部长要特别说明一下，这个职位由罗斯福老部下弗兰西斯·珀金斯出任。她的入阁引起社会轰动，因为她是美国历史上第一位女部长。而且在这届内阁成员中，只有她和伊克斯两人在罗斯福当政期间始终担任着内阁职务。

陆军部长由前犹他州州长乔治·德恩担任，他是个自由主义者。海军部长由参议院的克劳德·斯旺森担任，这位海军事务专家来自弗吉尼亚州，也是罗斯福的老朋友。他在所有部长中年纪最大，是个慈祥温和的老者。

这个内阁里没有著名的政治家，所以外界还在观望他们的表现。这些阁员们，按政治派别来说，包括进步派、保守派、还有中间派；按地区来说，包括东部、西部、南部；按资历来说，包括参议员、州长、农业专家、企业家等。这是平衡各派政治势力后组成的内阁，阁员们平均年龄 58岁，能够凭借丰富的经验谨慎地解决各种问题。外人看来，这个内阁的构成好像没有什么明确目的，但是这些人有着共同点，就是在民主党候选人提名大会前就已经支持罗斯福。他们对罗斯福绝对忠诚，并且接受和支持其即将推出的新政策。这些人中，内政部长伊克斯、农业部长华莱士和劳工部长帕金斯女士为新政出谋划策，并且完好地贯彻落实下去，是新政的主要执行者。罗斯福精力充沛，在这些人面前保持着绝对的领导地位。

罗斯福的"智囊团"成员中，萨缪尔·罗森曼因出任纽约州最高法官不能随行，其他人全都到了华盛顿。莫利担任助理国务卿，特格韦尔为农业部助理部长，实际上他们仍继续发挥着智囊的作用。豪没有走到台前参加组阁，他依然在幕后工作，担任总统秘书处秘书长。另外两名"链扣俱乐部"成员斯蒂芬·厄尔利和马文·麦金太尔担任助理秘书，前者负责白宫的新闻发布，后者负责总统的日程安排。

利汉德小姐和格雷斯也来到华盛顿，前者担任白宫生活主管秘书，后者成为她的助手。

1933 年 3 月 2 日深夜，罗斯福在纽约开往华盛顿的列车上，看着手中的总统就职演说稿。这个稿子是由他和莫利讨论后拟定的，由豪最后修改确认。虽然表面上看起来，罗斯福镇定自若，依然保持着高贵的绅士风度，但是心中充满激情。他相信，对于国家来说，最重要的不是别的，而是人民。只有站在人民立场为大家解决实际问题，国家才能够渡过难关。罗斯福信赖联邦政治体制，也信赖自己的能力。他认定自己是领导美国民众走出低谷，重新树立信心的人。如果他失败了，国家的未来将不堪设想。这种责任感和使命感让他克服了身体的障碍，重新焕发出年轻的活力。一切准备就绪，新政就在眼前。

ROOSEVELT
第四章
白宫新政

罗斯福就职两周后，整个国家都变了样，摆脱了冷漠和沮丧，充满了巨大活力。人们看到了希望，对政府也充满信心。全国上下掀起了赞颂罗斯福的热潮，称赞他的通情达理，还有能够马上采取行动的勇气。在纽约市小学生中进行的一次民意测验表明，罗斯福总统的受欢迎度已经远远超过了上帝。

1 "唯一的恐惧就是恐惧本身"
ROOSEVELT

1933 年 3 月 3 日上午 9 点 25 分，罗斯福和家人乘坐的列车到达华盛顿联合车站。得到消息的市民自发地汇集到这里，热情地迎接了他们的新总统。

在就职前夕，罗斯福的日程安排得很满。他上午和民主党议会领袖商谈新政策施行方面的问题，下午和即将离任的总统胡佛举行家庭式会餐。这次会餐非常精简，时间也很短暂，让罗斯福和胡佛两家没有太多尴尬。

3 月 3 日晚，美国 32 个州宣布无限期关闭银行。还有 6 个州虽然没有宣布关闭，但是几乎停止所有银行的营业活动。剩下的 10 个州规定了提款限制，不能够超过存款总额的 5%。这是伍丁和莫利去财政部详细了解银行危机现状后，推出的既定解决方案，只有这样才能够争取时间缓解银行系统危机。如果银行体系崩溃，几千万美国人的毕生储蓄也将毁于一旦，愤怒的民众会选择什么样的方式发泄，谁也不能够保证。

3 月 4 日是星期六，上午 10 点，罗斯福在家人的陪伴下离开白宫，前往圣约翰公会教堂参加礼拜。格罗顿公学的皮博迪博士受到罗斯福的邀请来到华盛顿，主持这次礼拜仪式。鬓发花白的老校长一直非常欣赏罗斯福，向他表达了祝贺。仪式结束后，罗斯福回到白宫，和等候在这里的胡佛同乘一辆敞篷汽车，经宾夕法尼亚大道，前往国会大厦参加新总统就职仪式。车上气氛凝重，胡佛默默不语，显得衰老无力。罗斯福试图活跃气氛，并没有得到回应。

40 多万华盛顿市民将国会大厦围得水泄不通，都想亲眼目睹新总统的就职典礼。当国会大厦上的大钟敲响 12 点的钟声时，富兰克林·德拉诺·罗斯福正式继任为美国第 32 位总统。

在大家的期待中，穿着黑色长礼服的罗斯福倚着长子詹姆斯的臂膀，出现在国会大厦的东门廊，沿着铺了红地毯的斜坡走向高处的讲坛。最高法院首席大法官休斯主持了庄严的宣誓仪式。

罗斯福神情肃穆地把手放在《圣经》上，用洪亮的音调跟着休斯大法官宣读誓词："我郑重宣誓，必竭尽全力恪守、维护和捍卫联邦宪法，忠实执行联邦总统职务。"

罗斯福宣誓完毕，转身走向空旷的讲台。数十万等候在广场的民众停止了喧哗，陷入了寂静。罗斯福坚定而热情的声音清晰地传遍广场，并且通过无线电广播网传到了全国各地千百万坐守在收音机旁的民众耳中：

值此宣誓就职之际，同胞们肯定希望我能够像国家当前局势所要求的那样，果断和坦率地发表演说。我们没有理由回避，应该冷静地面对国家现状。现在有必要向大家汇报真实的情况，所有的一切。过去我们的国家经受住了考验，今后还会经受住。国家会复兴起来，繁荣下去。

首先，请允许我表明我的坚定信念。我们唯一值得恐惧的就是恐惧本身，那会让我们莫名其妙地胆怯，会让我们为前进付出的所有努力付诸东流。在我们国家坎坷多难的时刻，人们会支持坚强有力的领导，体谅他们的直言不讳，从而保证让国家走向胜利。在当前危机时刻，我坚信你们也会再次对领导表示支持。

感谢上帝，这些困难只是物质方面的，我们的精神还在，还能够同心协力共同面对这种局面。商品疯狂贬值，已经到了难以想象的地步；公民纳税能力降低，各级政府收入锐减；商业活动停滞不前，工业企业冷清萧条；农场主的产品没有市场，千万个家庭的毕生积蓄毁于一旦。最严重的是，大批的失业者面临着严峻的生存危机，还有不少公民即使没有失业，但是付出艰苦劳动后却所得甚微。如此暗淡的现实，只有愚蠢的乐天派才会否认这些。我们的祖先信奉上帝，因此无所畏惧、所向披靡，比起他们的艰辛，我们真应该庆幸。我们遇到的困难并不是由于上帝的遗弃。大自然的恩惠没有减少，我们也没有遇到什么蝗虫之灾，只要努力就能够收获更多。

我们的手上并不匮乏，只是不愿意去慷慨消费，这都要归罪于掌控商品交换的统治者们的无能和顽固。他们承认失败，并且自动退位。那些贪得无厌的银行家是被人民从心底厌恶的，现行的法律不能够制裁他们，但舆论的法庭会宣判他们有罪。虽然他们也作了努力，可无法摆脱传统的束缚。他们面对着信用失败，只会建议借贷更多的钱而已。在失去利润的吸引力后，人民不愿意继续遵从他们虚伪的领导。他们痛哭流涕，甚至用敲诈的手段要求人民恢复对自己的信任。他们没有深谋远虑，这样只会让人们遭殃。他们别无他法，只能从我们的文化庙堂逃走。现在，我们可以让那庙堂恢复传统信念。我们对比金钱利润更高贵的价值观的运用情况，将决定那种恢复能够达到什么程度。

幸福并不只建立在拥有金钱一个方面上，也建立在工作中。创造性工作能够激发快感，工作后的成就感也会让人感觉快乐。劳动带给我们的欢乐和鼓舞，不应该在疯狂地追求瞬息即逝的利润中忘却。如果我们能从中汲取教训，而不是听天由命，那我们在这些暗淡日子中承受的痛苦就是完全值得的。我们会认识到命运掌握在自己手里，应该让它为所有人服务。

如果认识到把物质财富当做成功标准是错误的观点，那么有些人就会明白，担任公职的可贵之处不在于什么官高禄厚，而是人民神圣的委托。他们必须终止类似商业行为的做法，不凭借这种委托开展自私的恶行。只有诚实、荣誉感、责任心和无私的作为才能够鼓舞信心，否则信心就不能存在，这也是为什么有些人信心会减退的原因。

经济复兴不仅仅要求道德观念的转变，还要求我们立即行动起来，现在就行动。首要任务，就是为人民提供就业机会。只要我们能勇敢理智地承担责任，这项任务就不难解决。我们可以像战时紧急状况那样，由政府直接提供就业机会，雇用人员来完成相关工程，用来促进我们对自然资源的利用。同时，我们还应该认识到农业地区人口过剩。我们应该把土地提供给最善于耕种的人，一方面更好地利用土地，一方面在全国范围重新调配人口。我们应采取具体措施提高农产品价格，通过这种方式来提高对城市产品的购买力。另外我们要从实际出发，制止小房产者和农场主因无力偿还贷款而被强制执行的事情。联邦和各州以及各地方政府，将立即采取行动，支持关于大量削减抵押的要求。我们会把救济工作统筹管理，避免目前的浪费、分散和不均的现象。对于各种交通运输和其他明确属于公用事业的设施，都要在国家计划和监督之下。促成此项工作的方法多种多样，我们应该行动起来，马上行动，空谈是没有用的。

在恢复阶段中，为了避免旧秩序弊端重新出现，我们应该保证两点：为了预防利用他人存款进行投机活动，必须对所有银行储蓄、信贷和投资进行严格监督；为了商业正常流通，必须提供充分有偿付能力的货币。

以上所述，就是我们新政府的行动路线。我会在国会的特别会议上提出具体的执行措施，也会要求地方各州立即提供支援。

我们将通过这项行动纲领整顿财政，平衡收支。虽然我们的国际贸易关系很重要，但是眼前健全国民经济更是迫在眉睫的事。我认为应分清轻重缓急，采取切合实际的政策。我会竭尽全力，通过国际经济调整来恢复美国和世界各地的贸易。

这些具体的复兴方法，主导思想并不是建立在狭隘的民族主义上。各个州是相互依靠的，都是联邦政府不可或缺的一部分。我们要承认，拓荒是美国的悠久传统，也是美国精神的重要体现。这是通往国家复兴的直接道路，也是复兴能够持久的最有力保证。

在对外政策方面，我认为我们应该奉行睦邻友好政策，尊重国家主权，也尊重邻国的主权；珍视国家义务，也珍视和所有邻国以及世界各国协议中规定的一切神圣义务。

在过去不能够相互依靠的时候，我们并不能够对现状有更深刻的体会，但现在大家应该认识到，我们也要奉献，而不是只想着索取。我们应该像训练有素的军队，为了遵守共同纪律愿意适当牺牲，这样我们才能够前进。没有严格的纪律就不能够实现有效的领导，也就不可能前进。我相信，为了实现这样的纪律，实现为了更高利益而奋斗的领导，我们愿意献出自己的生命和财产。我愿意提供领导，将追求这些目标作为一种神圣义务，并且在这种义务下有所约束，产生只有战时才能激发出的共同责任感。我做完这项保证后，会无所顾忌地领导人民组成的大军，有条不紊地逐一解决大家的共同问题。

凭借从先辈那里继承下来的政府形式，我们完全可能有秩序地解决共同问题。我们国家的宪法简明扼要，无须动摇任何基本形式，就能够根据特殊需要在重点和安排上有所改变。就是因为这点，我们国家的宪政才不愧是现代世界中最稳定持久的政治结构，能够经受领土扩张、残酷内战、对外战争和国际关系等种种考验。希望正常的行政和立法分权能够应付我们所面对的重任，但是面对问题的紧迫感，或许也会让我们暂时背离正常的公开程序。

根据宪法赋予的职责，我将针对严峻的国内局势和世界局势提出相关措施。不管是这些措施，还是国会根据经验理智地决定的措施，我都会竭尽全力迅速予以采纳。但是，如果国会不能接受两种措施中的任何一种，如果全国形势依旧紧急严重，我不会回避职责，会做出明确抉择。我将向国会申请准许我使用应付危机的最后手段，行使广泛的行政权力，向紧急状况开战，就像战时应授予我的权力一样。我愿意拿出时代要求的坚贞和勇气，我不会辜负这种信任和期望。

在瞻望前途的艰辛时，我们能够感受到国家统一给予的温暖和勇气。只有遵循宝贵的传统道德观念，不分老幼克尽其责，我们才能够取得圆满胜利。我们对民主的未来没有失去信念，一定会让国民生计获得全面而长远的保证。美利坚合众国的人们没有在困难中气馁，他们作为选民提出的要求就是最有力的行动。他们要求有领导地遵守纪律，有领导地向美好的方向发展。他们选择了我，来作为实现愿望的工具，我也是用这种精神来担当此职的。

在全国危急之际，我们恳请上帝赐福给大家，愿上帝保佑我们每一个人，愿上帝指引我前进。

罗斯福在15分钟的演说过程中，始终神色冷峻，显得无比认真和坚定。这就是罗斯福新政的开端，通过这种方式，他巧妙地消弭了国民的愤怒，并且在国外敌人的面前保全了民族的自尊。他的演说非常振奋人心，让所有人都相信一个崭新的美好时代即将来临。这个时代没有任何政治噱头，只有坚定的目标和不懈的努力。新总统的就职仪式显得有些简单草率，但就职演说却取得巨大成功，仅周末一天就有将近50万封贺信飞进白宫。走出总统光环的胡佛与罗斯福握手告别后，离开了华盛顿。这是两人最后一次会面，虽然以后两人也会经常出现在同一城市，但还是有意无意地相互回避。

当天下午，白宫三楼西侧的椭圆形办公室里，在皮博迪博士的主持下，举行了非官方的部长就职宣誓仪式。此后，皮博迪博士成为白宫的常客，主持罗斯福和罗斯福家族的各种非官方仪式，这也成为罗斯福时期白宫的新传统。

在第一夫人埃莉诺和白宫主管秘书利汉德小姐的精心料理下，庄严肃穆的白宫焕然一新。罗斯福的长女安娜和丈夫科提斯·达尔分居后，带着两个孩子搬进白宫，和父母一起生活。在假期和节日里，罗斯福的4个儿子经常来这里，有的带着妻子儿女，有的带着女朋友和同学。豪和利汉德小姐都在二楼住宅区有自己的起居室，还有管家、仆人、厨师、保镖、守门人等后勤人员也住在白宫。

白宫

罗斯福夫妇从来不摆架子，对大家都比较随和。白宫的各种工作人员都能够和睦相处，其乐融融。罗斯福通过举办白宫记者招待会、炉边谈话和接待上访群众等各种形式，来融合自己和民众的关系，让全国人民都能有参与感和责任感。埃莉诺则在各种社会福利工作中找到自我价值，她经常走访贫民窟，也去慰问退伍军人。她积极地发挥着第一夫人的作用，让罗斯福这位总统在世人眼中显得更具有人情味。

2 比上帝还受欢迎的人
ROOSEVELT

　　1933 年 3 月 5 日，星期日，下午两点半，罗斯福在白宫召开了内阁全体会议。正如他演讲所说，他改变了传统，马上投入工作中，白宫成为处理经济危机的指挥部。由于经济危机是被过度投机活动引起的金融危机触发的，所以罗斯福新政也是从整顿金融秩序入手。副总统兼参议院议长雷尼报告了银行界形势，情况不容乐观。财政部长伍丁之前刚刚和银行界代表开会讨论过，找不到合适的解决办法，大家都很茫然。司法部长卡明斯提到，根据 1917 年修订的宪法，总统对黄金或货币具有特许权，可以下令储备，或指定其他用途。罗斯福根据这条法律，针对眼前金融业的紧急情况，决定发布总统令，宣布全国银行休假 4 天，禁止外汇买卖，禁止金银外运。只有选择这种办法，才能够稳定民心，防止挤兑风潮，保护日益稀少的黄金储备。如今形势严峻，已经没有时间拖延，因此内阁成员都同意 3 月 9 日召开国会特别会议的提议。罗斯福表现得很镇静，态度一直从容而坚定。

　　晚饭过后，罗斯福和金融学家谈话，进一步认识了金融稳定对国家经济的影响。接着，他又接见了几个通讯社记者，说明发表银行休假声明的原因。晚上 11 点半后，新国务卿赫尔来访，就 9 日召开国会特别会议的部分细节和罗斯福继续商议。

　　3 月 6 日，是罗斯福就任总统后的第一个工作日。他的强大的办事机构和参谋班子开始运转，并且开始大张旗鼓地推行新政策。全国银行休假并不是什么积极的解决办法，只是迫不得已采取的防御性措施。这是连胡佛都不愿意用的消极办法，罗斯福却没有顾及那么多。全国银行休假是政府重新整顿经济秩序的第一步，能够打破全国上下的恐慌状态，让人能够隐约地看到希望。实际上，总统和他的顾问们意识到，解决事情的关键是公众的心理状态。总统已经许下诺言，人们都在期待他的行动，这个时候政府迅速采取行动最能够振奋人心。关闭银行是各州银行界已经采取的行动，罗斯福只是巧妙地用继续关闭银行这招来向国人展示施行新政的魄力和决心。

3月8日，星期三，罗斯福举行了任期内的第一次白宫记者招待会，共有125名记者参加。在接下来的12年中，他总共开了998次记者招待会。罗斯福召开这次记者招待会的目的，是为了在新政开始的关键时刻争取全国人民的理解和支持。在轻松和谐的气氛中，来自各地区的新闻工作者，就金融形势、金本位、银行担保等问题展开提问。罗斯福愉快地做出回应，大多是让提问的记者满意的答案。以前的多任总统在应对记者招待会方面一直有个不成文的惯例，那就是事先了解需要回答的问题，准备好现成的答案。罗斯福没有延续惯例，他总是即时回答记者提问。通过多年的政治竞选，罗斯福已经锻炼成为能言善辩的演说大师。他用优雅的风度和风趣的谈吐，折服了在场的所有记者。他还不留痕迹地恭维记者，暗示自己对记者的需要。

白宫记者招待会的次数由一周一次增加到一周两次。政府与新闻界建立了良好关系，并且通过新闻形式起到稳定民心的功效。记者们得到允许，可以随时到总统办公室采访。罗斯福坐在办公桌后，有意识地掩藏了因残疾而有些肌肉萎缩的双腿。他经常不自觉地用些俏皮的口头禅，来活跃现场的气氛。他的回答大致包括几方面：完全白宫式的政治术语，能够被记者任意发挥的背景知识，没有提前准备的即兴演说。记者们在陶醉中不知不觉受到利用，从罗斯福上台开始就在舆论上支持他，并且保持到其任期结束。通过白宫记者招待会，罗斯福向全国发布新见解和重要决策，以便引导全国舆论。

3月9日，星期四，应罗斯福总统的号召，国会召开了特别会议。新议员们还没有坐稳，总统关于提议通过《紧急银行法》的咨文已经送达两院。这份提案要求以立法的形式控制银行业的恢复活动，全面整顿金融市场。由于时间仓促，该提案只是总统及其顾问们的初稿，过于粗略没有照顾到细节。新议员们好像都充满干劲，迫不及待地想大展拳脚，很快众议院通过了提案，几个小时后参议院也通过了该提案。

晚上8点30分，《紧急银行法》经罗斯福签署生效。该法案授予总统紧急管制权，在国家经济危机时刻，总统可以对信贷、通货、外汇、黄金和白银等金融事务进行直接干涉。根据该法案的相关内容，各联邦银行将根据其银行黄金储备量发行新货币，解决银行货币短缺的问题；国家复兴金融公司则用购买银行股票的形式，为银行提供流动资金。该法案还规定开始实行银行准入制度，财政部将对全国银行逐一审查，对符合营运要求的颁发许可证，不符合要求的整顿或关闭。这样做的目的是为了恢复民众对银行的信任。该法案还授权政府拥有全权控制黄金动向的权利，囤积和输出黄金的行为将受到严厉打击，以此保护银行储备和防止黄金外流。

依据《紧急银行法》，财政部迅速展开了行动，对全国各银行检查整顿。通过审核后，被鉴定为体制健全的银行获得政府颁发的许可证，得到在 3 月 13 日重新开业的资格；鉴定为体制不健全的，将按照其实际情况，有的被清理整顿，有的被扶持帮助，还有一部分被责令彻底关闭。在整顿银行系统的同时，国家印钞局昼夜加班加点赶印新钞票，然后由飞机分送至各州银行。

3 月 10 日，罗斯福向议会递交了他第二份提案《重建美国政府信用法案》，即《节约法案》。该法案授权总统具有指导预算的权利，通过把政府所有职员工资下调 15% 和降低退伍兵的抚恤金两种方式，来节约政府预算。罗斯福认为，在全国经济危机的背景下，联邦政府的收入锐减，但财政支出还是一如既往地大手大脚，如果不赶快采取行动，两年后财政赤字会超过 10 亿美元，联邦政府将面临经济危机。虽然表面上看起来这份提案显得不近人情，但是并没有对政府职员的生活造成多大困扰，因为产品价格大幅度降低，生活所需的基本费用也降低了不止 15%。消息传出，美国退伍军人协会和其他退伍军人组织都行动起来，他们给各个州的分支机构去电报，强调退伍军人的利益正受到威胁。各地反应强烈，无数质问和指责的电报飞往国会大厦。在有组织的退伍军人面前，国会没有像过去那样选择妥协，而是站到了总统这边。

《节约法案》在众议院顺利通过，具有讽刺意味的是，这并不是出于民主党议员的支持，而是因为有 69 名共和党议员放下党派观念支持罗斯福。90 名民主党议员对罗斯福的提案投了否决票。参议院民主党代表核心小组同意《节约法案》，但是议员们意见却不能统一。在激烈的辩论后，参议院还是没有什么结果，议会只好宣布暂时休会。各地退伍军人协会发来的电报越来越多，弄得参议员们一个个焦头烂额。

3月12日晚上10点，罗斯福通过美国三大广播公司，向守候在收音机旁的6 000万人发表了总统就职后的第一次无线电广播。播音员对新政府持支持态度，他向听众介绍道："总统将来到大家身边，坐在壁炉旁，和大家进行炉边谈话。"

在发表谈话前，罗斯福发现提前准备好的演讲稿找不到了。他保持沉着冷静，转向扩音器，用诚挚的语调说道："我想用几分钟时间，和大家说说金融的现状。"他用通俗易懂的语言，对政府关闭银行的措施做了解释，并且讲述了《紧急银行法》的意义。他还用热情的声音，劝导民众把积蓄送回即将重新开业的银行，并且说明政府会保障储户的权益不受损害。他强调，比货币更重要的，比黄金更宝贵的，是民众对国家的信心，那是调整金融体制成功的关键。他请民众不要妄加猜测或听信谣言，那样只会变得惊慌失措。在谈话的结尾部分，他这样号召道："只要我们团结起来，就能够战胜恐惧。现在我们已经成立了恢复金融体制的机构，需要大家的支持才能够正常运转。只要我们团结起来，就会取得最后胜利。"

罗斯福讲了大约20分钟，用广播的方式自然地和民众建立了直接联系。他热情的声音传到千家万户，消除了人们的疑虑，化解了大家因经济危机而对政府产生的不满情绪。"炉边谈话"成为时髦用语，并且广泛流传开来，这种和民众交流的形式也成为罗斯福政治的特色之一。

3月13日，在12个设有联邦储备银行的城市里，银行率先开业。截止到15日，已经有14 771家银行领到许可证重新开业，占经济危机开始前银行数量的一半以上。纽约股票市场评估价格上扬15%，道·琼斯股票分析所也对经济走势持乐观态度，股票交易所重新开始营业。人们对银行恢复了信心，携带黄金和货币在银行前排起长龙。这次不是为了挤兑和提取，而是为了存储。罗斯福对金融领域采取的非常措施，对稳定人心起了重大的作用。

几天时间内，总价值超过3亿美元的黄金和黄金兑换券存进各州的联邦储备银行。根据这些储备，银行能够发行7.5亿美元的新钞票投入流通领域。财政部长伍丁批准了银行系统提案，允许部分银行让需要提款的储户提取10美元，用来激活商品市场。没过多久，银行存款额超过提取额，金融秩序逐步趋于正常。

3 月 13 日，国会议员们还在为《节约法案》争论不休，罗斯福又递交了第三份提案《啤酒法案》。他在提案中要求修改 1919 年通过的禁酒令，建议在征收一定税金的前提下，让啤酒和低度酒的生产和销售合法化。禁酒令推行 10 多年来，一直被民众排斥，生产和贩卖私酒现象不能够杜绝，并且引发了各种社会问题，政府各部门也头痛不已。罗斯福这个提案深得人心，把因《节约法案》而出现意见分歧的民主党议员队伍重新团结起来。显然，罗斯福巧妙地选择时机，主动地发起攻势，敦促国会按照他的意愿通过提案。

3 月 15 日，参议院通过了《节约法案》。3 月 16 日，国会两院通过了《啤酒法案》。

罗斯福就职两周后，整个国家都变了样，不但摆脱了冷漠和沮丧，而且充满了巨大活力。金融趋于稳定，企业逐渐恢复生产，就业率也有显著提高。人民看到了希望，对政府也充满信心。全国上下掀起了赞颂罗斯福的热潮，称赞他的通情达理，还有能够马上采取行动的勇气。在纽约市小学生中进行的一次民意测验表明，罗斯福总统的受欢迎度已经远远超过了上帝。各地向总统表示感谢的电报不停飞进白宫，每天都能够达到 1 000 多封。艾尔弗雷德的支持者，曾经坚决反对罗斯福当总统的报业巨子沃尔特·李普曼也改变了原来的立场，称赞罗斯福用两周时间就重振国人士气，真是打了个漂亮仗。在总统大选中没有支持罗斯福的选民都深深后悔，有的甚至特意向上帝请求宽恕。

报纸的社论更是赞誉有加，整个国家的舆论都在支持新总统。《纽约时报》上这样写道："没有哪位总统，能够在这么短的时间里让人民充满希望，罗斯福除外。"欧洲舆论界也关注着罗斯福，《英国观察报》的评论文章写道："面对危难能够保持沉着冷静，背负重任能够无所畏惧，罗斯福先生已经迈出辉煌的一步。他的前途不可限量，世界会多一个优秀领袖。"

罗斯福没有在赞扬声中自我陶醉，他知道眼前取得成效的这些方式只是临时应对措施，不能够解决根本问题。他知道，只有着眼全面解决经济危机的举措才是具有长远意义的步骤。现在民众情绪激昂，正是敦促国会通过其他相关法案的有利时机。内阁成员和顾问专家都干劲十足，大家都做好了和经济危机作战的准备。因此，在 1933 年 3 月 9 日至 6 月 16 日之间，罗斯福不断推出自己的新政策，开始进入被历史学家称为"百日新政"的第一次新政阶段。

3 "百日新政"
ROOSEVELT

1933 年 3 月 9 日到 6 月 16 日国会特别会议召开期间，罗斯福发表了 10 次演说，敦促国会通过了 15 项重要提案。他还制定了新的外交政策，并且建立起每星期召开两次记者招待会和两次内阁会议的惯例。他向国人展示非比寻常的智慧和精力，迅速地成为受人爱戴的总统。

罗斯福提出 15 项法案的主要目的，是想通过政府职能部门对社会经济生活进行有效干预，谋求经济复兴，把国家和人民从危机中拯救出来。这些法案不只对金融、工业、农业等行业扶持帮助，还对导致危机产生的弊端进行改革。如果用几个词来概括 15 项法案的意义，那就是救济、复兴和改革。因为诸多因素的制约，这期间政府改革的步子不大，主要侧重点还是救济和复兴。

罗斯福新政从整顿金融入手，在国会通过《紧急银行法》后，他在 3 月 10 日宣布停止黄金出口；4 月 5 日，宣布了禁止私人储存黄金和黄金证券，并且停止了美元和黄金的兑换；4 月 19 日，宣布禁止黄金出口，正式放弃金本位；6 月 5 日，宣布在公私交易中严禁使用黄金支付。罗斯福以国家有价证券为担保，发行大量货币，以此达到让美元贬值的目的，加强了美国商品的对外竞争力。那些把金本位看成强国象征的人们，不能够理解罗斯福的做法，认为放弃金本位和美元贬值是大事，是西方经济文明的终结。只有那些能够从中体会到利害关系的大资本家们，才能够了解到这两种做法的意义。金融巨头老摩根发表公开声明，支持罗斯福总统的金融政策，认为这对稳定局势和恢复国民经济生活起了重要作用。

为了预防再次出现因投机行为引起的金融秩序混乱，罗斯福向国会递交了《银行证券实情法案》，并且敦促国会通过，于 5 月 27 日签署后正式生效。该法案授予联邦贸易委员会监督新证券发行的权利，任何金融机构在发行新债券的同时要附上完整说明，让购买人能够清楚地了解相关财务信息和出售方式。如果金融公司的负责人提供了虚假信息，将承担民事和刑事双重责任。1934 年，国会通过了在《银行证券实情法案》的基础上更加完善的《银行证券交易法》，根据这个法案，联邦政府成立了证券交易委员会，对操纵市场、投机倒把等不法行为加大打击力度。为了防止银行利用储户存款和联邦储备资金进行投资，众议院议员亨利·斯特高尔提出了著名的《格拉斯——斯特高尔银行法》，并且在罗斯福的认可和敦促下通过。该法案规定对那些商业性银行、储蓄机构和投资机构要明确划分开来，业务不能相互混淆。该法案还加大了联邦储备系统的权利，让它能够更好地节制其成员银行。该法案还批准成立联邦储蓄保险公司，对 5 千美元以下的银行存款实行保险（后来这个数额上调为 2 万美元），这样就能够防止因挤兑而引发的银行倒闭事件重演。

1933 年 3 月 16 日，罗斯福向国会递交了《农业救济与通货膨胀法案》（又被称为《第一农业调整案》）。这份法案是在罗斯福的授意下，由农业部长华莱士和助理部长特格韦尔共同拟定的。该法案主要是针对农业危机，对农业政策做出调整，提高农产品加工企业的税收，其目的是提高农民购买力和减轻农业抵押的压力。根据该法案，银行将提高发放的农业贷款额度。3 月 22 日，经过将近 6 小时的激烈辩论后，众议院以 315 票对 98 票通过了《第一农业调整案》。参议院的辩论更加激烈，直到 5 个星期后，才通过该法案。5 月 12 日，《第一农业调整案》经罗斯福签署后生效。罗斯福认为，这项法案是新政期间最富有戏剧性、最具有深远意义的立法。

《第一农业调整案》授权联邦政府设立一个隶属于农业部的农业调整署，负责调整农业生产和农产品加工销售等。防止农产品过剩和恢复农民的经济地位，成为该部门的主要职责目标。农业调整署对自愿减少农业种植面积的农民给予补助，对与政府合作的农民发放商业贷款。另外，为了避免农产品浪费，农业调整署还与农民签订销售合同。通过这些措施，农民的经济状况得到了明显改善；相对非农产品，农产品评估价格提高速度更快。联邦政府直接出面，用补助、重税和协定等方式来调控农业生产，提高农民购买力，这对挽救资本主义农业起到了决定性作用。

很多农民都被农业贷款问题困扰，担心失去自己的土地。罗斯福为了解决这个问题，在 3 月 27 日联合 9 个政府行政部门成立独立的农民救助机构——农业信贷管理局，简称 FCA，财政部助理部长亨利·摩根索出任局长。这个机构主要负责接受农场主抵押，向他们重新发放贷款。4月3日，罗斯福向国会提交了《农业抵押救济法案》（又称《第二农业调整案》），并获得了通过。4月4日，罗斯福将两份农业调整案递交农业委员会，要求尽早通过、尽早颁布。面对议员们的犹豫态度，罗斯福这样警告道："如果这个法令不能够及时实施，引起农业生产状况继续恶化，那农业委员会就要承担全部责任。"在这样的警告下，议员们当然不敢有什么异议，结果该法案在第二天就顺利通过。

在实施《农业调整法》后，农产品价格稳步回升，农民的经济状况得到改善。可是，在千百万人受饥饿威胁的时候，用减少粮食生产的方式来保证收入和利润，表明了资本主义制度的腐朽，显得有些不人道。因此，在罗斯福的各项新政中，农业政策最受人非议。

1933年3月21日，罗斯福向国会递交了关于成立民间资源保护队的提案。这项提案表面是为了植树造林、保护环境，根本目的是创造工作机会，缓解就业压力。该法案提到，雇佣25万名青年失业者进行各项和环境相关的公用事业建设，例如种植树木、修筑堤坝、预防和扑灭森林火灾等。联邦劳工协会主席威廉·格林担心这样做会削减正式工人的工资，所以最先提出反对意见。当年全国有1 300万失业人口，18岁到25岁的这些失业青年最容易引发多种社会治安问题。把他们集中到一起，由劳工部、内政部、农业部和陆军部共同管理，也是预防问题的有效手段。3月31日，众议院通过表决，通过了这项提案；很快，参议院也予以通过。

1933年3月21日，罗斯福向国会递交了《紧急救济法案》，要求批准联邦政府拨款给地方各个州进行失业救济。罗斯福宣称要开展历史上最大的救济计划，不让一个国民挨饿。5月12日，在国会通过后，该法案经罗斯福签署生效。

根据《紧急救济法案》，联邦政府于5月22日成立紧急救济署，曾担任过纽约州临时紧急救济署执行主任的哈里·霍普金斯被罗斯福任命为署长。依据该法案规定，联邦政府从复兴金融公司拨出5亿美元，用来做地方各州的紧急救济补贴。地方政府抽出3美元救济金，联邦政府给予1美元补贴，同时也规定每个州得到的总补贴不能够超过7 500万美元，也就是联邦救济金总额的15%。霍普金斯工作认真，讲究时效，就职后马上签发电报，在短短2小时内就支付了500多万美元补贴款。他对陈旧的救济方式表示不满，认为救济不是慈善事业，是国家对人民应尽的义务。他还认为政府的救济是神圣的正义行为，不需要像过去那样遮遮掩掩。他坚持超越党派控制的救济原则，重新树立了国家救济的责任概念。罗斯福很欣赏他的作风和原则，对这个年轻人给予了足够的支持。在罗斯福政府中，霍普金斯逐步地扩大了自己的影响力。

1933 年 4 月 10 日，罗斯福向国会递交了《田纳西河流域管理法案》，建议成立田纳西河流域管理局，在不破坏田纳西河流域的环境下，用 10 年的时间适当利用和开发相关自然资源。这个法案并不是简单地强调水电开发，还考虑到全局范围，例如用退耕还林的方式控制水土流失、调整两岸的工业布局避免水土污染和开通航线方便交通等。

《田纳西河流域管理法案》，被称为新政中最有长远意义的法案。田纳西河流域管理局修建水电站，生产了大量电力，促进了该流域的电气化进程。依据该法案，在田纳西河流域对农业和工业进行限定和控制的同时，加大第三产业的开发，修建度假区，发展了旅游业。田纳西河的全程通航，更是改善了两岸人们的生活条件。这项声势浩大的工程是对地区更新和发展的重要实验，是计划经济下的产物。它代表了一种新型的国家所有制形式，是国家组织职能的杰作。

1933 年 4 月 13 日，罗斯福还向国会递交了《房主贷款法案》，要求保护民用住宅房主不会因抵押品赎回权被取消而受到损失。1932 年，25 万个家庭因抵押品赎回权被取消而流离失所。1933 年前几个月，也有将近 10 万个家庭遭遇同样的情况。依据该法案，由联邦储备银行成立房主贷款公司，通过降低利率来调整民用住宅抵押债务。两个月后，国会通过了该法案。该项法案通过维护私人住宅所有权，对社会安定和经济发展起到了保障作用。

1933 年 5 月 4 日，罗斯福向国会递交了《紧急铁路法》，用来解决经济危机中受影响最严重的铁路运输业问题。该法案规定，每个州的商务委员会对地方铁路公司享受监督权，这将会促进铁路运输业的复兴和发展。5 月底，国会通过了该法案。

1933 年 5 月 17 日，罗斯福向国会递交了《全国工业复兴法案》，这是在综合各方意见后做出的综合性方案。这项法案的目的，是协调劳、资双方关系，既要保证工业的合理利润，也要顾及工人的基本权益。6 月 16

日，国会通过了该法案，由罗斯福签署生效。

依据《全国工业复兴法案》，联邦政府成立了国家复兴管理局，监督和审核由劳方、资方和公众代表组成的工业委员会制定各种行业法规，有效地防止不公平竞争和生产过剩。罗斯福的智囊团成员，休·约翰逊出任局长。工业界开展大规模合作运动，以达到提高就业率、缩短工作时间和实行合理工资等目标。另外，该法还授权联邦政府建立公共工程管理局，并且拨款33亿美元，用来进行各项公共工程，同时实施大规模的再就业计划。

国家复兴管理局颁布了《再就业临时法规》，禁止雇佣童工，并且对工资和工时做了详细规定。该法规规定，产业工人每周工作时间为35小时，脑力劳动者为40个小时，产业工人每小时工资不能够低于40美分。愿意接受这项临时法规的企业，会被管理局授予一个"蓝鹰"标识，挂在企业的显眼处。在各种压力下，90%的企业都接受了这项法规，各工业部门也加速了法规制定的进程。"蓝鹰"成为《全国工业复兴法案》的标志。在随后的一年中，国家复兴管理局取得了不少成就，解决了200万人的就业问题，提倡文明竞争提高了企业道德，制止了生产过剩的加剧发展。另外，它在一定程度上取缔了童工，为全国提供了限制最高工时和最低工资的样板，并且对工人运动的部分斗争成果给予肯定。

因为各种限制，《全国工业复兴法案》没有如罗斯福所愿达到复兴工业的目标。根据该法案规定，总统有权制定公平竞争法规，在自愿原则的前提下企业通过执照制度来执行。表面上这项法规由政府、工业界、劳工和消费者四方代表共同拟定，实际上被大公司代表们操纵整个法规的拟定过程。也有些大型工会的劳工代表参加，但是人数却屈指可数，起不到什么作用。大公司的垄断行为有增无减，小企业在夹缝中苦不堪言。大公司采用了新的竞争方式，就是一方面降低产品产量，一方面提高产品价格，获取更大的利润空间。虽然罗斯福认为这项法案是美国国会颁布的最重要的法案，但是来自各个方面的质疑和攻击却没有停止过。大企业家得到不少实惠，但还是抱怨政府制约了劳资双方关系；小企业主被垄断经济挤兑得生存艰难，批评该法案助长了垄断经济的发展；工人们对不能够按照法规规定提升社会地位，表示了强烈不满；消费者面对不断上涨的物价，也愤怒不已。联邦最高法院指责该法案已经侵犯各州保留的独立商务权力，违反了国家宪法。

依据《全国工业复兴法案》，联邦政府还成立了公共事业管理局，内政部长哈罗德·伊克斯兼任局长。国会拨出33亿美元的专款，用来进行大规模公共工程建设。伊克斯和长期从事福利工作的霍普金斯的观点不同，他更多地考虑到纳税人投资后的收益。因此，他在工作上更加小心谨慎，短期之内并没有进行什么大工程。从1934年开始，公共事业管理局对美国公共建设作出巨大贡献，承接教育、市政、环境等领域的建设工程。另外，它还投资一些大型的企业工程，例如建成连接纽约市和新泽西的林肯隧道、建成连接曼哈顿和长岛的纽约三镇桥。虽然在成立之初，管理局并没有对复兴经济起到什么作用，但是却让美国的面貌焕然一新。

罗斯福似乎认为自己有着无穷的精力，足以应付繁重的工作，可是外界对总统的生活方式和健康问题却颇为关注。由于要背负第一夫人的职责，埃莉诺的各种日程安排也很紧，没有办法经常陪在罗斯福身边。罗斯福的生活起居，还是由利汉德小姐料理。由于双腿残疾，罗斯福行动不便，不管是阅读报纸还是刮胡子，都需要别人的帮忙。利汉德小姐充当"白宫女主人"的角色，妥善地做出各种安排，让罗斯福能够愉快地面对工作。

平常工作日中，罗斯福的一天是这样安排的：8点半起床，在床上用完早餐后，开始阅读几份报纸，有《华盛顿邮报》、《纽约时报》和《先驱报》等，另外还要阅读豪整理出的剪报；10点半，到总统办公室，接见来自各个地方、各个阶层的访客；在办公室用完午饭后，就是处理信件的时间，每天都有几千封要求罗斯福总统收阅的来电来信飞进白宫，在秘书们进行筛选后，他会有选择地回复一些信件；下午3点，可能要出席内阁会议或记者招待会；下午5点，如果工作结束，会进行各种运动锻炼身体和放松精神；晚饭后，会在书房做第二天的工作计划；凌晨时分，上床休息。

4 阻碍，不可避免
ROOSEVELT

"百日新政"还没有在经济方面取得什么成果，美国又开始面临各种天灾带来的挑战。1933年夏天，暴雨连绵不断，各大河流泛滥成灾，全国有3 500英亩耕地被洪水冲毁。秋天，被洪水侵蚀过的土地生态破坏严重，沙尘暴在中西部各州肆虐。1934年开始，又是接连两年的旱灾。天灾给农业带来了沉重打击，农田大面积减产，有的地方根本就是颗粒无收。这似乎有利于联邦政府的农业调整计划，减少了产量，来保证利润。可是，受灾地区人们的生活受到威胁。对这些失去收入的人来说，这是比经济危机更严重的灾难。

1933年秋天，工业生产开始回落，直到来年春天这种衰退才停止。直到1935年春，全国经济都停滞不前，失业人口仍有1 000万。第一次新政没能顾及所有的美国人，老人、工人、南方佃农和黑人等没有引起罗斯福的关注。这些被政府新政策遗忘的人们，热烈地期盼能够出现救世主，引导他们脱离苦海。各种激进分子应运而生，向民众推行自己的政治理念，蛊惑国人相信那就是治世良方。在民主党激进派中，一个反罗斯福新政的同盟开始形成。

对罗斯福政府威胁最大的，是前路易斯安那州州长、参议员休伊·朗。罗斯福1928年竞选上纽约州州长时，休伊·朗竞选上路易斯安那州州长，并且在1930年获得连任。在州长任内，他推行了一系列激进政策，反对经济垄断，取消人头税和普通民众的财产税等。他对普及教育方面也格外重视，为成年人扫盲，为学生们发放免费教科书。在南方诸位州长中，只有他能够平等地对待黑人。他还比较重视基础建设，认为交通便利才能够真正提高人民生活质量。1932年，朗进入参议院。他身材又矮又胖，穿着也显得很土气，真是其貌不扬，让人看不出有什么睿智的地方。可是没过多久，他就凭借幽默的谈吐、机敏的反应和动人心扉的演说获得同僚的认可和尊重。另外，他在路易斯安那州政府和州议会的影响力依然存在，能够遥控那里的政治动态。在1932年的提名大会上，他曾是罗斯福的支持者，但是在罗斯福就职后，两人关系开始逐渐走向破裂。他不喜欢那些新政策，也不喜欢以罗斯福为首的新政人士。

1933年底，朗就路易斯安那州的人事安排和罗斯福发生了激烈争辩。他有些不顾体统，高声叫嚷道："罗斯福，你怎么能够这样？为什么把职位都给了那些龌龊的家伙，为什么把我排除在外？"

罗斯福依旧保持着绅士风度："按照我的人事政策遴选上来的，都是对民众负责的好官员，没有什么可担心的。"

朗被罗斯福的从容不迫弄得哑口无言，只好跺脚走了。

1934 年初，朗创办了"分享财富协会"，推出蛊惑人心的分享财富计划，和罗斯福公开决裂。朗的分享财富计划的宣传口号是"每个人都能够成为国王"。他主张向富人收重税，向退伍军人发津贴，向老人发养老金，并且保障工人们都能够得到最低限度的收入。他还提到了下调食品价格，实行免费教育等和民众生活切实相关的政策。在他的蛊惑下，加入分享财富俱乐部的人络绎不绝。除了在南方诸州有超强人气外，朗在北部和中西部的影响力也在日益扩大。到 1935 年初，朗的分享财富协会在全国各地已经建立起 2 700 个分会，有会员 750 万人。

追随者的增多，让朗更加瞧不起罗斯福。他嘲笑罗斯福是"富兰克林亲王"，认为国家复兴总署的蓝鹰标志和德国纳粹党的党徽没什么区别。他觉得两党制已经不适合美国现状，应该取缔民主党和共和党，由民众信赖的人走到台前，领导大家共同富裕。他宣布参加 1936 年的总统竞选，并且写了一本书，名为《我在白宫的头几天》。他在书中这样写道："作为总统，我到底应该给罗斯福什么样的职务也是件很为难的事儿。他并不适合搞政治，还是让他去做海军部长吧！"

朗想当总统的野心昭然若揭，如果他以第三党候选人的身份参加 1936 年的竞选，最少会分走 600 万民主党选票，那样的结果就会让共和党候选人获得胜利。

除了来自政治上的攻击外，来自舆论的攻击也让罗斯福疲惫不堪。报业巨子赫斯特利用他的报系，对罗斯福的新政进行恶毒的攻击。随后，查尔斯·库林格神甫浮出水面，大肆散布反罗斯福、反新政、反犹太和反工会言论。

来自加拿大的库林格神甫，在美国具有很高的社会知名度。1930 年开始，他通过哥伦比亚广播公司的 17 个电台，向全国人民广播他的基督教理论。他的声音优美，圆润动人，容易引起听众的共鸣。到 1933 年初的时候，他已经拥有庞大的听众群体。每四个美国公民中，就有一个人会在周末听库林格神甫的布道广播。库林格神甫每星期最少能够收到 8 万封来自全国各地的来信，最多的时候超过 100 万封。为了表示对神甫的爱戴和对上帝的虔诚，很多人都在信件中附上捐赠的美元。虽然每笔捐赠数额很小，但是累计起来却是非常惊人的数目。有的时候，神甫需要雇佣 100 多名办事人员来清点这些钞票。

1934 年，在纽约广播电台举办的民意测验中，库林格神甫被民众评选为美国最有价值的公民。不久后，他脱离哥伦比亚广播公司，创办了 60 多个电台，有了自己的广播网。他还创办了自己的企业，用经营企业的利润对广播事业进行扶持和扩展。他过去曾经支持过罗斯福竞选，认为新政符合基督教教义，是能够造福民众的。随着罗斯福新政的不断推出，库林格神甫逐渐走到反对者行列。他在自己的广播网上对罗斯福政府进行猛烈的攻击："所谓的国家财政部，只是为国家银行效力的仆人而已。那些专家顾问，都是在拍那位大人的马屁，有什么才学呢？最让人发指的就是农业调整法，不顾民众的死活，违反上帝教导的人道主义精神，是不符合教义的政策！"

1934 年 11 月 11 日，库林格神甫成立了"全国社会正义同盟"，提出没收全部私人银行财产、大铸银币和实行无限制的通货膨胀等 16 条原则。他认为罗斯福是资本家、犹太人和共产党的代表，是国家的叛徒，是最卑鄙的总统。库林格对外宣称自己的同盟有 700 万名会员，并且还组织成立了纳粹式的打手队，四处袭击犹太人。库林格还对信徒们说："美国的所有工会，都是受莫斯科操纵的，我们应该效仿德国和意大利，用非常手段来解决劳资纠纷。"

反对罗斯福新政的组织，除了"分享财富协会"和"全国社会正义同盟"外，还有弗朗西斯·汤森医生成立的"汤森俱乐部"。1933 年，66 岁的汤森医生因经济危机影响，成为失业者，生活处境非常艰难。由于自己的切身经历，他开始关注那些境遇相似的老年失业者，成为一名业余经济学家。1934 年 1 月，汤森成立了"汤森俱乐部"，发起西部养老金运动。他主张施行养老金周转计划，除了罪大恶极的刑事惯犯外，每个年满 60 周岁的美国公民每月都能够从政府领取 200 美元的养老金，这些钱必须在当月花光，不能够用来储蓄。他以为这不是单纯的社会保障计划，还能够刺激消费，是具有可行性的方案。事实上，汤森的提议根本就是空谈。如果对占全国人口 9% 的老人实行这种制度，那么需要支出的费用占国民总收入的一半以上，国家财政根本无法再继续正常运转。

那些晚景凄凉的老年人，开始把汤森发起的运动看成救命绳索。他们纷纷加入汤森俱乐部，跟着他一起谴责罗斯福对老年群体的忽视。他们选出自己的代表，支持他们进入州议会和国会，成为倡导养老金周转计划的先遣军。1934 年底，汤森向国会递交了请愿书，有超过 1 000 万的美国人签名支持。1935 年初，在全国各地已经建立 2 000 多个汤森俱乐部。

1934 年 11 月，中期选举的结果表明，罗斯福依然有着很高的民众支持率，他的第一次新政得到普遍的支持。由于共和党的纲领没有实质性内容，而且共和党也没有具有全国号召力的领袖，所以在这次选举中被挫败。在新组成的第 74 届议会中，共和党在参议院和众议院的席位都不到总席位的 1/3。在地方竞选中，共和党只获得 7 个州长席位。

1935 年 1 月，第 74 届国会召开。罗斯福提出了鼓励工商界加快投资的政策，以此来扩大就业，安定民心。他想通过这种方式来缓解朗、库林格和汤森带来的威胁。朗和库林格的联系变得密切起来，这让罗斯福大伤脑筋。库林格神甫出生在加拿大，不能够作为总统候选人，但是只要支持朗，结合两人力量，就能够影响 1936 年美国的大选。如果两人再同汤森医生联系到一起，那民主党的分裂将不可避免，只会白白地便宜共和党候选人。

1935 年 9 月 8 日，在乌烟瘴气的路易斯安那州议会大厅，沉浸在白宫梦中的朗遭到刺杀，中了子弹，两天后身亡。这次刺杀事件的凶手是一个叫卡尔·韦斯的年轻医生，据说促使他这样做的原因是朗侮辱了他的家族名誉。对朗之死，罗斯福和他的阁员们都在心里感到庆幸。后来有人怀疑是罗斯福下令暗杀了朗，但是却没有什么证据。虽然 42 岁的朗死了，但是他的影响力没有马上消失。该州的穷人们受惠于朗的政策，对他的死表示深切悲痛，前来参加葬礼的人超过了 25 万。朗的助手杰拉尔德·史密斯牧师继承了他的事业，和库林格、汤森医生联合起来，成立了美国联盟党，推出北达科他州众议员威廉·莱姆基为总统候选人，筹备 1936 年大选。

除了来自民主党内部激进分子的攻击和压力外，罗斯福新政还引起其他方面的攻击，首先发难的就是那些在新政中受益最大的垄断资本家们。这些人在罗斯福政府的帮助下渡过了难关，避免了灭顶之灾，但他们并没有学会感激，而且开始不满政府对经济的干预和束缚，指责这种做法带有共产主义色彩。对罗斯福关于政府和企业合作的呼吁，这些资本家们根本不屑一顾。他们捐出巨款，用来进行反新政的宣传，指责罗斯福政府的专制，并且还强调罗斯福平等对待黑人是对其他公民的蔑视。这种宣传并没有产生什么效果，相反，各地劳工组织更加支持罗斯福。

民主党和共和党中的保守派开始蠢蠢欲动。他们在舆论宣传中强调，经济停滞不前是新政失败的体现。他们开始后悔过去曾支持过罗斯福，对罗斯福的各种政策也开始吹毛求疵。对罗斯福手下的新政人士，保守派们也表现出敌意，认为这些人不能够得到人们的信任，不足以担当要职。共和党的保守派集中指责罗斯福的经济政策，认为金融业和工商业应该自由发展；民主党内的保守派对政府放弃金本位感到不安，一些高层人士用辞职的方式表示抗议。1934 年 8 月，前民主党全国委员会主席约翰·拉斯科布和艾尔弗雷德·史密斯联合起来，成立了"美国自由联盟"，反对罗斯福的各种新政政策。他们对外宣称，罗斯福并没有什么关于经济复兴的后续计划，所以政府才会陷入困境。

民主党和共和党的进步派也对罗斯福的政策表示了质疑，认为国家对垄断资本主义打击力度不大，过于迁就和照顾资方，不能够保障劳方利益。他们提出更激进的纲领，反对按利润决定生产形式和规模，支持国有企业和农场为需求而生产。明尼苏达州州长弗洛伊德·奥尔森对外公开宣称自己是激进派："如果现行的资本主义制度不能防止经济危机再次发生，那么就让它们见鬼去吧！我愿意和自由主义者一起奋斗，让我们的国家成为人人平等下的合作式共和国。"

不管来自各方的攻击多么强烈，都比不上联邦最高法院的 9 位老法官给罗斯福政府带来的冲击更沉重。罗斯福知道，阻碍，不可避免。

根据美国宪法三权分立原则，联邦最高法院享有立法权。联邦最高法院的 9 个法官由总统提名和任命，实行终身任职制。1900 年以来，除了民主党人威尔逊当过 8 年总统外，其他时间都是共和党当政，所以联邦最高法院是共和党保守派的天下。在 9 名大法官中，共和党人有 7 名，剩下的 2 个民主党法官中，还有一位是顽固的保守分子。由于联邦最高法院享有宪法解释权，所以共和党即使在两院的力量减弱，但是依然把司法权控制在手中。在新政开始阶段，最高法院不能顶风出来维护旧秩序，只好被迫接受罗斯福的各项立法，并不心甘情愿。等国内经济稍微平稳些后，法官们开始联合起来反对罗斯福新政。

1935 年 1 月 7 日，以授权不当为理由，联邦最高法院以 8 票比 1 票对新法规做出相关裁决。《全国工业复兴法案》第9条第3款因违宪被宣布无效，否决了联邦政府对石油业的管辖权。

1935年5月27日，新政人士把这天称为"黑色星期一"。联邦最高法院以9票全体通过裁决，《全国工业复兴法案》、《铁路职工退休法》和《农场抵押法》违宪无效。最高法院做出的裁决使政府陷入了混乱，大家都在等待罗斯福的反应。5月31日，罗斯福在白宫记者招待会上，对最高法院的裁决做出回应。他说道："这是很悲哀的事情，因为联邦最高法院大法官们的狭隘决定，宪法又回到了马车时代。"

在接下来的时间里，联邦最高法院又不断地否决罗斯福的新政立法，累计达到十几种。各州最高法院法官也纷纷效仿，发出指令禁止新政实施。

针对最高法院的攻击，罗斯福发表了"炉边谈话"，他这样讲道："我们需要最高法院实行法制，而不是实行人治。最高法院应该在宪法之下公正、公开地为民众服务，而不是居于宪法之上。最高法院已经超出立法机构的职权，把自己变成了在参、议两院外的第三院。那里已经成为制定政策的行政机构，而不单单是立法机构！《全国工业复兴法案》也好，《农场抵押法》也好，都是根据宪法制定的，都应该是有效的！"

5 把右手藏起来
ROOSEVELT

罗斯福政府没有被来自四面八方的压力击垮，相反大家更加紧密地团结在一起。罗斯福对属下无关大局的竞争总是睁一只眼、闭一只眼，甚至有的时候还主动挑动他们。他能够平衡所有人的关系，让自己永远能够处于权力巅峰。

对罗斯福来说，豪是特殊的存在。在他几次人生低谷中，都是豪陪伴他，帮助他渡过难关。豪耗费心血，用了20多年的苦心经营，罗斯福才能够成就他的总统事业。在外人眼中，这个白宫秘书长是总统身边的大红人，身体瘦弱，脾气暴躁，不怎么喜欢抛头露面。除了埃莉诺之外，只有豪能够左右罗斯福的意见。从1935年底，豪开始卧床不起，但是他不放心罗斯福的事业，不愿意搬出白宫。罗斯福让人每天把自己抬到豪的床前，和他谈起相关政务。虽然豪无法正常工作，但是罗斯福还是保持过去的习惯，在做重大决定前都征求豪的意见，给予豪最大的尊重。在豪面前，罗斯福也从不掩饰自己的真实想法。豪不仅是罗斯福的属下，还是他的伙伴、他的朋友和他的家人。

在除了豪之外的其他属下前，罗斯福永远显得那样绅士，也显得那样难以琢磨。没有人能够看透他的内心，也没有人能够随便揣测到他的真实想法。

有一次，罗斯福和老朋友摩根索聊天，谈到政府各部长之间的一些纠纷时。他对摩根索这样说道："切记，永远不要让你的左手知道你的右手在做什么！"

摩根索听了这句话，问道："总统先生，我是您的哪只手？"

罗斯福回答："你是我的右手！"

摩根索有点好奇："那左手呢？"

罗斯福笑道："左手藏在了桌子底下！"

罗斯福就是用左右手原则，来控制他的内阁，来操纵总统的队伍的。

罗斯福内阁中，能够给罗斯福带来压力的就是国务卿赫尔和副总统加纳。赫尔相对保守，性格沉闷，有的时候他会让罗斯福觉得有些扫兴。但是，罗斯福也知道赫尔在国会中的影响力，因为他曾在国会任职24年。赫尔凭借才智和风度受到政客们的追捧和爱戴，在民众中具有相当高的威望。副总统加纳不赞成罗斯福新政，认为那些计划太奢侈。虽然罗斯福才华横溢，但是加纳还是不能够从心底尊重这位总统先生。在他的眼中，罗斯福只是个狡猾的商人，那些新政只是没有实际经验的知识分子的空谈。在罗斯福的追随者看来，加纳只向着国会中的那些议员朋友，而不会为罗斯福奉献什么。罗斯福在他面前，有时候也要收敛很多。在每周两次的内阁会议上，如果加纳缺席，罗斯福就会松一口气说："那个人不在，我们可以畅所欲言啦！"

财政部长摩根索诚实可靠，但并没有什么过人智慧。摩根索家族的捐款是罗斯福多年政治竞选的主要经济来源之一，摩根索和他的父亲都对总统无比忠诚。他工作认真，在财政上比较保守，对每笔资金的流向都要弄得清清楚楚。在总统需要的时候，他会选择毫不犹豫地支持总统，为他提供财政上的便利。相对于其他政客，摩根索显得不够圆滑，甚至有时候还会因反应不灵敏闹出点笑料。罗斯福却一直很欣赏他，认为他是个值得尊敬的人。

内政部长伊克斯、农业部长华莱士和劳工部长帕金斯女士，成为罗斯福新政的主要执行者。邮政部长兼民主党主席法利还在继续进行政治活动，为罗斯福的连任做准备。

罗斯福的智囊团人员有些变更，政治学专家莫利已经离开，法学权威弗兰克福特成为其中的核心人物。弗兰克福特是杰出的法官，判断力准确，对罗斯福无比忠诚。在威尔逊总统时期，他就开始在政府任职，工作经验丰富，给予罗斯福很多法律方面的帮助。弗兰克福特的两个助手科伦和科恩是对好朋友，都是罗斯福的狂热支持者。两人都满怀激情地为罗斯福和他的新政效力，发挥自己最大的能量。

在罗斯福班底中，直到最后权力也没有被削减的人有摩根索、伊克斯、珀金斯和弗兰克福特等。

班底成员互相猜疑、嫉妒，都想方设法拉近自己和总统的距离。摩根索是罗斯福的老朋友，所以得到罗斯福更多的敬重。每个星期一的中午，罗斯福都会邀请这个童年时代就交往的朋友共进午餐，这引起其他班底成员的不满和嫉妒，大家就找机会戏弄摩根索。摩根索性情宽厚，并不和大家计较，也很少引起不愉快。内政部长伊克斯和农业部长华莱士的争吵让罗斯福很头疼。在新政推行上，有些工作无法具体分出是隶属内政部，还是农业部，两人都指责对方逾越权限，闹得不可开交。罗斯福用了大量时间和精力来劝导他们，才让大家能够维持表面上的和睦。

有的时候，这些班底成员会觉得自己被罗斯福遗忘，为了引起他的注意，或者达到自己的什么目的，他们也会像小孩子似的闹出点事端。他们经常用辞职来威胁罗斯福，让他不要忽略自己。罗斯福并不厌烦这些小动作，但是也知道怎么去教训他们。一次，华莱士要辞职，罗斯福就打电话对他说："亨利，听说赫尔扬言辞去国务卿一职！他想调回驻堪察加的使节，我没有同意，这好像让他很生气。"华莱士明白总统的弦外音，用辞职来威胁不是什么聪明的办法。

在公共工程的预算分配上，伊克斯先递交提案，霍普金斯是后提交的。伊克斯只为公共建设管理处争得大约 5 亿美元预算款，霍普金斯却得到了差不多 30 亿美元。伊克斯指责霍普金斯是没什么头脑的人，不会给总统带来好影响，并且对这种分配结果表示失望，他甚至拒绝了罗斯福的晚饭邀请。在豪病重后，伊克斯和霍普金斯成为罗斯福最倚重的属下，两人一直在暗中较量，不让对方超越自己。

罗斯福的左右手原则不仅用于驾驭部下，也用在了和国会的交锋中。他知道如何牵制国会，也知道怎么才不被国会牵制。在那些国会议员眼中，罗斯福只伸出了右手，谁也不知道他的左手在做什么。

罗斯福用高明的手腕左右着国会，让它按照自己的需要开展工作。他对付国会的方法多种多样，例如：对于想通过的议题，让行政部门草拟议案，选择有利时机递交，用巧妙的方式不断地施加压力等；对于不想通过的议题，利用宪法规定的总统否决权，或者亲自去劝服立法领导人，或者要求全民公断等。他的性格决定他不喜欢用常规手段解决问题，所以他有时候采用这个方式，有时候采用那个，就像沉醉于游戏中的孩子，兴致勃勃，乐此不疲。

1934 年 3 月末，罗斯福离开华盛顿，到巴哈马群岛度假。他想知道国会议员们的真实意图，所以才选择暂时回避。在白宫压力缓和后，国会议员们开始露出各种嘴脸，不愿意再演乖孩子的角色。众议院的 100 多名民主党议员背弃了罗斯福，集体支持新政反对派的《再抵押法案》。这个法案如果通过，将有可能再次造成通货膨胀。罗斯福知道后，立即联系加纳，让他向国会转达自己的意见，不赞成通过那种盲目的法案。罗斯福还略带威胁地说道："不要忘记转告国会，如果草率地通过这种盲目的法案，那他们就要负担起破坏经济复兴的全部责任，这点是毋庸置疑的。"

加纳也为出现这种情况表示遗憾，他说："我在国会干了 30 年，从来没有见过这样混乱的局面，真是让人头疼！"

罗斯福回来后，国会的骚动逐渐平息。他总是强调自己不是固执的人，但是大家都知道他说的并不客观。他从来不直接给国会领袖们下什么决定性的命令，而是通过协商方式，让他们同意通过自己的提案。

罗斯福总是要别人伸出双手，而他自己当然还要坚持左右手原则。他凭借自己的机智和魅力，协调着国会和政府的关系。一天，就印度事务专员的任免问题，参议院民主党领袖鲁宾逊和内政部长伊克斯争执不下。鲁宾逊坚持要任命的对象，正是伊克斯反对的人。罗斯福请两人喝茶，让两人暂时放下这个话题。他提到最近要表决的一些鲁宾逊也赞成的提案，表示自己和他的某些观点相似，拉近了两人距离。当鲁宾逊打算提到人事问题时，罗斯福很巧妙地转开了话题。最后告别的时候，罗斯福很愉快地向鲁宾逊表示，自己已经明白他的意思。几天后，罗斯福还是任命了另外一个人担当这个职务。他就是这样的，能够让别人以为他赞成或同意他们的观点，但是事实上根本就不是那样。

或许是豪的影响，罗斯福比其他政治家更重视新闻界，知道怎么利用记者来为自己造势。他和那些来白宫采访的记者们关系融洽，并且能够给他们暗示，让他们觉得自己也是总统的臂膀。在白宫每周两次的记者招待会上，对记者们提出的问题，罗斯福都能够给出让他们满意的答案。他不是在严肃的会议厅和高高的讲演台上面对 100 多名记者，而是坐在办公室的椅子上，在聊天般的轻松氛围下和大家交流。虽然表面上看起来，他对待记者招待会很随意，但实际上，对总统任期内的 998 次记者招待会，他都像正式演说或炉边谈话那样重视，把这些当成是和民众交流的一部分。

在 1933 年 3 月 8 日第一次白宫记者招待会上，罗斯福这样对记者们讲道："在招待会前提供书面问题，然后再由我来回答，这种规矩我们应该改改了，这也是新政带来的新面貌。在座的诸位中，有很多是我在海军部任职时就认识的老朋友，我们可以都放松些，愉快地进行非正式谈话。当然，因为时间有限，我不可能每次招待会回答七、八十个问题。提前声明一下，有两类问题我不准备回答。一种是没有依据的问题，例如：'如果这样，总统你会怎么样；如果那样，总统你又会怎么样'。另外一种是我不怎么了解，无法回答的问题。关于新闻发布，我不赞成直接引用我的原话，除非是得到白宫秘书处的特别许可。"

罗斯福很认真地说了开篇后，适当地调节气氛："我很愿意告诉诸位一件我私人的好消息，那就是我刚刚在加入新闻俱乐部的申请书上签了字，以后我也是一名业余的新闻人士。能够有机会向优秀的诸位同行学习，我觉得非常荣幸。"

罗斯福还知道怎样引起记者更大的兴趣，他会把想宣传出去的事件或资料说成是"不供发表"的"内参资料"，只提供给出席招待会的记者知道，然后强调让大家不要泄露出去，也不要在媒体上发表。事实上这样做的后果是，这些"内参资料"更容易成为报纸和广播的头版或头条。

罗斯福了解记者的问题和心理，知道如何赢得他们的支持和尊重。他会给到会记者提供权威消息，让他们有所收获。他同舆论界的关系非常好，通过舆论把自己的新政观点更迅速地推广出去。罗斯福的前任胡佛完全不像罗斯福，在经济危机带来批评后，他不愿意向记者们提供消息，让自己处于更糟糕的境地；罗斯福在面对质疑声后，更愿意和记者们交流，用婉转的方式利用记者们的热情，让他们主动为他分辩。他能够叫出每位记者的名字，并且愿意和他们在一起，偶尔也像老朋友似的拌嘴，这些都让记者们更加心悦诚服地信赖总统。甚至在很多记者眼中，罗斯福就是他们的同行，是一个成功的新闻工作者。

罗斯福通过和新闻界保持接触，左右新闻导向，对抗那些反对派的报道。他经常在记者招待会上发表他的新观点，让到会的记者明白他的意图，并且以同情和支持的态度来报道新政。罗斯福能够控制记者招待会的进程，遇到不好应付的问题时，也知道怎么巧妙地回避那些问题。罗斯福凭借他的个人魅力，俘虏了这些白宫记者，其中也包括那些反对派记者。

新闻界对罗斯福表示了无比的宽容和尊重，这和对待其他总统时的挑剔和刻薄完全不同。很少有记者在报纸上提到罗斯福的残疾，大家似乎有意淡化这个问题。因此，大多数美国人并没有留意到自己的总统是一位坐在轮椅上的残疾人。

6 第二次新政
ROOSEVELT

为了解决经济危机，罗斯福第一次新政主要是采取各种措施，对国内经济进行调节。他把《全国工业复兴法案》当成工作的重点，希望能够得到企业界的支持。那些被新政从破产边缘拉回来的企业家们，没有感谢政府的救助之恩，相反对政府控制经济的状况非常不满，反对罗斯福、反对新政的呼声此起彼伏。罗斯福对争取企业界支持失去信心，开始着手制定一些帮助城市平民的提案。为了迎接 1936 年的大选，罗斯福的班底成员开始准备竞选连任的纲领。原本按照豪的意见，竞选重点是争取农民支持，可是在法利的建议下，重点转为争取城市中的工人和犹太人、黑人等。莫利已经辞去政府职务，担任了一家新杂志的编辑。他在金融、政治和经济方面的观点日趋保守，逐渐脱离了罗斯福班底。

罗斯福第一次新政是调节经济，第二次新政就是控制经济。这期间他在立法方面的成就，主要是限制企业界和通过一些造福民众的法律，例如通过《联邦紧急救济法案》、《社会保险法案》、《劳工关系法案》和《公用事业法案》等。

1935 年 1 月，罗斯福向国会递交了关于《联邦紧急救济法案》，号召全体国民相信政府，不畏惧经济危机，共渡难关。他在计划案中，把需要救济的人分为有工作能力的和没有工作能力的。没有工作能力的，由地方政府和慈善部门负责提供援助救济；有工作能力的，由政府负责提供就业机会。联邦政府拨出专款 50 亿美元，施行以工代赈工程。安排就业的工人，每月能够得到 50 美元的最低生活保障金。4 月 8 日，国会通过了这项紧急救济法案。6 月 6 日，罗斯福根据该法案，成立了工程振兴局及其联合机构，任命霍普金斯担任局长。

工程振兴局主办工程项目繁多，难免偶尔会出现重复建设、管理不善或工程质量不佳等混乱现象，进步派和保守派人士都盯着这些混乱现象不放，对罗斯福的救济计划进行猛烈抨击，认为它浪费了国家财政，而且也没有真正解决失业问题。事实上，工程振兴局已经超越为解决失业而安排就业的范畴，而是把救济、就业等职责都归于联邦政府承担。它不仅缓解了千百万家庭的生存压力，也为国家经济复兴起了重要作用。

截止到 1941 年，工程振兴局在推行救助计划案上共耗资 140 亿美元，其中联邦政府拨款 113 亿美元，地方政府拨款 27 亿美元。在工程振兴局的主持下，全国修建了 66.4 万英里新道路、7.7 万座新桥、850 个机场，交通运输飞速发展。工程振兴局还主持修建了大量的公共建筑，包括成千上万的医院、学校、电厂、公园和游乐场等，极大程度地提高了人民生活水平。工程活动最多的 1938 年，该局安排了 350 万个职位，解决了全国 1/3 失业人口的就业问题。

工程振兴局为了解决青年失业者就业难问题，专门成立了青年管理处。在处长奥布里·威廉斯指导下，该处先后为 360 万无业青年找到了兼职工作，让他们在解决生存问题的同时，还能够继续上学。另外，工程振兴局还设置了一个艺术计划处，为那些艺术人才提供就业机会，解决他们的生存问题。演员、作家、音乐家、美术家等各类艺术家们，在政府的帮助下能够各展所长，并且在文艺界掀起爱国主义热潮，爱国主义题材的作品层出不穷。

针对罗斯福新政中的《联邦紧急救济法案》，迪斯尼动画公司拍摄了动画片《三只小猪》。故事取材于古老民间故事，描写懒惰的小猪被恶狼吃掉，勤劳的小猪由于用石头盖了坚实的房屋而幸免于难。片中有个朗朗上口的儿歌，一时之间流传甚广，内容是："谁怕那只大恶狼呢？我们不怕，我们不怕！"其中经济危机被比喻成大灰狼，号召人们做勤劳的小猪，坚强地面对困难。

1935 年 1 月 17 日，罗斯福向国会递交了《社会保障法案》。这份法案是超党派的内阁经济保障委员会根据当时社会具体情况，耗费半年的心血研究制定的。罗斯福在递交该法案的时候，对国会议员们发表了激情澎湃的演说。他在演说中提到，社会保障制度不仅应该面向全体国民，还要面向国民人生中的各个阶段，要负责从出生到死亡的整个过程。他这样说道："如果任由无保障的阴影笼罩每个家庭，不能让年轻人走入社会，不能让中年人得到工作，不能让老人和病患得到照顾，那么这个政府就不应该、也不能够继续存在下去。"

根据《社会保障法案》规定，政府对全国 65 岁以上的无收入老人推行养老金制度，其费用由联邦政府和州政府各承担 50%。考虑到工人退休后的养老问题，法案规定实行捐助性老年保险金制度，为养老金政策提供其他经济来源。法案规定，按照工人工资标准，抽取 1% 作为养老保险金，企业要补贴同等金额。这样，年满 65 岁的退休工人就都能够根据工资水平的不同，领取 10 到 85 美元的养老金。罗斯福对保障案中的失业保险金制度是这样解释的："按照在职工人工资标准，工人和企业各支出相当于工人工资 1% 的费用，作为失业保险金。在以后失业的时候，工人可以得到临时救济，保持基本生活水平。"

《社会保障法案》是美国社会立法的界标，是美国政治史上新的里程碑。它明确"以人为本"的政治观念，向各州提供联邦专款，为那些无法谋生的单身母亲、儿童、残疾人等提供经济援助。这个法案是让美国往福利性国家方向发展，是罗斯福新政中推出所有法案中最重要的。虽然和欧洲经济发达国家相比，这份法案显得比较保守。它并没有固定税收比例，那样可以通过递税制来扩大保险范围，也可以方便政府提高收益。

1935 年 4 月 26 日，美国第 32 位总统富兰克林·德拉诺·罗斯福在演讲。

《社会保障法案》受到美国广大劳动人民的欢迎和赞许，却在国会通过过程中遇到阻碍。这份法案引起国会激烈争辩，保守派议员指责这个法案破坏了美国传统的个人主义观念，会让人们失去进取精神；进步派议员则认为这个法案不够完备，规定的条款制度过于吝啬。

一位参议员指责道："按照这样的法案，为了不让孤儿院的孩子饱受生活艰辛，我们是不是应该领养他，再给他雇个保姆！"

另一位参议员则声称："就像挂块狗牌一样，所有的美国人都要忍受屈辱，在自己脖子上挂社会保险号码牌啦！"

还有的人说："实行社会保险制度是强盗行为，相当于抢来节衣缩食的这个人的钱，送给没有积蓄的那个人。"

国会中的民主党新议员们，当然不敢漠视本选区选民的强烈愿望，不能够站在反人民那边。大部分共和党议员，也不愿意留下反对社会保障的投票记录，影响以后的政治前途。因此，虽然反对《社会保障法案》的势力张牙舞爪，但是站出来的人并不多。1935 年 8 月中旬，《社会保障法案》在国会两院最后表决，参议院以 76 票比 6 票通过，众议院以 372 票比 33 票通过。《社会保障法案》的通过，是罗斯福新政取得的重大胜利之一。8 月 15 日，该法案经罗斯福签署后正式生效。

《社会保障法案》的通过，给千万美国弱势群体带来了保障和希望，影响了好几代人的命运。1935 年，一个 9 岁的小女孩在母亲精神失常后被送进了洛杉矶孤儿院。此后 6 年中，这个小女孩先后被 12 个家庭收养。这种家庭收养制度，是在《社会保障法案》实行中推出的。由于当时孤儿院的设施和收容能力有限，所以政府开始实行由家庭收养、政府给予补贴的福利形式。这个小女孩叫做诺玛·金·摩坦森，母亲格雷蒂斯·梦露·贝克是好莱坞一家电影制作公司的剪接工，父亲的身份一直是未解之谜。11 年后，这个小女孩和 20 世纪福克斯公司签下合同，开始演些小角色，周薪 75 美元，就在这个时候，她将名字改成了玛丽莲·梦露。

1935 年 5 月 27 日，新政遭遇"黑色星期一"。联邦最高法院以 9 票全体通过裁决，宣布《全国工业复兴法案》、《铁路职工退休法》和《农场抵押法》违宪无效。政府一片慌乱，所有的人都在等罗斯福的反应。罗斯福决定对企业界采取新的行动，《瓦格纳法》就是在这个时候被推到台前。《瓦格纳法》正式名称为《全国劳工关系法》，是参议员罗伯特·瓦格纳的提案，一直被搁置至今。《瓦格纳法》有些条款过于激进，罗斯福并不完全认可，但是《全国工业复兴法案》的违宪宣判，让他改变了态度。

《全国工业复兴法案》被最高法院宣布违宪，该法第七条第一款也随之失效。该款主要是针对劳工关系的规定，是罗斯福推行的"劳资合作"和"社会改革"的法律依据。在度过最危机时刻后，许多企业家从支持新政变为反对新政。罗斯福对企业界彻底失望，放弃了原先争取合作的想法。按照《瓦格纳法》规定，政府将结束对垄断资本放任的不限制政策，摆脱和垄断资本的伙伴关系；政府将限制垄断资本集团的剥削和压迫行为，支持劳工集体谈判权。该法案能够提高劳工的经济和社会地位，能够缓解劳工的激进情绪，让美国的资本主义能够在良好的环境下更好地发展。

"黑色星期一"后，罗斯福召集参、众两院领袖，要求国会通过《瓦格纳法》，否则此次国会会议将无限期延长，大家也不能回去避暑休假。

虽然他的做法好像有点无赖，但是却取得一定的成效。7 月初，国会通过了《瓦格纳法》。7 月 5 号，该法案由罗斯福签署生效。

《瓦格纳法》不仅包含《全国工业复兴法案》中的一些劳工条款，还明确规定了工人的权利不受侵犯。雇主如果违反以下几点，将会被视为非法，那就是：不能干涉、限制和镇压工人集体争议工资的权利；不能干涉、限制工人加入工会的权利等。为了执行这项法令，政府根据该法案成立了永久性的全国劳工关系委员会。

"向富人开刀"成为罗斯福第二次新政阶段的一个特点，为了解决联邦政府即将面临的赤字问题，也为了筹集推行社会保障制度的资金，罗斯福于 1935 年 6 月 19 日向国会提出了累进税制度。这种制度的主要目的是财富的重新分配，它规定了对遗产和个人纯收入按多寡确定税收比例。例如对 4 万美元遗产征收 31% 的遗产税，对 500 万美元以上的遗产就要征收 75% 的遗产税。罗斯福认为重新分配财富是世界发展潮流，只有按潮流发展，才能够同共产主义斗争。

罗斯福的这项提案引起了反对派的强烈反对。费城《问讯报》刊登文章，指责罗斯福想获得那些不劳而获的人的支持，使用这种政治手段换取赞扬。参议院议员朗也出面公开指责罗斯福："他抄袭了我 14 岁时起草的关于分享财富计划的演说，才会表现得这样聪明。"保守派议员指责罗斯福无视有产者利益，这个法案是不符合公正公平原则的。还有一些人认为，这是罗斯福对企业界攻击的报复。

国会两院争论不断，事情始终没有什么进展。参议院进步派领袖拉福莱特见事情陷入僵局，就不顾阻力，出面表示支持总统，局势才得以扭转。在多方协调后，国会在 8 月末通过了修改过的《税收法》。修改过的《税收法》减少了累进税的上调幅度，并且取消了遗产税，表面上看来并没有那么激进，实际上提高了财产税、馈赠税和房地产税。另外，它还规定对 5 万美元以上的个人所得征收附加税，对利润超过 15% 的企业征收利润税。

1935 年 8 月 23 日，国会通过了《银行法》。该法在罗斯福的授意下，由联邦储备委员会主席埃克尔斯起草，参议员卡特·格拉斯最后修订。虽然表面上该法让"联邦存款保险公司"的保额下降，实际上主要目的是扩张该公司对银行业的监管权限。根据该法规定，总统有权任命联邦储备系统新设的 7 名董事会成员，直接管理地方银行。该法还规定各州银行必须在 1942 年 7 月前加入联邦储备系统，各家银行的信贷政策也由政府相关部门制定。

1935 年 8 月 26 日，在第二个"百日新政"结束的前一天，罗斯福签署了《公用事业控股公司法》，对大企业造成了沉重打击。他在州长任期内，就因开发和经营圣·劳伦斯河的问题与共和党对手进行过长期交锋。公用事业控股公司经常贿赂主管部门，用幕后交易来逃避政府管制，达到任意提高价格榨取用户费用的目的，在社会上造成了恶劣的影响。《公用事业控股公司法》规定，证券交易委员会有权监督控股公司的金融业务，并且有权取缔那些不符合公共利益的控股公司。为了调整电力收费标准，管理各州公用事业，罗斯福设立了农村电气化管理局。该局通过创办非营利性合作机构来资助农村电力线路铺设，加速了美国电气化进程。

7 温柔的依靠
ROOSEVELT

白宫的工作人员都知道，罗斯福总统的夫人有两个，一个是"第一夫人"埃莉诺，一个是"代理夫人"利汉德小姐。埃莉诺性格刚强，无法原谅罗斯福情感上的背叛。她曾无数次指责罗斯福是个伪君子，不会付出多少爱，只会要别人忠诚。罗斯福也认真地对埃莉诺说过："你是我的好伙伴，你是我的第一夫人。我们可以讨论任何问题，但我的感情问题除外。"和埃莉诺相比，利汉德小姐就显得没有自我。她和豪一样，只知道为罗斯福奉献。两人的区别是，豪关注的是罗斯福的事业，利汉德小姐关注的是罗斯福这个人。

罗斯福入主白宫后，埃莉诺成为他事业上的好帮手。开始的时候，埃莉诺害怕被礼仪和传统束缚，对总统夫人这个位置有些畏惧。尽管如此，她还是努力地放下疑虑，表现得很活跃。面对经济危机，她是这样说的："我们都置身于洪流中，毫无目的地前进，不知道在什么地方才能够上岸。我认为，现在最重要的是我们用什么样的心态来面对不可预知的未来。我们应该保持乐观的精神，共同分担所有困难，勇敢地面对一切。"

罗斯福推出新政，希望能够突破传统束缚，达到经济复兴的目的。埃

罗斯福的妻子——埃莉诺·罗斯福

莉诺也开始实行"新政"，树立起一个新的总统夫人形象，而不是像过去的其他总统夫人那样做白宫的花瓶。过去的总统夫人都尽量避免和媒体接触，把自己局限在白宫生活中，埃莉诺打破了这个传统。在罗斯福1933年3月8日举行第一次白宫记者招待会前，第一夫人的记者招待会已经召开。埃莉诺邀请的都是女记者，她在记者招待会上大谈女人的独立性："刚结婚的时候，我是按照婆婆的模式生活，后来是按富兰克林和孩子们的模式生活。当最小的孩子也离开家去了学校后，我想有自己的生活模式，为了实现自己的目标而努力。我认为我应该做的，就是尽量协助总统，做些力所能及的事。"在这次记者招待会后，埃莉诺的名字和女权主义联系到了一起。

　　1933年4月，退伍军人组成的示威队伍来到华盛顿。由于经济危机的关系，联邦政府拖欠了他们大量的退伍津贴。罗斯福没有向胡佛那样极端，用军队和催泪弹对付他们，而是为大家安排食物和营地。为了缓和局面，埃莉诺受罗斯福之托，前往退伍兵营地，和退伍兵代表会面。虽然退伍兵们对第一夫人的来访感到意外，但还是被她亲切的态度打动，愿意向她说明问题和发发牢骚。埃莉诺在退伍兵和联邦政府之间调停，愿意就业的退伍兵可以安排进民间资源保护队，不愿意就业的可以由政府安排返程车票。

退伍军人们都说："胡佛派来了军队，罗斯福派来的是夫人。"显然，夫人战略比军队战略效果要好得多，胡佛镇压退伍军人示威的事，成了他政治生涯中的污点；罗斯福因和平解决退伍军人的事，得到了更多民众的拥护和信赖。

1933 年 3 月 17 日，是罗斯福和埃莉诺结婚 28 周年纪念日，也是夫妇俩在白宫度过的第一个结婚纪念日。两人在 15 年前"露西事件"后就正式分居，爱情更多地转化成亲情。罗斯福不知道到底应该送妻子什么礼物，就送上一张 200 美元的支票，还附上一封充满情趣的短信，上面写道：

> 亲爱的宝贝儿，我冥思苦想了一个礼拜，实在不知道应该送什么礼物给你。不知道你需要外套、鞋帽、内衣，还是需要床单、毛巾、托盘。也不知道你是需要台灯、鲜花、糖果，还是需要威士忌、啤酒或泻药，要不就是鱼子酱或木版画。
>
> 我想不到答案，但是我知道你或许需要一些生活必需品，带着我的爱，去采购吧！
>
> 祝愿我们每一年都能够幸福度过，永远庆祝我们的结婚纪念日！

除了支持罗斯福当好总统外，埃莉诺也有自己的工作重点，那就是关注妇女平等权益、黑人基本权益、青年就业等社会问题，另外她对社会福利方面特别留意。她经常四处奔走，而不是待在白宫里。1933 年中，埃莉诺行程 4 万英里，去了解民众的基本生活状况，被民众称为"飞行的第一夫人"。如果说罗斯福是新政的"头脑"，那埃莉诺就是"心脏"，夫妻两个互相配合、互相补充。埃莉诺的政治影响力比她之前的任何一位总统夫人都要大，她是游离联邦政府外的政治家。

埃莉诺的行程受到舆论界的关注，也成为美国人谈论的话题之一。罗斯福对妻子的热情给予了支持和理解，虽然有的时候埃莉诺有些自作主张，但罗斯福很少指责她。

一天早上，埃莉诺没有和罗斯福道别，就离开白宫到巴尔的摩的一所监狱访问。罗斯福没有看到妻子，就询问她的秘书马尔维娜·汤普森："我夫人在哪里？"

汤普森回答："总统先生，此刻她应该在监狱中。"

罗斯福耸耸肩膀，笑着说："她因什么事情入狱呢？我很好奇！"

埃莉诺把她的所见所闻整理成报告，方便罗斯福清楚地了解各地方的真实情况。有的时候，埃莉诺的报告也会成为罗斯福制定新政策的依据。埃莉诺很虚心地向罗斯福学习，在他的教导下成为出色的政治家。虽然有的时候两人也会出现政治分歧，但是罗斯福会适当地利用这种分歧，为自己争取更多边缘选民的支持。在种族问题上，埃莉诺要比罗斯福开明得多，她劝罗斯福尝试任命黑人为政府高级官员，劝他支持禁止种族歧视的相关法律；在争取妇女平等权益方面，埃莉诺也走在罗斯福前面，第二次新政中通过的《社会保障法案》中关于单身母亲的条款，就是埃莉诺积极争取来的。

罗斯福不反对埃莉诺在种族问题上公开表明立场，但是他自己却总是采取模棱两可的态度。在他的新政中，没有明确区分白人和黑人的待遇，黑人可以享有和白人一样的就业机会和基本薪金。但对南方的种族隔离行为，罗斯福选择了迁就。直接和南方保守派发生冲突的话，或许就会失去南方议员对新政的支持，所以他只好模糊自己的态度和立场。如果遇到罗斯福不便出面、也不便表明立场的某些棘手问题，埃莉诺会代替他出面。罗斯福夫妇的完美配合，既不会得罪保守派，也不会让激进派失望。

埃莉诺在频繁的社会生活中，结交了很多好朋友，白宫的女客人络绎不绝，其中有几位都是"名女人"。她的挚友之一是美国历史上第一位女部长，劳工部长弗朗西斯·帕金斯。两人在纽约的时候就是好朋友，一直保持着非常愉快的交往。帕金斯是罗斯福新政的主要施行者，是罗斯福内阁中最有影响力的部长之一。埃莉诺还有一位好朋友是来自康涅狄克州的众议员卢斯，卢斯后来担任过驻意大利大使，她不仅是出色的女政治家，同时还是拥有诸多读者的知名作家。她的朋友中还有黑人女歌星玛丽安·安德森，安德森的歌声超越了种族主义界限，受到很多白人和黑人的欢迎。

埃莉诺的诸多女性朋友中，最受人关注的还是美联社记者洛雷娜·希科克。埃莉诺搬进白宫后，希科克作为记者负责"第一夫人"的专访工作。两个女人非常投缘，在妇女问题和种族问题上的看法惊人的一致。因此，认识没多久，两人就成为好朋友，埃莉诺到各个地方访问的时候，希科克也经常一同前往。因为有的时候美联社工作和埃莉诺的行程相冲突，所以希科克辞去记者职务，留在埃莉诺身边，做了她的特别助理。两人的亲密关系引起了外界的猜测，罗斯福的政敌们甚至用"同性恋"这种话题来攻击埃莉诺。

埃莉诺没有受流言飞语的影响，她不但没有疏远希科克，相反把她请进了白宫。希科克的存在对埃莉诺的意义，和豪对罗斯福的意义有些相似。埃莉诺能够成为一个出色的"第一夫人"，和希科克的支持和影响是分不开的。希科克敏锐地分析政治局势，为埃莉诺量身定制活动方案，让她能够受到各阶层的普遍欢迎。

罗斯福听到关于埃莉诺和希科克的闲话，只是一笑了之。在他的心中，或许真希望妻子能够有份感情寄托，这样也能够减轻他的愧疚。他知道，自己和埃莉诺之间也曾存在过爱情，但那是在遇到露西之前。1918年，罗斯福和露西的婚外恋情败露，为了不影响政治前途，他忍痛放弃了爱情，选择了家庭。在分开后的这十多年里，罗斯福和露西虽然很少见面，但是一直保持信件往来。不知道他是否会后悔自己当年的决定，但是他对露西的爱却从来没有停止过。1933年3月4日，罗斯福邀请露西出席了自己的总统就职典礼。露西作为总统的朋友，被安排在贵宾席上。岁月并没有破坏她的美丽，反而增添了几分成熟女人的韵味。

罗斯福最感谢的女人不是埃莉诺，也不是露西，而是一直陪在自己身边的利汉德小姐。他是在1921年被病魔折磨的时候，向利汉德小姐示爱的，那时她还只是一个21岁的少女。他还记得那是一个夜晚，自己从噩梦中惊醒，看到在身边照顾他的利汉德小姐，心灵突然被触动，让他想像依赖母亲一样依赖她。他拉住利汉德小姐的手，很悲哀地说道："我不是瘸子，我没有瘫痪，求求你，爱我吧！"

利汉德小姐很温柔地把罗斯福搂在怀里，把自己的爱情和人生都交给了这个男人。从那以后，她就成为罗斯福的"代理夫人"，把照顾罗斯福当成了责任，也当成了义务。利汉德小姐的生活都是以罗斯福为中心的，他瘫痪时，陪他做康复治疗；他筹备温泉疗养时，协助他做各种规划和准备；他重出政坛时，为他整理各种资料；他入主白宫后，负责安排他的日常生活。

利汉德小姐像只勤劳的小蜜蜂，在罗斯福身边二十四小时不停地转着。不管是白宫工作人员，还是政府部门官员，都知道对罗斯福来说，利汉德小姐是家庭成员，而不是雇员。虽然她名义上是罗斯福的生活主管秘书，但也是每天下午在白宫举行的鸡尾酒会的女主人。她陪在罗斯福身边，落落大方地招待各界人士。另外，利汉德小姐每天都会在书房和罗斯福共进晚餐，白宫的仆人们私下都称她"代理夫人"。

埃莉诺知道罗斯福和露西的事时，表现的是强烈的嫉妒和排斥；知道罗斯福和利汉德小姐的事时，却表现得无比宽容和谅解。她对利汉德小姐很亲切，有时候像母亲似的关心，有的时候像姐姐般的爱护。她还要求孩子们像尊敬罗斯福和她一样地尊敬利汉德小姐，让利汉德小姐真正成为家族都认可的一员。

利汉德小姐有的时候无意中听到仆人们提到"代理夫人"时，也会觉得迷茫。她不知道自己到底在代理谁，是"代理"罗斯福的妻子埃莉诺，还是"代理"他的情人露西。她有的时候会很忧郁，却从不在人前显现，或许只有她的助手格雷斯才能够明白她压抑着痛苦。利汉德小姐的单身身份，也引来很多不知内情的追求者，但是她都婉转地拒绝，因为她从没有想过要离开罗斯福。

如果说埃莉诺是罗斯福事业上的搭档，那利汉德小姐就是他生活上的伴侣。利汉德小姐以罗斯福的兴趣为兴趣，以他的快乐为快乐。罗斯福喜欢集邮，利汉德小姐就陪他一起挑选邮票；罗斯福对哪类邮票有兴趣，她就想方设法去寻找；罗斯福喜欢大海，她就陪他去航行；罗斯福喜欢写文章，她就帮忙查阅资料，帮忙抄写；罗斯福喜欢听音乐，她就静静地递上一杯鸡尾酒或一支香烟。

利汉德小姐对罗斯福最常说的一句话是："你要大声笑出来，那能够让你放松心情，能够让你健康长寿。"她搜集各种有趣的漫画，像哄小孩子一样让罗斯福开怀大笑。罗斯福由于身体不方便，开始喜欢上打扑克这种消遣方式。罗斯福对输赢很在乎，赢了就兴高采烈，输了就闷闷不乐，甚至学会作弊。利汉德小姐佯作不知，每次都乖乖地认输，这让罗斯福能够像小孩子一样得意地笑。

在利汉德小姐面前，罗斯福能够完全放松下来。有的时候，他还洋洋得意地向她炫耀，虽然自己是个不能跳舞的瘸子，但还是有女人愿意爱他，愿意陪伴他。当然，他口中的这个"女人"就是指利汉德小姐。罗斯福知道，不管自己是否能成为伟大的总统，起码自己是个幸福的总统。

8 献给豪的祭礼
ROOSEVELT

1936 年是大选年，罗斯福竞选连任的活动也拉开帷幕。实际上，从 1933 年 3 月 4 日首次总统就职后，他就一直在为连任做准备。他知道怎么加强自己的形象，让民众肯定他的辉煌政绩，并忽略那些未达成的目标。他经常变相地向民众宣传，新政不能够更好地推行的原因不是自己不尽力，而是由于企业界、联邦最高法院和共和党保守派的层层阻挠。

尽管罗斯福幕后的竞选班底已经在积极筹备一切，但罗斯福却显得非常低调。他保持着超党派姿态，回避共和党发起的主动攻击。另外，他还要避免民主党内部的派系之争。他总是等到关键时刻出来给对手致命一击，把局面控制在自己手中。

1936 年 4 月 18 日，罗斯福最好的朋友和伙伴，政治天才豪去世。豪从 1912 年协助罗斯福竞选纽约州参议员连任后，一直陪在他身边，是他最倚重的政治伙伴。在罗斯福遭遇危机时，豪总是鼎力相助，把他从低谷中拉出来。豪敏锐的政治判断力，也是罗斯福能够成功入主白宫的重要因素之一。豪 1934 年开始生病，1935 年年底病情恶化，离开白宫住进海军医院。罗斯福经常去看他，埃莉诺也每天去医院探访。对他们来说，豪不仅是好朋友，还是家人。罗斯福知道豪不放心政务，在他病床前保证，不管自己做什么样的重要决定，都会提前征求豪的建议。当豪知道自己快不行了时，曾经很伤感地对前去探望的朋友说："现在富兰克林只能靠他自己了！"

1936 年 4 月 22 日，罗斯福为豪举行了国葬。豪生前一直居于幕后，为了罗斯福无私奉献，忠心不二。他死后，罗斯福回报了他最大的殊荣，联邦政府所有部门都降半旗，向这位优秀的政治家致哀。在豪的墓前，罗斯福用无比伤感的语调对豪的妻子说道："我有一个请求，希望你能够答应。"

豪的妻子望着憔悴的罗斯福问："什么请求？"

罗斯福抚摩着豪的墓碑，用悲怆的语调回答："我想在豪的碑文上加几个字。"

豪的妻子点点头，答应了罗斯福的请求，在豪的碑文上加了几个字："总统无限忠诚的朋友、伙伴和顾问。"

虽然罗斯福已经预料到豪会离开自己，但还是受到沉重打击，很长一段时间情绪都很低沉。豪去世后，霍普金斯成为罗斯福最信赖的朋友。霍普金斯和那些高高在上的政治家不同，他天性善良，对处于社会底层的民众有着强烈的同情心，当然这也跟他过去的社会经历有关。罗斯福和他的观点完全一致，两人不仅成为政治伙伴，还培养出私人友谊。罗斯福认可霍普金斯的睿智和能力，对他言听计从、信任有加；霍普金斯崇拜罗斯福的英明，他虽然不会在表面上随声附和罗斯福，但是心里对他无比忠诚。

1936年6月10日，共和党代表大会在克利夫兰召开。胡佛参加总统候选人提名竞选，结果败给了堪萨斯州州长艾尔弗雷德·兰登。兰登靠石油工业发家，过去曾经是西奥多的支持者。共和党推出这位来自中西部的总统候选人，就是希望他能够发挥自己的能力，争取农村地区的选票。

报界大王赫斯特由支持罗斯福转向反对罗斯福，他利用报纸吹捧兰登，让这位地方政客迅速成为家喻户晓的政治明星。但是他很快就发现，自己押错了宝。兰登没有什么个人魅力，竞选演说枯燥乏味，行为举止平淡无奇。听过兰登演说的民主党人认为，如果兰登能在各地多演讲几次，那么民主党竞选委员会不用做任何安排，就能够获得最后的胜利。

1936年6月23日，民主党代表大会在费城召开。在全体代表口头表决后，罗斯福再次被提名为总统候选人，他的竞选搭档还是加纳。这是大多数民主党人都满意的结果，除了艾尔弗雷德。大会召开前，艾尔弗雷德一直在奔走游说，希望能够劝代表们放弃罗斯福，推选"真正的民主党人"为候选人。结果他很失望，不得不承认属于自己的时代已经过去。

1936年6月27日，罗斯福在费城富兰克林体育场发表演说。除了现场的10万名群众外，还有数百万民众通过无线电广播收听了这次演说。罗斯福在演说中先畅谈自由和民主的可贵，然后从独立战争开始，一直讲到经济保守派对国家经济发展的威胁。他强调政府对经济干涉的目的，是为了保护公民工作和生活的权利，是为了不让公民在经济上被奴役，是保证公民经济上的民主。他还这样提道："通过那些建国功勋们没想到的新办法，例如协调劳资关系、推行工农业新制度等，为现在的生活融入新元素，这并不是什么坏事啊！总统会有失误的时候，政府也会有失误的时候。是长期不做事的政府好，还是为人民全力以赴偶尔会失误的政府好呢？每个人的心里自有答案。"

1936 年 9 月 29 日，罗斯福开始进行总统竞选活动。在这之前，他巡察了遭受洪灾的东部地区和遭受旱灾的中西部地区，和各个地方的州长见面，其中也包括他的竞选对手兰登。两人相处得十分融洽，兰登认为罗斯福是具有不凡魅力的绅士，罗斯福则认为这个州长是工作勤奋的好人。

罗斯福新政的影响力，在这次竞选中醒目地凸现出来。南部和中西部农民们都支持罗斯福，因为新政提高了农产品价格；市民们支持罗斯福，因为大家从失业救济和公共工程政策中获益；老年人支持罗斯福，因为大家从《社会保障法案》中受益；工人们支持罗斯福，因为《瓦格纳法》促进劳工组织发展，提升了大家的经济社会地位；黑人们支持罗斯福，因为他为大家带来了救济和工作，并且任命黑人担任政府要职，提高了他们的社会地位。

罗斯福的个人魅力，也为他赢得了支持率。人们不会忘记他第一次就职后在两周之内就改变了美国的颓废面貌，激发起国民斗志。他出身名门望族，却能对普通民众表示关心；他身体残疾，却具有勇敢无畏的精神；他知识渊博，却不守旧迂腐；他能够坚持自己的观点，却不轻举妄动；他总是显得和蔼可亲，却又那样高深莫测。舆论界对罗斯福的关注超过了历史上任何一届总统。埃莉诺引导舆论关注社会底层人们的生存状况，呼吁给有色人种应有的社会地位，争取妇女平等权益。她的诸多行为都传递了罗斯福政府的"同情心"，给人们留下了深刻的印象。华莱士是平易近人的，霍普金斯是为穷人做实事的，专家顾问们是具有人道主义精神的，这就是人们对罗斯福政府的认识。

在竞选期间，不管罗斯福走到哪里，都会受到当地人民的热情欢迎。10 月初，罗斯福乘火车在中西部各州进行巡回演说。说来也凑巧，他的到来竟然给饱受旱灾困扰的农民带来了一次降雨。竞选专列途经各州时，人们都守候在车站，朝他挥手欢迎，伸出手臂与他握手。就连兰登所在堪萨斯州也是如此，大家感激罗斯福拯救了他们的农场或住宅。10 月中旬，罗斯福的竞选专列到达东部工业区，市民对罗斯福的感激不亚于农民。在芝加哥、波士顿、纽约，罗斯福出现的时候，都万人空巷。数十万民众自发组织起欢迎队伍，场面非常热烈壮观。

兰登得到大企业家和大金融家的支持，主要攻击罗斯福的社会保障制度。他指责罗斯福通过提高大企业税收和高收入人群个人所得税来推行社会保障制度，是"残忍的恶作剧"，是违反美国民主精神的。他还为金融家说话，提出了回归金本位的建议。赫斯特也站在大企业家立场，在自己的报纸上对罗斯福的经济政策进行抨击，认为他违反经济自由发展原则，"手伸得太长了"。

罗斯福再次表现了超党派的竞选姿态，他没有按照竞选中的惯例攻击对手兰登，而是猛烈指责胡佛为首的"经济保守派"。他们反对和阻挠有利于人民的新政，是人民的敌人。罗斯福每到一处，就针对该地区的发展变化发表评论，暗示大家1936年和1932年的情况不同：通过政府的几年经营，国内经济已经有了明显回升。

罗斯福还用小故事来表示对企业界的讽刺："1933年夏，有一位戴着礼帽的老绅士在河边走，不会游泳，却偏偏失足落水，情况很危急。他的朋友赶紧跳下去，把他救上来。他的礼帽没来得及捞上来，被河水冲走了。老绅士被救活后，对救命恩人千恩万谢。让人意想不到的是，三年后的今天，老绅士开始指责他的朋友没有捞起他的帽子。"

1936年10月，美国著名的《文学摘要》杂志社用信件的形式进行了一次调查，来预测哪位总统候选人能够当选。他们按照电话簿和俱乐部名单上的地址，发出了1 000万封调查信，收到200万封回信。统计后的调查结果显示，共和党候选人兰登将以57%对43%的选票比例获胜。《文学摘要》杂志社把这浪费了大量人力物力的调查结果刊登出来，引起其他报纸杂志的争先转载。共和党的《新共和》杂志响应这次调查结果，发表声明，愿意为公开支持兰登的睿智的美国公民每人奉送5美元。他们以为这会引起民众的关注，结果适得其反。

就在舆论界对《文学摘要》的调查结果感兴趣时，另一种民意调查结果也见诸报端，预言罗斯福将获得连任。这个调查是由一位名叫盖洛普的青年向报社提供的，他采用的是分层抽样方法，按性别、年龄、职业、收入和种族的不同，对几千人进行调查统计。随后，《财富》杂志也刊登民意调查报告，认为罗斯福的支持率为60%。

1936年10月31日，罗斯福在海德公园发表慷慨激昂的演说，结束了本次竞选活动。他还是保持着超党派的姿态，再次提到自己的敌人是企业界和金融界的垄断集团。他这样说道："过去四年中，我们的政府没有游手好闲，而是在努力做事。全国人民望着政府，政府却视而不见的情形不应重演。那种认为对一切都不关注的政府是最好政府的理论是荒谬的，是不能够让人信服的！"

罗斯福分析了国家现状："如今，大企业集团垄断工商业，金融集团违规操作银行业务，投机倒把行为屡禁不绝，地方保护主义盛行。最让人意外的是，这些力量出现了前所未有的团结。如果他们要攻击我，那就攻击吧，我乐意奉陪。虽然在第一次任期内我们和他们打了个平手，但是我相信在第二次任期内我们会取得胜利！"

1936年11月3日，全美进行大选，罗斯福获得美国现代选举史上最大的胜利。罗斯福在46个州取胜，共获得2 775万张选票，占总选票的62%。兰登只在两个州取胜，获得1 668万张选票，占总选票的38%。两人获得的选举人票是523票比8票，这成为共和党自杰斐逊总统以来败得最惨的一次选举。民主党继续保持了国会两院的绝对优势，民主党和共和党在参议院席位是76比16，在众议院席位是332比89。同1932年大选相比，有500万共和党选民转向支持罗斯福。这次选举改变了过去共和党占有优势的政治格局，成为美国历史上关键性的一次选举。在此后的30多年中，民主党在政治竞选中一直处于决定性优势。

这次大选是人们对"新政"支持与否的投票，大家对经济危机时期胡佛政府的所作所为太寒心了，所以不愿意支持共和党候选人。其实，兰登在争取民权、控制企业界、反对三K党等方面取得令人瞩目的成绩，是个值得尊敬的政治家。

《文学摘要》杂志社因发布错误的调查信息威信扫地，受到民众的指责和反对，不久后只好关门停刊。他们以为凭借200万封调查信，应该能够总结出比较客观的支持率，却没有注意到他们调查的阶层过于单一。在1936年，能够安装私人电话和参加俱乐部的都是经济富裕家庭。罗斯福新政让广大人民受益的同时，损害了部分富人的利益，当然不会得到他们的支持。而盖洛普因准确预测了竞选结果而引起世人关注，在各方扶持下成立了盖洛普民意测验所，即后来的美国舆论研究所。

9 对抗联邦最高法院
ROOSEVELT

1937 年 1 月 20 日，罗斯福在国会大厦前广场参加就职典礼，成为美国第一位在 1 月 20 日宣誓就职的总统。把总统就职日期从 3 月 4 日调整到 1 月 20 日，还是罗斯福的提议，为的是避开 3 月变化莫测的天气。可是天公不作美，当天大雨一直下个不停，罗斯福坐在敞篷车中显得非常狼狈。

罗斯福这次就职仪式开创了一个先例，就是副总统与总统一起宣读誓言。根据《宪法》第 2 条第 1 款规定，罗斯福和加纳把手放在圣经上，宣读如下誓词："我郑重宣誓，必竭尽全力恪守、维护和捍卫联邦宪法，忠实执行联邦总统职务。"

宣誓完毕，罗斯福发表了主题为"持久进步之路"的就职演说。4 年前罗斯福的就职演说主要引导公众关注经济危机，4 年后的这次演说主要是号召公众关注弱势群体：

> 我看到，数百万家庭收入微薄，勉强维持生活，时刻为生计问题担心。

> 我看到，在城市和农村中，数百万人因贫穷而生活条件恶劣，和我们这个自称为文明社会的国家极不相称。

> 我看到，数百万人因贫穷而失去接受教育的机会，失去享受的机会，失去了扭转自身和下一代命运的机会。

> 我看到，数百万人因而贫穷失去了购买力，也失去了为其他人提供工作和生活的机会。

> 我看到，数百万人住在破旧的房屋里，衣衫褴褛，营养不良。

> 我给大家描述这样的景象，并不是对未来绝望，而是充满了希望。既然我们国家出现了这些不合理现象，那就应该消灭掉。我们的任务不是让富人更富有，而是让穷人能够丰衣足食。我们的决心是，关注每位美利坚公民，让大家都成为国家的受益者。

> 过去的四年，我们重新获得信心和勇气，见证了历史上最伟大的变革。我们是应该就此止步，还是要持久走下去？在面临重

要抉择前，各方的意见也接踵而来，怯懦者因畏惧坎坷而不愿继续，懒惰者因贪恋舒适而不愿继续，投机者因心怀不轨而不愿继续。有的人玩忽职守，有的人徇私舞弊，他们泯灭良知，挑战美利坚的民主制度。我们有责任捍卫美利坚的民主，有责任倾听民众的呼声。我们将为实现民众的理想而努力，为维护美利坚的民主而努力！

长期以来，联邦最高法院成为新政实施的最大障碍。罗斯福因为顾及选票，一直没有办法摆脱他们的羁绊。如今，他开始准备实施反击，以拒绝司法部门对政府的摆布。罗斯福知道再也不能坐以待毙，他开始向联邦最高法院主动出击。

1937 年 2 月 5 日，罗斯福向国会递交《司法改革法案》，想通过迂回的方式削弱保守派在最高法院的力量。他在法案中规定，如果年满 70 周岁的联邦法院法官不自动退休，总统将有权增派一名新法官，协助其开展工作。按照现在联邦最高法院的情况看，需要增派 6 名新法官。新法官不会取代老法官，只是增加了最高法院的法官名额。罗斯福还发表演说，来说明递交这个提案完全是合乎情理的："如同政府机关或其他行业发展过程中需要注射新鲜血液一样，现代社会的飞速发展也显示法院需要新生力量。年老体衰的人无法适应复杂多变的环境，也无法客观地评判新事物。"

表面上看来，这项法案言之成据，也方便实施，并没有触犯三权分立的民主原则。但大家都知道罗斯福的真正目的，他是想通过安排人事的方式，获得联邦最高法院的主导权。罗斯福的行动引起了公众的质疑，最高法院是保护宪法的堡垒，任何改革意图，都会被看成攻击美国的民主制度。李普曼在报纸上这样写道："罗斯福发动了一场不流血的政变！"前总统胡佛认为罗斯福在搞独裁，这个计划的目的就是要把联邦最高法院收入囊中。

政治观察家认为，罗斯福能够得到他想要的任何结果，因为民主党人在众议院占有 4/5 的议席，在参议院占有 5/6 的议席。共和党人也明白这个道理，如果他们攻击罗斯福，只会让民主党议员团结起来支持罗斯福，所以他们选择了静观其变。反对司法改革案的信件像雪片一样飞进国会参众两院，很多人指责这是一种欺骗手段。70 岁以上的老年人纷纷抗议，认为罗斯福没有给老年人应有的尊重。还有人认为这个法案是罗斯福对联邦最高法院的报复，是用为人民的幌子来达到独裁的目的。

广播电台提供免费时段，邀请联邦最高法院首席大法官查尔斯·休斯和他的伙伴们就罗斯福的计划发表评论。大法官们都拒绝了这个邀请，并一直保持缄默。休斯表面上低调，暗地里支持来自蒙大拿的参议员伯顿·维勒带头反对提案。他还根据工作情况，统计出一份令人信服的数据，用来说明联邦最高法院的法官们有能力胜任自己的工作。这个数据后来被送到参议院司法委员会，粉碎了罗斯福提出议案的原始借口。

就罗斯福的司法改革案，国会参、众两院争议不断，除了新政的坚定支持者之外，其他人都用各种理由反对。两种截然不同的意见，让议员们开始了旷日持久的拉锯战。自从1933年执政后，罗斯福的主张首次受到如此广泛的反对。1936年大选的压倒性胜利让他的自信膨胀，变得有些武断。他没有征求民主党领袖和内阁的意见，而是和司法部门的卡明斯两人策划了这个提案，这也是引起很多人不满的原因之一。

1937年春天，23岁的小富兰克林的婚礼引起世人关注，这不仅因为他是总统的三儿子，还因为他的新娘是美国超级富豪皮埃尔·杜邦的女儿埃塞尔小姐。

同罗斯福家族相比，杜邦家族拥有更显赫的历史背景和经济地位。1800年，法国人皮埃尔·杜邦带领全家13口人，搭乘"美国鹰"号帆船来到美国。这个皮埃尔·杜邦，就是杜邦财团的创始人。皮埃尔曾经任法国外交官，因协调法国和美国的关系立功，被加封为贵族。拿破仑上台后，杜邦因是旧党分子被驱逐出境。美国各大报纸报道了杜邦一家到来的消息，各界对他们表示了友好和欢迎。就连退职后隐居的开国之父华盛顿也发表讲话："皮埃尔·杜邦先生一直站在美国的立场上，在对英战争的巴黎条约上，有功于美国。"当时的副总统托马斯·杰斐逊则称赞杜邦是"最有才能的法国人"。

杜邦家族在纽约定居，凭借从法国带来的价值24万法郎的金币，开始了家族事业。看准动荡不安的世界局势和美国国内局势后，杜邦家族一直经营火药工厂和化学工厂，大发战争财。1869年，皮埃尔的曾孙拉蒙·杜邦和一个犹太姑娘结婚。1870年，拉蒙的长子出生，这个孩子的名字和他的先祖一样，也叫皮埃尔·杜邦。1902年，杜邦家族企业的负责人犹仁总裁死于肺炎，因为没有留下遗嘱，杜邦家族陷入混乱，皮埃尔应运而生成为新总裁。皮埃尔推行巨大的收购计划，垄断了庞大的火药市场，并且从联邦政府获得独家制造火药的权利。第一次世界大战爆发后，皮埃尔从摩根集团贷款 1 400 万美元，新建了 5 个火药工厂，成为协约国一方最大的军火供应商。几年时间，皮埃尔就赚进了 4 500 万美元的暴利，庞大的杜邦集团基本成形。这期间，皮埃尔还趁美国通用汽车公司因扩张生产而资金短缺的空隙，购进 2 500 万美元的通用汽车股票，成为通用的最大股东。

除了生产军火，杜邦集团又进军染料行业。公司的技术人员利用生产TNT 火药的副产品生产化学染料，还开发出人造橡胶和涂料等。

罗斯福和皮埃尔的矛盾，早在 1932 年总统候选人提名之争时就开始，并在这几年的新政推广中激化。父辈间的纠纷丝毫不影响两个年轻人对爱情的执著，在大家的祝福声中，小富兰克林和埃塞尔结为夫妻。罗斯福在婚礼上表现得很绅士，对新娘家族的人也始终保持着友好态度；皮埃尔还是那样傲慢，并不把这个现任总统放在眼里。

就司法改革案的争论还在继续，罗斯福发现领头抗议该法案的都是党内的伙伴，反新政的人已经结成了同盟。起初，罗斯福还保持着乐观和自信，认为能够得到公众的支持。随着时间的拖延，他发现公众对这项计划案的热情逐渐消减。

联邦最高法院的首席大法官休斯，具有和罗斯福旗鼓相当的政治才能，有的时候比罗斯福心机更深。面对罗斯福的强势，他没有直接出面表态。1936 年的大选结果，也让他明白民众对新政的需求和认可。如果最高法院中的保守派继续站在反人民的立场上，那么会影响到最高法院在政治结构中的地位。罗斯福多次宣称，新政施行的最大障碍就是联邦最高法院，这也是他理直气壮提出司法改革案的原因。休斯考虑到这点，做出了战略性让步。

1937 年 3 月 29 日，联邦最高法院认可了《纽约州最低工资法案》，9个月前他们曾宣布该法案无效。虽然是以 5∶4 的结果裁定，但这次转变成为联邦最高法院和罗斯福的战争中的转机，被后人称为"拯救九老会的及时转变"。4 月 12 日，联邦最高法院又做了 5 项裁决，承认了《全国劳工关系法》没有违宪。1 个月后，最有争议的《社会保障法案》也在联邦最高法院得到了认可。5 月 18 日，78 岁的保守派大法官威利斯·德万特向罗斯福递交了辞呈。6 月 2 日，威利斯宣布因体力不支正式退休。罗斯福的司法改革案已经没有必要，因为他能够任命一个法官，使联邦最高法院支持新政的人达到多数，不用再担心新政法案遭到拒绝。参议院司法委员会以 10 : 8 的最终结果否决了罗斯福的提案。

司法改革案让罗斯福的政治声誉受损，但是他在美国民众心中的地位依然稳固。表面上看来，罗斯福在与联邦最高法院的对峙中失败，实际上他成功地挽救了新政。

1937 年 8 月，罗斯福任命进步派法官雨果·布莱克填补威利斯留下的空缺。在接下来的日子里，其他的法官陆续因退休或亡故离开最高法院，到 1943 年，联邦最高法院的 9 名法官都是罗斯福任命的。罗斯福用时间"战胜"了"九老会"。联邦最高法院逐渐成为新政的司法保障，被人们称为"罗斯福法院"。

从政治角度讲，罗斯福又打输了这场战争，破坏了民主党的统一，促成两党保守派的反新政联盟。虽然新的最高法院会支持新法提案，但是分裂的国会成为了新政提案的障碍。在司法改革案纠纷前，国会的保守派顾及到选民，不敢公开反对新政；如今，他们也打着为民众的幌子反对新法案。

保守派日益强大，"新政"势头逐渐衰弱。反对罗斯福和他的新政的呼声却越来越高，"独裁者"成为他们攻击罗斯福最常用的词汇。1938 年 4 月 14 日，罗斯福发表了"炉边谈话"，声明自己不具备独裁者应有的素质，也不打算成为独裁者。他说："我从来没有忘记，自己受了全体美国人民的委托担任这个职位。国家再强大，也不能剥夺人民的权利；国家再弱小，也应该保护人民的权利。要做到这一点并不容易，但是美国人民是幸运的，我们有可以依托的宪法，有具备民主和法律精神的政治家。历史证明：独裁产生于软弱无效的政府，而不会产生在坚强有效的政府。通过民主方式，建立起一个保护人民免受饥饿和恐惧的坚强政府，那就是有效的民主。能够捍卫人民权益的政府，能够对政府保持至高无上统治权的人们，就是自由能够继续生存的屏障。"

20 世纪 30 年代，欧洲独裁者日益嚣张，向民主制国家挑衅。太平洋地区也因日本军国主义分子的侵略而烽烟四起。自由和民主能否在现代世界存续下去，成为人们不得不担忧的问题。罗斯福坚定的声明，给美国人民乃至世界人民吃了颗定心丸。

ROOSEVELT
第五章
风云变幻

    罗斯福望着那些国会领袖们，他们默不做声，显然要回避这个敏感话题。罗斯福接着说道："有一天，我的邻居家失火了，我这里有个浇花的水管，只要让他拿走，就能够把火扑灭。难道在救火之前，我要先对他讲，朋友，你得先给钱，这个管子值15美元！"

1 政客的外交
ROOSEVELT

罗斯福从 1933 年 3 月 4 日第一次宣誓就职起，就很少谈及外交政策。严重的国内经济危机让他无暇顾及国外的风云变幻。在总统就职演说中，他是这样阐述政府的态度的："在对外政策方面，我认为我们应奉行睦邻友好政策，尊重自己国家的主权，也尊重邻国的主权；珍视国家义务，也珍视和所有邻国以及世界各国协议中规定的一切神圣义务。"

1933 年 3 月 5 日，德国举行了全国大选，阿道夫·希特勒的纳粹党获得胜利，成为德国执政党。纳粹党即德意志民族社会主义工人党，是法西斯政党。1919 年 1 月 5 日，德莱克斯勒建立了德国工人党；1920 年 9 月 30 日，该党用德意志民族社会主义工人联盟的名义在慕尼黑登记；1921 年 6 月 29 日，阿道夫·希特勒出任该党主席。希特勒利用德国人民对《凡尔赛和约》的不满，大肆煽动日耳曼民族主义情绪，纳粹党人数迅速激增，1928 年发展到 10 万人，1932 年达到 140 万人。1933 年 1 月 30 日，希特勒被德国总统兴登堡任命为总理。从这时起，魏玛共和国正式灭亡，第三帝国由此诞生。纳粹党煽动民族主义情绪，反对民主主义、马克思主义和犹太人。纳粹党还宣扬种族优劣论和个人独裁论，为侵略战争制造理论根据。

"法西斯"一词来自拉丁文 fasces，指古罗马使用的权力标志"束棒"，意思是暴力和强权高于一切。世界上第一个法西斯专政政府不是德国，而是意大利。第一次世界大战后，墨索里尼在米兰成立激进组织"战斗的法西斯"。1921 年，该组织改称为意大利国家法西斯党，墨索里尼为该党领袖。法西斯党徒身穿黑色制服，鼓吹和推行法西斯主义，又被称为"黑衫党"。1922 年 10 月，墨索里尼指挥法西斯党发动暴乱，夺取政权，出任内阁总理。1928 年，墨索里尼强行终止议会制度，建立了独裁的法西斯政府，推行法西斯政策：对内镇压共产党和进步人士，取缔其他一切政党和群众团体；对外煽动民族沙文主义，施行军国主义侵略扩张政策。

罗斯福就职演说的睦邻政策，代表了美国人对国际关系的期望。可是，法西斯的风潮也波及拉美，那里的独裁分子叫嚷着成立了亲近纳粹的"第五纵队"，对美洲大陆构成潜在危害，不利于罗斯福的睦邻政策。

1933 年 5 月 25 日，在日内瓦国际裁军会议上，美国代表团团长诺曼·戴维斯代表罗斯福总统，向到会的 60 多个国家的 1 500 多名代表声明："如果和平受到威胁，美国将和其他国家共同商议对策。如果出现侵略行为，美国将和其他国家一起惩罚侵略者，制止任何破坏国际关系的行动。"

1933 年 11 月 17 日，罗斯福签署协议，结束自十月革命后拒不承认苏联的非正常历史，与其正式建交。和固执守旧的胡佛不同，罗斯福更加灵活务实。虽然在苏联人眼中，罗斯福是资本主义人士，但这不妨碍他在睦邻友好的基础上建立美苏关系。

在法西斯主义的阴影下，很多国家人心惶惶，但是美国人却表现得漠不关心。他们反对美国卷入欧洲纠纷，把全部注意力放在对付国内的经济危机。对战争的危险和法西斯的扩张，他们都没有兴趣，大家都生活在孤立主义氛围中。孤立主义是美国建国后从华盛顿时期就开始推行的外交政策，主要内容是不与欧洲大国结盟、不承担任何义务。这条政策不仅被历届国会当成外交准则，也在民众中具有广泛的影响。海洋成为天然屏障，把美国和战事频繁的欧洲大陆间隔开来，这让美国人形成地远心安的保守心理。

罗斯福就职后，国内的孤立主义分子一直处于戒备状态，防止总统发动对法西斯势力侵略扩张的反击，防止总统将美国卷入国际纠纷。孤立主义分子们开始旧事重提，对第一次世界大战进行分析总结。参议院的孤立主义分子们还成立了调查军工企业特别委员会，对第一次世界大战期间的银行家和军火制造商展开调查。调查结果出来，那就是美国参战是军火商人和银行家为牟取暴利阴谋促成的，不是为了保护本国利益，也不是为了拯救世界和平。调查委员会还提供大量材料来证明这个调查结果是正确的，美国民众也相信了华尔街为牟取暴利把美国带到战场。

在 20 世纪 30 年代，牧师、妇女和大学生等倡议的和平主义运动得到了空前发展。儿童被劝告不要玩打仗游戏，教科书中过去被推崇的战争英雄也被批判得一无是处。大学生们每年都会举行一些罢课、游行活动，呼吁永久和平。政治家们都强调"政治是妥协的艺术"，指责威尔逊发表的那些理想主义的声明不过是掩饰牟利者贪欲的手段。舆论界的孤立主义分子则尽量为希特勒的生存空间论辩解，为他煽动德国人的民族主义情绪辩解，希望政府能够迁就他的法西斯行为，不要把战火引到美国人身上。

在第一个任期内，罗斯福在外交政策方面根本就没有多大自主性。国内经济危机造成的萧条局面迫切等着收拾整顿，推行新政成为当务之急，这让他无暇考虑外交事务。另外，罗斯福为了竞选胜利，在1932年表明了不卷入国外纠纷的中立态度，这也让他没有办法在上任后马上转变态度。虽然他是个国际主义者，但在公共场合还是要配合着孤立主义者来谈政府外交政策。他权衡利弊后，继续执行胡佛的战争贷款政策，也任由国会通过不正常的高额保护关税法案。看上去，他好像已经从过去的国际主义立场转变。事实证明，并非如此。

1935年1月，罗斯福向国会递交了关于美国加入国际法庭的提案。在这之前，他得到一份详细的情报，知道大约2/3以上的议员赞成这个提案。实际上，国内的孤立主义情绪比罗斯福想象中的还要严重，加入国际法庭提案引起了一场轩然大波，国际法庭被舆论界说成是银行家和财阀的牟利工具，和国际联盟一样都是可怕的组织。参议院里堆满了来自全国各地的抗议信件、抗议电报，各个孤立主义分子控制的政治集团也在四处活动，为反对该提案的通过造势。罗斯福失败了，参议院的反对票由10张增加到36张，该提案因没有获得2/3多数而遭到否决。罗斯福见识了孤立主义势力的厉害，知道现在不是在外交事务上随意行动的时候。

1935年3月，德国纳粹政府实行普遍义务兵役制，建立了约50万人的正规军队，为下一步的疯狂扩张做前期准备。在这之前，希特勒以"军备平等"为理由，单方面宣布退出了日内瓦裁军会议。意大利法西斯政府为了缓解国内经济危机带来的压力，开始推行国民经济军事化，加紧扩军备战。他们企图通过武力进行扩张，掠夺商品市场和原料产地，和英法抗衡。为了削弱英法和亚洲殖民地的联系，独霸地中海航线，意大利开始打起埃塞俄比亚的主意，武力挑衅事件时有发生。亚洲地区，日本军国主义势力也在不断扩张，战事一触即发。

世界局势恶化，让美国国内的孤立主义分子寝食难安。在他们看来，为了避免美国卷入战争，制定相应的中立法规限制政府已经迫在眉睫。罗斯福想把中立问题决定权从外交委员会手中夺过来，结果引起委员们的强烈不满。罗斯福希望国会通过区别对待的灵活中立法案，而不是那样无区别对待的严守中立法案，可是那显然是种不切实际的幻想。

1935 年 8 月 21 日，参议院在经过短暂的讨论后，通过了由皮特曼提出的一项妥协性的《中立法》。该法案规定，禁止美国军火企业向任何交战国销售武器、弹药和军需品，禁止美国船只向交战国运输军火，并成立军火管理委员会监督从美国输出的军火流向。它同时还授予总统几个权利，可以决定那些军需品属禁售、禁运范围，可以决定什么时间实行禁售、禁运。这是双方都不满意的法案，有效期限定为半年，主要用来在国会休会期间约束总统的外交行为。8 月 31 日，该法案由罗斯福签署生效。国会、内阁和罗斯福身边的孤立主义分子们都兴奋异常，认为总统终于放弃了国际主义立场，认为这是大家的胜利之日。

1936 年 2 月，国会将 2 月 29 日到期的《中立法》延长一年。除了原来的规定外，还加了两个条款：禁止贷款给交战国，禁止总统自由处置新加入战争行列的国家。因为孤立主义分子的内部阵线不统一，所以并没有将该法修订为严格的中立法案。

1936 年 5 月，埃塞俄比亚首都斯亚贝巴沦陷，埃塞俄比亚皇帝海尔·塞拉西流亡英国。意大利政府派出的 30 万侵略军在历时 7 个月后，以死伤 14 万人的代价占领了埃塞俄比亚。埃塞俄比亚被并入意属索马里、厄立特里亚，成为意属东非帝国的一部分。由英法控制的国际联盟只是做做表面文章，在战事初期对意大利实施有名无实的经济制裁。欧洲列强担心把战火引到自己后院，所以对这种赤裸裸的侵略行为选择了妥协和纵容。

1936 年 7 月 17 日，在西属摩洛哥发生由法西斯军方领导的反政府叛乱，第二天战火就波及到西班牙本土，旷日持久的西班牙内战全面爆发。为了把战争限定在西班牙国内，不让其在欧洲大陆蔓延开来，英国政府发表完全不干涉声明，表示自己的中立立场。英国还向法国施加压力，保持两国立场一致，对交战双方实行禁运和封锁。德国和意大利表面上支持英法的中立政策，暗地里不断援助叛军，把西班牙当成法西斯部队的演习场。罗斯福鄙视那些纵容法西斯的懦夫，不愿意与其同流合污。但现在是大选提名前的关键时刻，《中立法》上也没有明确规定针对外国内战问题的解决方法，罗斯福只好支持了英国的完全不干涉政策，于 8 月 7 日发表不干涉声明，并且向国会递交了《中立法补充案》。

1936 年 8 月 14 日，为了争取几个月后的大选获得胜利，罗斯福揣摩民众心理后，发表了痛恨战争的演说："在过去几个月中，我确实关注着不容乐观的国际局势，也为世界和平担忧。但是我代表联邦政府向全体美国人民保证，我们不会做任何引起或促成战争的行为，我们会回避和国际联盟发生政治联系，我们会避免可能把国家卷入战争的政治义务。我已经用了很长时间，来思考和筹划如何让国家远离战争。真心希望世界上所有的国家都不受战争之苦，虽然这不是我们能够左右的。"

罗斯福善于隐藏真实意图，让自己不容易受到攻击，正如美国传记作家所说，"罗斯福具有狐狸般狡猾的一面"。罗斯福看似简单的竞选策略，取得了意想不到的成效。国际主义者支持罗斯福，因为他和英法合作；孤立主义者赞扬罗斯福，因为他让美国避开战争。罗斯福化解了一个敏感问题，没有让公众失望，这也是他连任成功的因素之一。

1937 年 1 月，国会通过了罗斯福去年递交的《中立法补充案》，规定了对发生内战国家的交火双方适用《中立法》，也授权总统可以批准交战一方用自己的船只从美国运输购买的非军用商品，即"现购自运"政策。西班牙政府不能从美国购买军火，反叛军却能够通过德国政府继续购买美国军火，因此反叛军势力迅速壮大。罗斯福和内阁成员谈到这件事时，很无奈地说："巴塞罗那上空盘旋着美国制造的飞机，飞机里投下美国制造的炸弹，这是什么样的场景啊！"美国政府的政策起到了绥靖主义的效果，事实上有利于法西斯势力的壮大。

从再次就职到 1937 年 10 月，罗斯福忙于对抗联邦最高法院，他相信只有获得司法支持，才能够维护新政立法，才能拯救资本主义民主制度，才能防止法西斯极权统治。虽然他提出的司法改革案被国会否决，但是联邦最高法院的人事变更消除了罗斯福的新政立法障碍，罗斯福被束缚的手脚终于解放了。

2 畏缩换来的和平
ROOSEVELT

1937 年 4 月，西班牙内战全面升级，德国出兵 5 万，意大利出兵 15 万，同叛军组成法西斯联军。苏联则给予西班牙政府最大援助，不仅提供武器，还呼吁各国反法西斯进步人士组成志愿军，协助西班牙政府作战。西班牙成为法西斯反对共产主义、反对苏联的战场。随着战火的蔓延，交战双方都犯下了残酷的暴行。政府军有计划地屠杀天主教牧师，法西斯联军对平民投掷炸弹，这些都引起美国人对交战双方的强烈厌恶。

1937 年 7 月，日本以占领的中国东北三省为根据地，发动全面侵华战争，中日战争正式爆发，国际形势更加恶化。如果美国实施禁运，只会让陷于困境的中国政府更加艰难，所以罗斯福拒绝执行禁运政策。在各方孤立主义分子的压力下，罗斯福并没有能够支持多久。9 月 14 日，罗斯福签署总统令，禁止美国船只向中日交战的任何一方运输战略物资。

罗斯福知道，孤立主义分子之所以强大，是因为他们有广泛的民众基础。如果民众还没有从传统的孤立主义观念的束缚中挣脱出来，没有做好应战的精神准备，没有意识到法西斯侵略和个人的利害关系，那么就应该说服、教育他们，而不是贸然采取行动。威尔逊 1919 年的失败，给罗斯福提供了前车之鉴，让他能够更谨慎小心地处理问题。

1937 年 10 月 5 日，在孤立主义氛围最强烈的芝加哥，罗斯福通过广播向全国人民发表了一次意义深刻的演说：

> 世界局势越来越严峻，战争的阴影挥之不去，引起那些渴望和平的所有民族、所有国家的焦虑。几年以前开始的地区侵略行为，已经发展到无法无天的地步。善良的人们不得不把对和平的渴望转为对战争的恐惧。

> 侵略者抛弃了标志着文明社会的法律和秩序，非法干预他国内政，肆意入侵他国领土，已经严重威胁人类和平。没有任何正当理由，没有宣战，没有预警，炮弹在居民区降落，包括妇女、儿童在内的大量平民死于非命。同样在没有任何理由和预警的情况下，各国船只被潜艇攻击，这就是所谓的和平时期。无辜的人们正在成为霸权主义者的牺牲品，这种霸权主义是缺乏正义感，缺乏人道主义精神的！

> 世界上绝大多数民众都热爱和平和自由，只有一小撮人企图破坏国际秩序，破坏世界和平。我们应该唤醒世人的道德和良知，尊重人们的自由和权利，早日让这种侵略行径消失。如果世

界和平消失，不要以为西半球不会有战火，不要以为美洲能够幸免，不要以为美洲能够逃脱，不要以为人们可以继续享受宁静的生活，不要以为艺术和文化可以继续繁衍。热爱和平的国家共同努力，才能够守护和平。爱好和平的国家应该齐心协力，共同反对那些违反和平条约的行为，而不是仅仅靠中立主义或孤立主义来逃避。

我们厌恶战争，可战争依旧如瘟疫般在蔓延。我们决定远离战争，可无法保证战火不会波及到美国。我们正全力以赴采取各种措施，把国家被卷入战争的危险系数降到最低。可是我们处在无序的世界，已经没有什么安全保障可言，战争或许无法避免。

在这次演说中，罗斯福展示了高超的演说技巧。虽然他演说的主要目的是呼吁维护世界和平与放弃中立，但是表面上却是重申美国人民不愿意卷入战争的心愿。他在演说中提到两种可能：在不损害美国国家和人民利益时，和霸权主义者和平相处；损害到美国国家和人民利益时，就拿起武器与其战斗。孤立主义分子大为恼火，国会中的孤立派甚至提出弹劾来威胁罗斯福不要再继续坚持这样的主张。德意日法西斯的侵略行动步步紧逼，但是孤立主义分子却没有什么觉悟。

1937 年 11 月，意大利宣布加入德日去年签订的《反共产国际协定》，"柏林—罗马—东京轴心"正式形成。

1937 年 12 月 12 日，日军对中国国民政府所在地南京发起疯狂进攻。美国"帕奈"号军舰停泊在距离南京大约 27 英里的长江江面上，一些从南京撤出的美国外交官、新闻记者和商人在这里避难。美国美孚石油公司的三艘油轮也停泊在附近。虽然军舰上有巨大的美国标志，油轮上也挂着美国国旗，但日本空军还是发动了突然袭击，炸沉了"帕奈"号和两艘油轮，两名美国海军和一名意大利记者在这次袭击中遇难，此外还有 40 多人受伤。

消息传到美国，海军部长克劳德·斯旺森拖着病体第一时间来到白宫，向总统要求对日开战。这个平日慈祥温和的老者，因日军肆意击沉美国军舰的行为而震怒。尽管罗斯福也对日军的行为义愤填膺，但还是选择外交途径解决，给日本首相发了抗议电报，要求日本政府向受到伤害的美国人道歉并进行相关的经济赔偿。日本政府宣称是"误炸",没有真心认错的意思。幸好当时有记者拍下日军轮番攻击的过程,来揭穿日本政府的谎言。日本政府无话可说,乖乖地支付了美国政府开出的 200 多万美元的赔偿单。

罗斯福的这封抗议电报,意义不仅仅是获得 200 多万美元赔款,还化解了国内孤立主义分子的攻击。孤立主义分子递交了要求修改宪法的提案,要求对关于非常时期总统有权利宣战的条款进行修改,改为总统必须经过全民公决才能够宣战。共和党中的进步派没有局限于党派之争,选择支持总统,最后该提案以 209 :188 被否决。但孤立主义的势力依旧不容忽视。

1938 年 1 月 3 日,罗斯福向国会递交了《扩大海军装备案》,要求国会拨款 10.4 亿美元,主要用于加强海军力量。他对议员们说道:"作为美利坚合众国的海陆军总司令,根据宪法赋予我的神圣职责,我有义务向国会报告,我们的国防力量薄弱,无法达到维护国家安全的目的,急需加强补充。"

在《扩大海军装备案》中,罗斯福提到法西斯国家武装力量的日益嚣张,所以加强被称为"美国第一道国防线"的美国海军力量已成当务之急。他还针对太平洋地区和大西洋地区不同局势,提到美国应建立足以和德意日三个法西斯抗衡的两洋标准海军。

国会中的孤立派怀疑罗斯福的《扩大海军装备案》是耍手段,打着自卫的幌子为和英国战略联合做准备。他们要求罗斯福再次表明中立立场,不同英国达成任何协议,不同日本发生任何冲突行为等。他们还提出,禁止美国海军参与国际活动,禁止美国海军保护作战区的美国商人。他们的目的只有一个,那就是避免把战火引到美国。在漫长的激烈辩论后,国会通过了《扩大海军装备案》。

1938 年 3 月 11 日,希特勒和奥地利总理舒施尼格见面,商讨解决近期两国之间摩擦和纠纷问题的方法。在希特勒的胁迫下,舒施尼格签订了释放纳粹分子的"协议草案"。在奥地利的亲德分子和纳粹分子的帮助下,希特勒兵不血刃地占领了奥地利,把奥地利并入德国,成功迈出在中欧侵略扩张的第一步。美国国务卿赫尔在和罗斯福谈到此事的时候,他说:"总统先生,就像日本在东方的行为一样,德国正在向西方扩张,它们的目的只有一个,那就是试图统治世界。"

ROOSEVELT

英国首相张伯伦对德国法西斯的无耻行径不仅不谴责，还公然在下院发表讲话，认为德国占领奥地利的行为是两个政治家在改善两国关系的谈判中达成一致意见。英国的绥靖政策终于引起各方的质疑和反对，大家都对英国政府执行的方针不以为然。罗斯福私下表示，他什么时候都不会认同英国政府的绥靖政策。可他知道和欧洲主要国家敌对没有什么好处，所以选择了缄默。

德国吞并奥地利后，希特勒开始在奥地利对犹太人进行惨绝人寰的迫害。希特勒的纳粹理论体系中，第一个重点就是宣扬种族主义。他把种族分为高等和劣等，分为优秀的和低贱的。他用达尔文的进化论观点，来说明优秀的民族有权利消灭低贱的民族。他把犹太人看成是毫无生命价值的东西，认为应该彻底铲除。斯大林对这点曾这样评价："希特勒发动的纳粹战争，是从散布种族理论开始的。"

排斥犹太人和反对犹太人，是欧洲历史上长期存在的不正常现象。欧洲信奉基督教的民族普遍认为犹太人是上帝的叛徒，是杀害耶稣的凶手。在这些信徒眼中，犹太人成为集体犯罪的代表。欧洲各个国家政府有个不成文的惯例，那就是当本国出现政治、经济和宗教方面的危机时，排犹、反犹就成为团结民众的手段。没有祖国庇护的犹太民族，成为各国统治者转嫁危机的替罪羊。

希特勒对犹太人的仇恨是根深蒂固的。他知道自己的祖母在给一个犹太富人帮佣时，生下了一个私生子，也就是他父亲。他母亲患病后不治而亡，负责看病的医生恰好又是犹太人。在母亲病逝后，希特勒流浪在维也纳，度过了很悲惨的少年时代。他受暴力集团和反犹团体的影响，形成了扭曲的民族观。1933 年 1 月，希特勒出任总理后，德国就发生犹太人被害事件。希特勒通过排犹、反犹宣传，稳定经济危机带来的冲击，在民众中煽动民族主义、复仇主义和种族主义，鼓吹德意志民族是"优等民族"，有权统治世界。他的这种理论，让纳粹主义超越德国国界，蔓延到奥地利、苏台德、但泽等德意志民族聚居区，并且很快就有了一大批追随者。除了政治因素外，经济因素也促使希特勒加紧迫害犹太人，将犹太人的财产收归国有，用来疯狂扩充军备。

1933 年 6 月，罗斯福对即将上任的美国驻德国大使爱德华·陶德这样说过："虽然政府不能出面，但我们还是应尽我们所能保护犹太人，用非官方途径来减轻这种迫害。"从 1933 年到 1937 年，美国通过非官方途径为受纳粹迫害的犹太人提供援助，并且接纳了 3 万名犹太难民，其中就包括创立相对论的著名物理学家阿尔伯特·爱因斯坦。

1938 年 3 月 25 日，针对犹太人问题，罗斯福签发了关于召开难民会议的邀请信，呼吁世界各国给犹太难民提供援助。当天晚上，希特勒在德国发表演说："我认为，那些同情罪犯的人士，不应该只用嘴巴来表示慷慨的同情，也应该拿出点实际行动，给予他们真实的帮助。我已经做好准备，把本国的罪犯疏散到慈善家的豪华轮船上。"

希特勒低估了罗斯福，以为他只不过是个愚蠢的理想主义者。他不知道，罗斯福是不容小视的强劲对手，如果希特勒能够注意到美国国内事务，就会对罗斯福的反纳粹态度有所察觉。如果讲政治手段，罗斯福的灵活和狡诈都不亚于希特勒。两人最大的区别就是，一个人遵守和维护人类道德，成为政治伟人；一个人破坏和挑战人类道德，成为战争狂人。

罗斯福清楚德国局势，知道希特勒的统治不结束，纳粹主义不消亡，和平和民主就是空话。只有大家都认识到绥靖政策对希特勒行不通，才能够团结起来打败纳粹。在没有完全准备好之前，罗斯福不会轻易地做决定，不会让美国过早地卷入战争。

1938 年 4 月 13 日，罗斯福接受了犹太人同情者的请愿书。该请愿书请求总统允许用剩余的外来移民名额接收犹太难民，共有 12 万美国人在请愿书上签名。罗斯福清楚地知道此刻美国民众的矛盾心理。失业情况还没有完全好转，民众对外来移民自然而然地产生抵触心理；但面对悲惨的种族迫害，美国人又无法抑制自己的同情心。罗斯福需要认真考虑，他要想出两全其美的办法。再三权衡后，罗斯福同意成立难民总统咨询委员会，以官方途径为部分受政治迫害的难民提供援助。事实上，这个委员会并没有起到什么实质作用。考虑到国内的现状，大规模接受难民根本就是不可能的，罗斯福的做法也可以理解。

1938 年 11 月 9 日晚，在希特勒的授意下，纳粹分子在柏林手持棍棒，打、砸、抢犹太商人开设的商店。当晚有 800 多家店铺被破坏，2 万犹太人被送进集中营。商店橱窗的玻璃粉碎，落了一地，在灯下像水晶一样闪闪发光，所以这个晚上被称为"水晶之夜"。从此，纳粹开始了大规模地迫害和残杀犹太人运动。

德国政府的野蛮行径，引起各个国家人们的强烈谴责。但在欧洲大陆，英国政府再次选择了缄默。首相张伯伦面对外界的质疑表明了自己的观点，他认为德国犹太人应该被安置到其他地方，但是他也不知道应该安排到哪里。英属巴勒斯坦地区虽然是犹太人的故土，也是犹太人聚居地，但是英国政府对那里进行着严格的移民名额限制。

1938年11月15日，就德国发生的种族迫害事件，罗斯福在报纸上发表评论："在过去几天里，德国传来的消息让美国人民震惊。在20世纪的文明世界，竟然发生这样的事情，真是让人难以置信！"

在和国务卿赫尔商议后，罗斯福紧急召回驻德大使休·威尔逊。直到纳粹倒台后，美国政府才再次派出驻德大使。罗斯福通过非官方途径为犹太人提供了国际贷款，帮助15万犹太人离开了德国。

1938年底的一天，帕金斯来到白宫，商讨即将被遣返的1.5万名德国和奥地利犹太人的事情。他们因护照到期，按照美国宪法，将在6周后遣返回国。罗斯福鉴于德国国内的形势，允许这些人在美国永久居住。

希特勒在德国设立了十几处犹太人集中营，把犹太人捉进来做苦工、做医学实验。第二次世界大战爆发后，希特勒开始实行屠杀政策。集中营中设有毒气室和焚烧炉，成批的犹太人被活着赶进毒气室，变成尸体抬出来，再扔进焚烧炉，人油制成肥皂，骨灰制成肥料。希特勒成为令人发指的杀人魔王，犹太人的境地惨不忍睹。据不完全统计，在"二战"期间，被纳粹屠杀的犹太人超过600万人，占纳粹民族的1/3。希特勒丧心病狂的种族灭绝政策，也是激起世界人民同仇敌忾结成反法西斯同盟的重要原因之一。

3 暗潮涌动
ROOSEVELT

1939年1月4日，罗斯福向国会递交了国情咨文，提到了两个要求：拨款20亿美元用于巩固国防，主要是加强美国空军力量；修改《中立法》，废除其中的强制性武器禁运条款。

关于国防拨款，罗斯福在国会演说中这样讲道："虽然眼前战争已经避免，但是和平并没有保障。一味地中立和绥靖，不能阻止霸权者的侵略步伐。世界民主面临着严峻挑战，美国拒绝采用武力途径解决争端，并不代表美国只会对卑鄙的侵略行径袖手旁观。我真的很担心，一心想要称霸欧洲的独裁者也会危及美国的安全。只有加强国防力量，我们才能够保卫我们的国家和人民，才能够维护自由和民主。"

罗斯福讲完国防拨款后，又提到修改《中立法》的必要性："其实，不用参加战争，也可以有其他方法来帮助那些被侵略的国家。取消《中立法》中的禁运条款，就是其中重要的一项。和口头上的抗议比起来，用这个方法更能对侵略国起到威慑作用，用这个方法更能让被侵略国政府感受到美国人民的真挚情感。我们的《中立法》初衷是好的，但是执行起来却让人有些遗憾。或许，我们只是拒绝了援助被侵略者，而帮助了侵略者。这种有违正义与和平的事情，绝对不应该、也不能再发生。我们应该召开特别会议，用认真审慎的态度来研究对策。"

1938 年 1 月 19 日，美国总统罗斯福在白宫记者招待会上发表讲话。

ROOSEVELT

　　1939 年的国会是经去年中期选举后组成的新国会，民主党保守派和共和党结成同盟，孤立主义分子的力量进一步加强。他们联合起来，迫使外交委员会搁置了罗斯福的修改《中立法》提案。甚至有人公开叫嚷道："在阴险的外国势力影响下，在共产党和军火商的指使下，罗斯福正在策划有违美国中立传统的计划，我们绝对不能够让他得逞。"

　　1939 年 3 月 15 日，希特勒出兵占领了捷克斯洛伐克全境，公开撕毁了 6 个月前签署的《慕尼黑协定》，露出侵略者的真实面目。《慕尼黑协定》即《关于捷克斯洛伐克割让苏台德领土给德国的协定》，是英、法、德、意四国首脑于 1938 年 9 月 30 日凌晨在慕尼黑会议上签订的。该协定主要内容是：在 10 月 1 日起的 10 天内，捷克政府必须把苏台德区和其他德意志人占多数的边境地区割让给德国政府；割让区内的一切建筑、军事设施、工矿企业和铁路，必须无偿交付给德国；由英、法、德、意、捷五国成立"国际委员会"来确定其他地区的归属，最后划定两国国界。捷克政府在希特勒的威逼下，在英法两国的压力下，只好无奈地接受该协议，同意肢解自己的国家。《慕尼黑协定》是英法两国绥靖政策的产物，是牺牲他国利益谋求苟安的体现。

　　纳粹德国的魔爪已经伸到非德意志地区，希特勒开始了明目张胆的扩张行动，完全忘记半年前说过的"我们不想要捷克人"的保证。希特勒的胜利在世界各国引起震动。他前面的行为，还能够说是为了消除德意志民族对《凡尔赛和约》的不满，但这次就是赤裸裸的侵略。几天之后，德国又占领了"一战"后移交给立陶宛的德国城市梅梅尔。英法两国政府终于认清现实，知道不能够相信希特勒的诺言，决定团结起来保卫最有可能成为下个纳粹猎物的波兰。希特勒极有可能会用夺回"一战"后被割让德国领土的理由，发动德波战争。

　　1939 年 3 月 16 日，国务卿赫尔代表美国政府发表声明，谴责德国政府的侵略行为，宣布拒绝承认德国对捷克的所有权。罗斯福授权美国海关提高德国政府补贴的出口商品的关税，并敦促国会尽快通过修改《中立法》提案。罗斯福对参议院外交委员会的汤姆·康纳利说："如果德国人对一个国家发动侵略战争，我们还继续执行这项法案，那就成了希特勒的帮凶。只有取消武器禁运这条，情况才不会那样糟。"

　　1939 年 3 月 20 日，在罗斯福的授意下，参议员皮特曼向国会提出了

《中立法修正案》。该法案取消了强制性武器禁运条款，规定所有贸易都可以按"现购自运"原则进行。这样一来，如果英法参战，就能通过它们控制的大西洋航线，得到武器和其他物资供应。3 月 21 日的民意测验表明，60% 的公众赞成美国在英法和德国交战后向英法出售武器。

罗斯福把国会孤立派领袖请到白宫，亲自向他们呼吁，希望能够在英法参战前通过《中立法修正案》。孤立派却没有丝毫让步的意思，他们宣称："我们反对结盟，反对战争，我们不要战争！"几位孤立派首领都表示，绝对不会同意通过《中立法修正案》，罗斯福要求修改《中立法》的努力化为泡影。

1939 年 3 月 30 日，西班牙法西斯叛军攻陷首都马德里，建立了个人独裁的法西斯政府。4 月 7 日，意大利武装吞并了阿尔巴尼亚。与此同时，纳粹德国在德国东部边境布兵，正面包围了波兰，要求波兰割还"波兰走廊"和但泽市。波兰政府开始大规模征兵，并且在但泽附近集结部队，积极备战。德国政府发表公开声明："波兰对但泽的任何侵略，都会被看成是对德国的侵略！"德波矛盾升级，战争一触即发。欧洲各国国界上都集结着军队，世界大战爆发只是时间问题。

1939 年 4 月 14 日，罗斯福向希特勒和墨索里尼发出倡议信，并于次日通过广播向全世界宣读了信件内容。他在信中这样写道："目前，世界各国人民都处于担心爆发战争的恐惧中。任何一场大范围的战争，都会影响到美国人民的民主和自由。根据一些材料表明，德意两国正企图侵犯他国独立主权。你们是不是应该用实际行动，来表明你们一再提及的和平愿望？你们是否愿意做出声明，保证在 10 年到 25 年间你们的军队不会进攻以下 21 个国家和地区？如果你们能够做出和平保证，美国会努力支持促进世界贸易和国际裁军。"信的后面，附着 21 国名单，包括英国、法国、苏联、波兰、丹麦、荷兰和比利时等。

罗斯福知道，独裁者们做出满意答复的可能性很小。他主要想通过这种方式，揭开法西斯的真实面目，让世人看清他们的狼子野心。罗斯福的倡议得到了美、英、法三国公众的支持，在其他各国也引起了强烈反响。

意大利罗马，墨索里尼收到罗斯福的信件时，正在这里访问的德国空军元帅戈林也在场。墨索里尼没看完开头，就把信件扔在一边。身为纳粹德国二号人物的戈林说道："这样荒诞的话能够表明，罗斯福这家伙已经是神经病初期。"

墨索里尼摇摇头:"不,不,这是小儿麻痹症变异的结果!"

德国柏林,希特勒私下曾表示:"对像美国总统那样微不足道的人写来的信,实在懒得答复。那种乐观派的叫嚷,那种救世主样的信笺,怎么能动摇我的信念?"事实上,他的处境有些狼狈,全世界都在关注着他,看他到底怎么回复这个看起来有些"天真"的呼吁。

1939 年 4 月 17 日,希特勒命令国防部给罗斯福信中提到的国家和地区发电报。除了英国、法国、苏联和波兰外,其他国家都收到德国的电报,被要求回答两个问题:是否感觉受到德国的任何威胁?是否请求罗斯福呼吁和平?拉脱维亚开始时不明白德国政府的意图,不知道应该怎么回答。德国外交部马上致电那里的德国大使馆:"如果不能对我们的问题做否定回答,那引起的严重后果,都由拉脱维亚政府负责。"在德国外交部的威逼下,到 4 月 22 日,除了瑞士和罗马尼亚没有反应外,其他政府都给了否定回答。

1939 年 4 月 28 日晚,希特勒在帝国议会发表演说。德国各大电台面向德国全境直播了这次演说,美国和其他国家各大广播公司也纷纷转播。希特勒是个极富天赋的演说家,用他煽动性的语言、夸张的手势和表情,来颠倒是非黑白。

按照常规,希特勒的开场白还是陈述了《凡尔赛和约》的罪恶,还有德国人民因此受到的伤害和屈辱。然后,他就德英关系和德波关系发表评论:"英国政府过去实行的友好政策,让人钦佩。两个国家的友谊,也向良好的方向发展。但是,如今友谊的基础已经消失,英国正在对我们实行新的包围政策。两国之间没有信任,已经没有继续合作的必要,因此我宣布,从即日起废除 1935 年签订的《英德海军协议》。对于波兰政府,我们真的很失望。为了欧洲的和平,我们曾做了最大让步,向波兰政府就但泽和走廊地区提过真挚建议。遗憾的是,波兰政府拒绝了这个提议。那些所谓德国要进攻波兰的消息,都是国际新闻界为了哗众取宠捏造的假消息。在这种假消息的促使下,波兰和英国签订协议:在特定情况下,波兰会被迫对德国宣战。波兰的行为,已经破坏了《波德互不侵犯条约》。这条条约,因波兰单方面背弃也不再有效。"

接下来,希特勒把矛头指向罗斯福:"如果罗斯福先生相信可以通过谈判解决任何纠纷，那为什么美国拒绝加入国际联盟，拒绝参加世界上最大的会议？就像罗斯福问我们对欧洲图谋什么一样，我们也问问罗斯福，美国对拉丁地区图谋什么，得到的回答肯定是让我们少管闲事吧！罗斯福先生怎么知道哪个国家受到德国威胁，哪个国家没受到德国威胁呢？通过向罗斯福先生提到的那些国家认真核实，我们得出这样的结果，它们否认受到德国威胁，也否认曾请求或应允美国总统向我们提出这样的问题。德国政府现在的行为，都是在为洗刷《凡尔赛和约》带来的屈辱。曾受尽凌辱的德国人民，如果回首不堪的历史，就应该会想起另一位美国总统威尔逊。他的十四点计划是个精心筹备的骗局，直接把德国人民送进火坑。如今，罗斯福先生动听的平和倡议，和当年的情形是多么惊人地相似！"

对希特勒和墨索里尼的反应，罗斯福并不意外，他对华莱士说："这两个人是疯子，他们尊重的只有武力。"赫尔认为罗斯福已经达到了预期目的，那就是揭露了希特勒和墨索里尼的真实面目，提醒美国人民认清眼前的危险局势。美国的孤立主义者对希特勒的演说感到满意，认为罗斯福手太长，因此才自取其辱。他们还理想地认为根本不会有什么战争，此次呼吁事件不过是罗斯福的小把戏而已。他们认为，罗斯福的目的就是为了成为美洲独裁者而搞垮两个欧洲独裁者。

在罗斯福的要求和坚持下，国会同意拨款 16 亿美元巩固国防。罗斯福已经紧锣密鼓地准备起来，以应付战争爆发后的各种情况。美国从海、陆、空三方面同时扩充军备，建立实力雄厚的现代化海军，扩充陆军人数，加强空军力量等。另外还建立良好的工业体系，确保战争来临时能够转为战时生产，确保部队的军需供给。

1939 年 4 月 30 日，第 20 届世界博览会在纽约召开，罗斯福在开幕式上向到会的 60 万人发表了欢迎演说。世界博览会每 5 年举行一次，是由一个国家政府出面主办的展示会，由多个国家或国际组织参加，来展示人类在社会、经济、文化和科技领域取得的辉煌成就。特点是展出规模大、参展国家多、举办时间长、影响深远。

此次纽约世界博览会规模超过历届，占地 484 公顷。博览会主题是"建设明天的世界"，共有 64 个国家参展，最引人关注的展品就是美国无线电公司展出的世界上第一台电视机和杜邦公司展出的世界上第一种合成纤维尼龙。电视机的发明，提高了人们的物质生活质量。尼龙的发明，好像并没有直接对人们的生活产生多大影响，但是随后衍生出来的尼龙产品，却影响了好几代美国人。杜邦公司耗资 2 200 万美元，聘用 230 名专家，历时 10 年，才完成尼龙的发明。

　　1939 年 6 月 7 日，英国国王乔治六世和王后伊丽沙白应罗斯福邀请，来到美国参加世界博览会。国王夫妇具有皇室风范，国王英俊潇洒，王后美丽端庄，给美国公众留下了深刻的印象。6 月 10 日，国王夫妇在纽约简单参观了世界博览会后，乘汽车到达罗斯福私邸斯普林伍德庄园。

　　1939 年 6 月，英国国王乔治六世（左）和美国总统罗斯福，他的助手沃森准将（中），总统夫人埃莉诺·罗斯福和伊丽沙白皇后（右）的合影。

　　晚饭过后，罗斯福和国王在书房亲密会谈。国王在"一战"期间曾在英国皇家海军服役，而罗斯福也曾在"一战"期间担任美国海军部助理部长，所以两人就世界局势和海军发展聊了很多。两人都认为战争即将爆发，只是不知道确切时间而已。罗斯福认为只要纳粹存在，战争就不可避免。在这点上，国王和他有点儿小分歧，国王受张伯伦的理想主义影响，认为战争原本是可以避免的，现在发展到这个地步，真是让人遗憾。罗斯福表明自己立场，并且提到如果英国首都伦敦遭到轰炸，美国政府或许会考虑参战。等到罗斯福注意到国王有点疲惫时，已经是凌晨 1 点半。罗斯福拍拍国王的膝盖，说道："年轻人，该休息了！"

在国王夫妇访问期间，罗斯福表现得很慈祥，就像长辈一样和蔼亲切。新闻界对两个国家首脑的会晤也非常关注，报纸上相关报道不断。

1939 年 8 月，欧洲局势更加恶化。希特勒用花言巧语说服了苏联，苏德于 8 月 24 日签订了 10 年互不侵犯条约，这为纳粹进攻波兰肃清了障碍。罗斯福得到消息后，分别致电希特勒、意大利国王和波兰总统，呼吁避免战争，通过和谈解决纠纷，可是却没有起到任何效果。

4 第二次世界大战爆发
ROOSEVELT

1939 年 9 月 1 日凌晨 2 点 50 分，罗斯福被电话铃声惊醒。他拿起电话，问道："哪位？"

电话是美国驻巴黎大使比尔·布利特打来的，他说："总统先生，我是比尔·布利特。我刚接到托尼·比德尔从华沙打来的电话，德国军队的几个师已经越过波兰边境，战斗十分激烈。托尼得到确切消息，德国的飞机已经盘旋在华沙上空。接着，就断了通讯联系。"

罗斯福的声音有些沉重："谢谢你的通知，比尔，战争终于爆发了，愿上帝保佑我们所有人。"

和布利特通完话后，罗斯福马上给国务卿赫尔、副国务卿韦尔斯、海军部长爱迪生和陆军部长伍德林等去了电话，转告了波兰的情况。

按照英法两国之前对波兰政府的承诺，它们必须出兵支援其抵抗德国。如果英国参战，那战争的规模将无法控制。罗斯福眼前能做的，就是在英国、法国、德国、意大利和波兰等国正式宣战前发去电文。电文内容如下：

> 对平民的空袭，是有违人道主义的残忍行为。我紧急呼吁，希望在任何情况下，有可能参与战争的各国政府都应该公开表明对此事的态度，禁止自己的武装队伍空袭平民。

罗斯福布置好这些事情后，继续回去睡觉。得到消息的其他官员都连夜赶到各自的办公室。收音机中，正播着希特勒发表的战争宣言："我们没有其他办法，只能以炸弹回敬炸弹，我正式宣布，对波兰的进攻已经开始。"

9月1日早上6点半，布利特的电话又打了进来："总统先生，我已经和达拉第通过电话，法国政府已经对德国下最后通牒，如果德国不从波兰马上撤兵，法国政府将派兵支援波兰。"

9月1日上午9点，国务卿赫尔、总统军事助理沃森、总统顾问霍普金斯和秘书处主任麦金太尔都来到白宫。大家从欧洲各国大使发回的电文上，能够感受到欧洲战场的严峻形势。德国军队已经深入波兰境内，纳粹飞机突破空中封锁，向华沙投掷了炸弹。

在陆军部，当天上午举行了一个非常简单的宣誓就职仪式。美国陆军代理参谋长、陆军准将乔治·卡特利特·马歇尔，先受领了美国陆军少将军衔，又受领了临时上将军衔，然后正式宣誓就职成为美国陆军参谋长。

马歇尔生于1880年，17岁时进入弗吉尼亚军事学院，学习高等军事教育。当时马歇尔刚从一场伤寒病中痊愈，入校时身体很虚弱。那些高年级学员经常以虐待新生为消遣，其中最折磨人的方式就是坐刺刀：在地板上立起刺刀，让刀尖朝上，命令新生蹲坐在刀尖上。坐在上面的人如临大敌，不能太用力，那样臀部就会被刺痛；也不能不用力，那样就压不住刀尖，刺刀就要倒下。马歇尔被拉来坐刺刀，因体力不支摔倒，刀尖深深刺进他的臀部，血流不止。马歇尔没有向校方告发，而是保持了缄默，为的是避免肇事者被学校开除。高年级学员集体宣布，以后决不再欺负这个勇敢的家伙。1901年，马歇尔以学年第8名的优异成绩从弗吉尼亚军事学院毕业。第一次世界大战期间，马歇尔担任美国陆军参谋长潘兴将军的随从参谋，辗转欧洲战场，协助长官制订相应的作战计划。1927年至1932年，马歇尔进入本宁堡步兵学校担任教职。这5年是马歇尔人生中最重要的时期之一，对美国陆军的发展具有重大意义。他精心培养了一批优秀青年军官，这些人后来在"二战"战场上取得了不凡成就。

罗斯福认为马歇尔和那些只会在战场咆哮的老派将军们不同，认为他是非常时期的非常人才，因此多次破格提拔。1938年2月，罗斯福任命他为陆军助理参谋长；同年10月，提升为陆军副参谋长；1939年4月，提升为美国陆军代理参谋长。知道德国纳粹入侵波兰后，罗斯福立即安排马歇尔宣誓就职，担当起保卫美国的重任。

1939 年 9 月 3 日，在各自国内人民的压力下，英法根据《英波条约》和《法波条约》被迫对德宣战，第二次世界大战正式爆发。英国首相张伯伦在下院发表了宣战演说："今天，对我们大家来说是最沉痛的一天，对我个人来说也是最沉痛的一天。我信仰的一切，追求的一切，都已经化为虚空。虽然我们已经给德国政府下了最后通牒，但是却没有得到任何回复，因此我国将与德国开战。现在，我能够做的，就是竭尽全力争取胜利与和平。"

当天晚上，罗斯福发表了炉边谈话，其中这样说道：

> 直到 1 日凌晨，我还在幻想出现奇迹，来制止德国对波兰的侵略，来阻止战争的爆发，可是幻想破灭了。
>
> 我们要认清一个不可变更的事实，那就是现在国际关系中，任何地方的和平被破坏，其他国家的和平也将失去保障。我们或许也能不以为然地说，战场远在万里之外，根本不会蔓延到我们美洲，不会蔓延到我们国家，我们只要置身事外就好。但是，眼前的现实让我们清楚地知道，不管是海上航行的商船，还是正在发生的每次战役，都关系到美国的未来。
>
> 对美国和平威胁最大的敌人，就是那种装作权威讲话，却不了解真实情况的人。针对现在和未来，他们向人们做出没有意义的保证和预言，蒙蔽了人们的眼睛，让大家不能客观地面对残酷的现实。
>
> 我经历过战争，知道战争的残酷，因此我痛恨战争，这话我已经说过多次，还会继续说下去。我会尽全部努力，让合众国不卷入战争，确保国家永远中立。需要说明的一点是，我不要求每个美国人也在思想上保持中立。大家有权利认清事实，有权利保留自己的良知。

罗斯福的这些讲话，主要是安抚国内民众的慌乱。战争的爆发，让美国人民认清了纳粹的真实面目。根据盖洛普民意调查来看，80%的美国人民希望英法为首的盟国胜利，但是大家也担心美国像第一次世界大战那样被卷入战争。

1939 年 9 月 5 日，按《中立法》规定，罗斯福宣布禁止向交战国双方输出军火武器。在这之前的两天，在罗斯福的授意下，已经有大批军火运往英法两国。随着战事的开展，英法等国纷纷来信呼吁，希望美国能够提供物资援助。修改《中立法》，已经成为罗斯福最关注的事情。美国掌握的资料表明，英国和法国现有的军用物资只能够抵挡一段时间，如果没有美国的援助，它们会被德国迅速击败。

1939 年 9 月 21 日，在罗斯福的要求下，国会召开特别会议，商讨修改《中立法》。虽然这引起全国孤立主义者的积极反对，但在经过长达 6 周的激烈争论后，10 月 27 日，参议院批准了《中立法修正案》，11 月 2 日，众议院也批准通过。在《中立法修正案》中，武器禁运条款被废除，参战各国都可以按"现购自运"原则向美国购买军用物资和非军用物资。美国修改《中立法》，也是对希特勒的警示。虽然罗斯福宣布美国保持中立，但是却可以通过无限制地输出武器、军事装备等，帮助同盟国赢得这场战争。

在美国政府为欧洲战事感到焦头烂额时，美国民众还没有真正意识到这场战争对美国的意义。10 月 24 日，杜邦公司开始在其总部所在地特拉华州威明顿市销售尼龙丝袜，引起了疯狂的抢购热潮，场面混乱不堪。因为过度拥挤，几个女人当场昏厥，卖场的橱窗玻璃也被挤碎。威明顿市政府派出大量警力，维护现场秩序，才没有酿成悲剧。这种用纤维织成的尼龙丝袜，既透明又比线袜耐穿，被人们赞为"如钢丝一样强，如蛛丝一样细，如绢丝一样美"。虽然每双 2 美元的价格有点昂贵，但是美国女性还是把拥有一双尼龙丝袜当成时髦的象征。在新闻和广告的攻势下，尼龙丝袜迅速行销美国各州。

随着这股潮流，尼龙丝袜也出现在白宫，漂亮的利汉德小姐率先穿起了尼龙丝袜。罗斯福身边有些人嘲笑杜邦集团，认为杜邦集团在经济危机时期耗费 2 200 万美元研究出的尼龙，不过是为爱美的女人们增添双袜子，实在是太不值得。他们以为罗斯福会像过去一样，对杜邦集团表示厌恶，可是罗斯福只是一笑了之。他们还不知道，在罗斯福的授意下，杜邦集团已开始秘密进行一项影响美国和世界发展的研究，即"曼哈顿计划"。

在第二次世界大战爆发前，流亡在美国的犹太物理学家爱因斯坦就写信给罗斯福，建议美国政府抢在德国之前研制出新式武器。战争爆发后，罗斯福批准成立了一个代号为"S-11"的秘密委员会，专门负责核武器的研制工作。该委员会工作内容高度保密，直接受总统指挥。该委员会的研究机构，就设在杜邦公司的秘密基地。

希特勒对波兰实行了"闪电战"，经过 20 来天的狂轰滥炸，波兰已经成为一片废墟。人民开始流亡，军队停止了武装对抗。英国和法国虽然名义上出兵，但都退缩在主战场外。英国派出的部队是皇家海军，巧妙地避开了陆地战，而法国则躲在马其诺防线背后。苏联等波兰境内战事平定之后，就与德国一起瓜分了波兰。苏联因《苏德互不侵犯条约》变得有恃无恐，又在 9 月末出兵占领了拉托维亚、立陶宛和爱沙尼亚，最后开始打起芬兰的主意。苏联除了向芬兰提出割让凯尔连半岛外，还提出租借汉科湾 30 年做海军基地。芬兰政府畏惧苏联，答应了割让要求，但是鉴于汉科湾重要的地理位置，没有答应租借。斯大林非常恼怒，11 月 13 日，苏芬战争开始。芬兰和苏联都是宣布中立的国家，英国和法国没有正当理由出兵援助芬兰，只能对苏联以强凌弱的行为给予强烈谴责，并且把苏联从国联中除名。

就在欧洲局势风起云涌时，罗斯福却变得沉寂起来。令人敏感的 1940 年大选就要来临，不管是美国民众，还是世界各国政府，都在关注罗斯福，看他是否打破美国总统只连任两次的传统，竞选第三次连任。罗斯福的政府中虽然有各种各样的优秀人才，但是显然并没有人能继承这个位置。罗斯福显得有些高深莫测，没有人知道他到底是什么态度，就连埃莉诺也只是通过揣测认为他不会再参加竞选。但是罗斯福的反对者们不这样认为，他们确信他是用沉默来掩饰想要竞选三任的目的，来掩饰想要独裁的野心。

在和利汉德小姐的聊天中，罗斯福说出了他的顾虑："如果我宣布不再竞选连任，那就会失去在国会和党内的影响力；要是宣布竞选连任，就会引起所谓反'独裁'者的情绪。没有办法，只好选择沉默！"

对于是否再次参加竞选，罗斯福的内心也矛盾重重。如果他放弃竞选，民主党内最有资格获得总统提名的就是副总统加纳，可是根据盖洛普民意测验表明，只有 10% 的民主党人支持加纳。民主党会成为自由派的聚集地，这样就会导致共和党竞选上的绝对优势。罗斯福对共和党保守派感到失望，不放心把领导职位拱手让给他们，他想巩固新政的成就。但是 8

年的超负荷工作，也让他身心俱疲。他渴望回到海德公园，过轻松安逸的生活，撰写回忆录。

1940 年 1 月，美国著名杂志《科里尔》的主编到白宫拜访罗斯福，送来了一份年薪 75 万美元的聘请合同，邀请罗斯福担任他们的特约撰稿人。罗斯福在没有张扬的情况下接受了邀请，这也是埃莉诺认为他不会再参加竞选的重要依据。对于他的这个决定，利汉德小姐非常高兴。她最关心的就是罗斯福的身体健康，她希望自己心爱的这个男人能够不用这样疲惫，能够轻松愉快地生活。

5 希特勒的"闪电战"
ROOSEVELT

1940 年 4 月 7 日清晨，德军在攻占波兰之后，进行了第二次"闪电战"。希特勒派出 100 辆坦克、1 000 架飞机和 20 万陆军组成的联合队伍，摧毁了挪威的机场和港口。4 月 9 日，德军占领了挪威首都，国王和军队撤到山区。同日，德军发动了第三次"闪电战"，攻克了丹麦，丹麦国王被迫宣布放弃中立立场，将丹麦"置于德国保护之下"。

1940 年 5 月 10 日，德军发动第四次"闪电战"，分别入侵荷兰和比利时。至此，英法结束了 6 个月的"假战"期，开始正式对德作战。英国首相张伯伦迫于国内压力，向国王乔治六世递交了辞呈。65 岁的温斯顿·丘吉尔临危受命，出任英国首相。

1940 年 5 月 13 日，丘吉尔在英国发表了简短而又震撼人心的就职演说："大家要切记，我们正开始进行历史上最伟大的一场战争……我没有什么可奉献，只有热血和汗水，只有辛劳和眼泪。我们要面对的，是漫长的斗争和艰苦的岁月。我们要做的就是用上帝赐予的全部力量，抗衡人类悲惨罪恶史上前所未有的暴政，进行海陆空战斗。如果问我们的目标是什么，只有一个，就是不惜代价争取胜利。无论道路多么遥远艰辛，无论前方多么可怕，我们也要争取胜利。只有胜利，才能够继续生存……来吧，让我们齐心协力，战斗到底！"

丘吉尔的就职演说，唤醒了麻木的美国人。大家这才真正感受到战争的威胁，在美国和凶残的纳粹德国中间，仿佛只剩下一个英国在孤军奋战。但是如果德军继续利用"闪电战"攻下英吉利海峡，那美国将如何自处？就算美国想要继续保持中立，纳粹德国能够允许世界上最后一个民主国家继续存在吗？危机到来之时，公众才开始学着信赖他们的总统。政府中的孤立派也偃旗息鼓，向罗斯福靠拢。越来越多的人关心国外新闻，关心欧洲战场的简讯。在张贴新闻电讯的布告牌前，经常聚集着无数神色凝重的美国民众。

1940 年 5 月 14 日，德军突破了法军防线，对法国展开了"闪电战"。在德军的狂轰滥炸中，法军一路溃败，形势非常危急。

1940 年 5 月 15 日，罗斯福接到了丘吉尔的电报。丘吉尔在电文中说道："希特勒或许会以惊人的速度征服整个欧洲，墨索里尼也在伺机而动，希望总统先生能够在不派遣武装部队的前提下提供一些援助。如果这也不行的话，英国会继续孤身奋战下去！"20 日，丘吉尔再次发来请求援助的电文，并且说明如果英国战败，他和他的政府绝不苟活。

罗斯福知道，现有的美国国防根本无法抵御纳粹德国可怕的"闪电战"，必须加强军备，才能做到有备无患。他向议员们沉痛呼吁："为了维护美利坚的自由和民主，我们不仅要准备耗费大量金钱在防务上，还要随时抱有准备牺牲的觉悟！"他向国会递交了加强军备提案，要求国会拨出巨款，目的是：为陆军采购各种必要装备，使其更加强大；购买最新式装备，替换陆海军陈旧设备；为军工企业置办生产设备，扩大其生产能力，让其能够供应陆海军所需要的一切战略物资；扩大军工企业生产规模和生产速度，通过 24 小时连续生产的方式，最短时间完成同盟军陆海军的订购合同。

国会中再没有异议和质疑，一个又一个国家的沦陷，已经让大家见识到德军"闪电战"的威力，已经让大家知道海洋已经不能作为保障国家安全的防线。随后的几个月中，国会陆续拨出 170 亿美元，用来加强防务，这是前所未有的数字，比罗斯福要求的还要多。

1940 年 5 月 28 日，在没有任何征兆的情况下，比利时国王宣布向德国无条件投降。屯集在比利时边境的盟军军队，没来得及展开任何措施，就被德军坦克部队包围。盟军唯一的出路，就是在德军的地面部队到来前经由敦刻尔克从海上逃跑。在丘吉尔的指挥下，英国全民总动员，出动能够利用的所有船只，运送被困在那里的英国特遣部队和其他盟国士兵，这就是历史上出名的敦刻尔克大撤退。

英国政府总共动员了861艘各型船只，组成联合舰队，执行协助盟军撤退的任务。在执行任务过程中，有226艘英国船只和17艘法国船只被德军击沉。英国空军总共出动2 739架次战斗机，抗击德军空袭，进行空中掩护。虽然英军损失了106架飞机，却击落140架德机，打破了德国的"空军神话"。

敦刻尔克大撤退从5月28日开始到6月4日结束，总共有338 226名被困盟军士兵撤回英国，其中英军约21.5万、法军约9万、比利时军约3.3万人。因为时间紧迫、船只有限，这些部队撤离时只带了随身步枪和几百挺机关枪，其他重型装备全部破坏后丢弃在敦刻尔克的海滩。

在德军坦克部队和空军部队联合轰击下，英法联军能够成功撤出将近34万人，也占了天时地利的便宜。在撤退的这几天里，天空阴雨连绵，不是大雾，就是小雨，只有两天半适合飞机飞行。因此，德军飞机只大规模轰炸了两天半，其他时间都是扰乱性空袭，没有什么杀伤力。海面上却风平浪静，完全不像是平日波涛汹涌的英吉利海峡。正因为这样，所以就连一些民用船只也能够加入撤退舰队中，加大了运输力。敦刻尔克海边沙滩松软，德军飞机投下的炸弹大多陷入沙滩，杀伤力大大减低，避免了盟军大规模伤亡。

如果英国特遣部队主力没有撤回英国，那就无法预测以后的战争发展。虽然英军失去了大量军备物资，但是保存了一批训练有素的精锐官兵，保存了能够继续战争的有生力量。敦刻尔克撤退不是一次耻辱的败退，而是给欧洲带来光复希望的著名战役。

1940年6月4日晚，在完成敦刻尔克大撤退后，丘吉尔首相在下院发表了慷慨激昂的演说。他首先是警告人们认清现实："我们必须要提高警惕，不要将这次撤退蒙上胜利光环，战争不是靠撤退就能取得胜利的。"然后提到空军的成绩："德军飞机拼命想击沉海面上满载战士的数千艘船只，但他们遭到了挫败，他们被我们击退了，我们成功地撤回了远征军！"

在演说的最后，丘吉尔发表了一项激烈的宣言："我们将奋战到底！我们决不气馁！我们凭借不断增长的信心和力量，我们将在海面上战斗！在空中战斗！无论代价多大，我们都会保卫我们的国家！我们不会屈服！我们决不投降！"

罗斯福收听了丘吉尔的讲话，从那铿锵有力的话语中，感觉到英国政府坚决对抗纳粹德国的决心。罗斯福身上背负的使命感让他不能继续作壁上观，他专门下令给相关部门，负责为英国部队提供军事装备。通过利用《中立法》的漏洞，这些军事装备经私人公司周转，然后再被卖给英国政府。在德国"闪电战"的攻击下，盟军节节败退。美国人民终于清醒地认识到，应遏制希特勒的胜利，否则将会危及美国的安全。

1940年6月10日，墨索里尼看出法国的颓废形势，宣布对法宣战。罗斯福没有想到他能够不顾羞耻，这样落井下石。当天晚些时候，罗斯福来到夏洛茨维尔参加弗吉尼亚大学举行的毕业典礼并发表致词。他的三儿子小富兰克林·罗斯福就坐在毕业生席中。

罗斯福在演说中提醒学生们认清严峻的国际局势："现在有的人还会幻想着，美国能够成为世界里的孤岛，能够凭借武力明哲保身的孤岛，这种想法显然是极其天真的。在1940年6月10日，有只握着匕首的手在邻居背后捅了一刀。而我们这些旁观者，只能愤慨和同情。我们绝对不会介入战争，但是会为那些向往和平的国家提供物资支援。为了预防各种可能出现的紧急情况，我们也要加紧利用物资资源进行武器装备和部队训练。虽然要完成这些目标还有阻碍，但是我们不会绕行，也不会放慢脚步，一切发展和变化都要求我们全速前进！"这次讲话是罗斯福对外政策的转折点，他已经开始逐步表明自己的反纳粹立场，虽然还没有什么实际行动。

1940年6月14日，法国的防御体系彻底被德军击毁，巴黎沦陷，德军从凯旋门进入巴黎市区。法国政府的消极抵抗，决定了巴黎乃至整个法兰西的悲惨命运。孤掌难撑的雷诺总理发出电文向罗斯福呼吁，请求他同意出兵支援巴黎。罗斯福很想对垂危的法国施以援手，但是被《中立法》束缚手脚，也只能给予同情。6月16日，法国议院把一直主张向德国投降的贝当将军推到台前，取代要抵抗到底的雷诺成为法国总理。法国政府已经放弃了武装抵抗，开始寻求与德国谈判的途径。

1940年6月19日，罗斯福的内阁进行了一次人事变更，主张积极备战的共和党人亨利·史汀生被任命为陆军部长，弗兰克·诺克斯被任命为海军部长。原陆军部长和海军部长因固守孤立主义政策，一个被免除职务，一个被外调。

1940年6月21日，是法国近代史上最悲惨、最屈辱的一天。巴黎郊外贡比涅附近的康边森林里，希特勒正践踏着法兰西的骄傲。这个纳粹头子特意提出，要在康边森林与法国签署停战协议。

对法国人民来说，康边森林具有特殊的历史意义。1918年，法国作为胜利者，在康边森林里的老式客车车厢里接受了德国无条件投降的议和书。这节车厢被当成法兰西胜利的象征和骄傲，送进了巴黎国家博物馆。22年后的今天，这里又重现当年熟悉的画面，还是那片森林，还是茂密的参天古树，还是同样的铁道，同样的老式客车车厢，这是希特勒命令德军专门从巴黎博物馆运来的。由于博物馆的精心维护，这节车厢并没有因岁月流逝而显得破旧。好像什么都没有变，只是德国不再是战败者，而是以胜利者的姿态在这里接受法国的投降议和。

大雾笼罩着康边森林，太阳有气无力地挂在半空，光线非常微弱。希特勒没有穿元首制服，而是按照平日惯例，穿着下等兵的绿色制服。他在纳粹军官们的簇拥下来到这里时，这里已经一切准备就绪，仪仗队奏起纳粹德国国歌。担负保护他安全的近卫队队员分两边排开，高呼"元首万岁"。虽然希特勒脸上没有一点笑容，但是这并不影响近卫队队员对他的狂热崇拜和热爱。由于没有自己的后代，希特勒对身边的工作人员都给予"父亲般的关爱"，赢得了很多人的誓死效忠。在这些人看来，那些指责他们伟大元首为"战争狂"和"杀人魔王"的人，都是在污蔑和诋毁。在他们眼中，希特勒不仅慈祥如父，善良程度也能够跟上帝相比。要知道，希特勒是个素食主义者，对小动物非常有爱心。

同德国人的大张旗鼓相比，四个法国代表则低调得不能再低调。他们悄悄地来到这里，悄悄地爬上车厢。在法国政府低三下四的求和声中，希特勒同意停止战争，但是提出了一份非常苛刻的停战协定。协定中除了规定德国和意大利对法国国土的分割要求外，还提到军事方面的要求，主要内容如下：法国必须解散所有的海陆空正规军队，把武器交给德国和意大利；法国必须承担和赔偿德国和意大利在法国耗费的军事经费；法国不能有任何抵抗行为，否则德国可以随时宣布废除该停战协定。

法国代表团认为条件过于"冷酷无情"，要求同波尔多的法国政府通话协商。因为争执不下，双方谈判进行了两天。由于德国要求分割的领土已经占法国全境的3/5，因此即便政府中的亲纳粹分子希望早点停战，也不敢冒骂名而轻率地答应这个条件。不过他们还是期待着和乞求着，希望德国人能够给他们保留点体面。德国代表是德军参谋长凯特尔，他不肯做任何让步，并且给法国人下了最后通牒，一个小时内还不签订协议，就没有和谈余地。法国代表团团长辛格尔将军没有办法，只有同意签字，法国正式投降。

1940 年 6 月 22 日下午 6 点 50 分，成为历史上一个不得不记载的时刻。

法国的沦陷，让英国面临的战争形势更为严峻。法西斯的战火，已经愈燃愈烈。罗斯福既为国际局势焦虑，又为国内强大的孤立主义逆流担心，为了美国的前途，他别无选择，只能争取连任总统。

6 "我们要罗斯福"
ROOSEVELT

1940 年 6 月底，共和党在费城召开了全国代表大会。在这次大会中，来自印第安纳州的温戴尔·威尔基战胜了几位保守派竞争对手，获得共和党候选人提名，成为全国瞩目的政治黑马。威尔基身材高大，不苟言笑，像个地道的美国硬汉。虽然他不是政治老手，但是他在全国有着很高的声望。他比罗斯福小 10 岁，曾

罗斯福在晚宴上的演讲

经是民主党人，是成功经营公用事业的企业家。在罗斯福的二次任期内，他一直是企业界反对新政的代表。他在美国各地发表了几百次演说，抨击新政对企业界的过度干预和限制。威尔基赢得很多在新政中利益受损的大资本家的支持，这也是他能没有征兆地在共和党提名大会上脱颖而出的原因。

自从 1938 年中期选举后，民主党人就发现了他们的危机。因为已经过了好几个年头，所以人们对新政失去了最初的兴趣。很多民主党人都坚信，只有罗斯福参加竞选连任，才能够赢得 1940 年的大选。但是连任三届是个敏感的话题，是个容易引发激烈争议的话题。自从开国总统华盛顿在二次任期结束时选择隐退后，总统最多连任两届就成为美国政坛不成文的规定。好像大家都认为只有遵循这个规定，才能够维护美国民主，才能够避免出现专制和独裁政府。

为了避开敏感的争论，支持罗斯福的民主党人想通过不投票的方式，直接指定罗斯福为候选人。因为民主党主席法利和副总统加纳都表示要参加总统候选人竞选，所以必须两人放弃参加竞选，民主党委员会才能够直接指定罗斯福为候选人。法利曾出色地组织两次总统竞选活动，和全国各地的政客保持着良好的关系。他原本是罗斯福的追随者，1939 年后向保守派加纳靠拢。法利希望罗斯福不再参加竞选，因为那样不仅违反只连任两届的政治传统，也影响到他个人的前途。他很自信地认为，只要罗斯福不参加竞选，自己就能够如愿成为下届总统。虽然罗斯福一直表示不准备再次参加竞选，但是敏感的法利始终保持警惕。他希望罗斯福能够公开表态，以此证明不再参加竞选的决心。可是，随着民主党全国代表大会的日益临近，罗斯福还是不动声色，这让法利很着急。

1940 年 7 月 7 日，天气非常炎热，法利压抑住心中的焦躁，来到海德公园村，拜访老上级罗斯福。在随行的摄影记者面前，法利与罗斯福很亲热地在书房里打招呼，并且露出笑容、摆好姿势，让记者们拍下两人谈笑风生的画面。等摄影记者离开后，笑容也从两人脸上隐去。罗斯福不知怎么脑子里出现了 1932 年 11 月 9 日凌晨的画面，他认为那是自己人生中最骄傲的一天，就在那一天他紧紧地拥抱豪和法利，衷心地向两人表达感谢之情。如今豪已经不在了，法利也不再是可以畅所欲言的朋友，想到这些，罗斯福心中忍不住有些难过。

政治家詹姆斯·法利在一次集邮展上同富兰克林·D. 罗斯福总统交谈

　　法利看着自己曾热烈崇拜过的罗斯福，心中也感触颇深。从罗斯福竞选州长开始，法利就追随着他，全心全意地为他出谋划策。正如罗斯福在大选成功那晚所说的，法利和豪是他最感谢的人。可是，两人从什么时候开始疏远的呢？是从豪去世后吗？还是从霍普金斯出任商务部长开始？罗斯福已经不再邀请他到白宫出席清晨的床边会议，这让法利心中很不是滋味。虽然罗斯福表面上还是对他很客气，但是他知道自己已经被排除在总统顾问圈外。

　　罗斯福知道法利的来意，主动地打破僵局："吉姆，我准备通知代表大会，我不准备参加竞选。我的新书房建得差不多了，我是不是也该写写回忆录啊！"

　　法利当然不会被这种政治辞令糊弄，很直率地说道："如果你能够明确表态，大会就不会提你的名。我不赞成你再次参加竞选，不仅是出于我个人考虑，也是因为三连任是违反民主党政治传统的。如果大会代表能够自行决定的话，就会有其他人被提名，也可能赢得11月的大选。"

罗斯福看着法利，有些认真地问："你希望我怎么做？"

法利显然已经对这个问题早有准备："只要发表一个公开声明就行：如果被提名，放弃竞选；如果被选上，放弃就职。"

罗斯福把身体往后靠靠，轻轻地摇了摇头，用很郑重的语调说道："如今欧洲战火不断，美国的民主得不到保障，情况很危急。如果我能够获得提名并取得竞选成功，那我就不能拒绝宣誓就职。"

两人又寒暄了一会儿，算是都摸清了对方的真实意图，法利知道罗斯福不会放弃谋求连任，罗斯福也知道法利会参加提名竞选。法利这才发现自己忽略了一个问题，那就是本届民主党大会的地点是芝加哥，是罗斯福亲自指定的，而芝加哥的市长正是罗斯福的铁杆支持者凯利。法利有些坐不住了，他知道自己得去芝加哥，不能让凯利掌控那里的局面。

1940年7月15日，民主党全国代表大会在芝加哥体育场开幕。会场内悬挂着巨大的罗斯福画像，代表们神情肃穆地各自就位，气氛有些压抑。没有人能够预测这次大会的结果，谁都不知道接下来会发生什么事。场外就热闹得多，小贩们已经把会场团团围住。这里就如同商业一条街，处处都是卖汽水的、卖啤酒的、卖面包的、卖罗斯福照片的、卖纪念品的，此起彼伏的叫卖声让人忍不住怀疑这里到底是不是严肃的政治场合。法利看到这样情况，有些哭笑不得。发展会场外的商业活动，还是他首创的。1936年提名大会，为了感谢费城企业界对民主党的支持，法利把大会延长至5天，活跃了费城的消费市场。

大会开始后，代表们发现除了法利算是比较有力的候选人外，其他候选人根本就拿不上台面。台上枯燥的演说一篇接着一篇，不仅让人记不清什么内容，还弄得大家昏昏欲睡。代表们都想知道总统的计划是什么，他们知道三连任会引起部分选民反感，但是他们更担心威尔基的声望。如果罗斯福放弃参加竞选，共和党就有可能在这次大选中胜出。罗斯福没有来到会场，谁都不知道他在白宫到底在做什么打算。事实上，罗斯福对会场的任何动态都一清二楚，所有的信息他都通过霍普金斯第一时间了解到。霍普金斯充当了豪当年的角色，成为罗斯福的助手和顾问。伊克斯性格急躁，已经给罗斯福去了好几个电话，请求他过来结束这里的混乱局面。

7月16日晚，在一篇冗长无味的长篇演说后，大会主席巴克利朗读了罗斯福的来信。罗斯福在信中声明：自己从来没有想过再次成为总统候选人，或接受提名参加竞选，自己从来没有继续担任总统的愿望或要求。他还在信中表示，出席大会的全体代表，都可以自由地选择支持哪位候选人。

代表们都沉默着，不知道下一步该怎么做。就在这时，从会场四周的扩音器中传出呼声："我们要罗斯福。"这个声音重复了很多次，而且呼应的人越来越多。代表们纷纷从座位上起来，舞动自己的州旗，"芝加哥要罗斯福"、"纽约要罗斯福"、"波士顿要罗斯福"等呼声响彻全场。

7月17日晚，罗斯福的名字被写在候选人名单上。第一轮投票出来，罗斯福再次竞选的事就已经成为定局。罗斯福以946票获得提名，剩下的候选人总共才获得148张票，其中法利72票，加纳61票，赫尔5票。结果出来后，大多数代表都比较满意，毕竟罗斯福是民主党获胜的唯一希望，但是大家都多少觉得有些窝火。大家冷静下来后才发现，那些"我们要罗斯福"的呼声不是会场中其他代表口中发出来的，而是凯利市长在地下室安装了话筒和扬声器，让人等在那里，在关键时刻发出的呼声。

7月18日早，霍普金斯宣布罗斯福的决定，提名华莱士为副总统候选人，这引起轩然大波，因此这里已经有一堆人在等着争副总统提名。大家开始找出各种理由反对华莱士，有的人指责他原来的共和党身份，有的人指责他的激进态度，会场陷入混乱状态。

这个时候，埃莉诺的演说帮助华莱士渡过了难关。她说道："现在是非常时期，国际形势异常紧张，身为在职总统的候选人，不能够像过去那样有时间和精力参加竞选，他需要华莱士的帮助。如今是我们为美国奋斗的时刻，我们应该摆脱过去狭隘的党派观念。既然你们亲自把责任交付给罗斯福，就请相信他的选择！"

埃莉诺直率的讲话，平息了会场的骚动，经过投票，华莱士以626票成为罗斯福的竞选搭档。罗斯福坐在白宫办公室，通过麦克风向芝加哥会场的代表发表了接受提名的演说。虽然他的演说还是一如既往地精彩，可是却不能引起人们的激情。数百名代表开始怀疑自己的选择，民主党内出现了分裂趋势。罗斯福选择了华莱士，这个结果让很多人无法接受。

不管是对民主党来说，还是对共和党来说，要赢得1940年的大选都不容易。美国人口已经达到 1 亿 3 千万，经济危机带来的阴影还没有消除，欧洲战场的消息频繁传来，让大家都感受到世界大战的威胁。人心浮躁，没有谁会关注候选人精心炮制的演说。事实上，两个候选人也都没有提出什么具体的竞选主题。

1940 年 8 月中旬，威尔基在印第安纳州发表了他接受总统竞选提名的演说。按照惯例，现任总统有责任向两党候选人做国情介绍。威尔基发表完演说后，到华盛顿拜访罗斯福。罗斯福听说他要到了，竟然有些慌乱，连忙喊秘书："快，拿几份文件来！"

秘书问道："总统先生，您需要哪方面的文件？"

罗斯福笑道："什么都行，我的办公桌太干净了！"

秘书把一叠文件送过来，罗斯福把它们散落在办公桌上，让自己看起来像个日理万机的领导。

罗斯福与威尔基的谈话进行了两个小时，其实在大部分政策问题上，两人的想法都大同小异，罗斯福知道威尔基绝对不是自己讨厌的那种共和党保守派。

威尔基从白宫离开后，就开始踏上竞选的里程。他行程超过 3 万英里，前后在 34 个州停留，发表了 500 多次演说，平均每天演说 15 场。他凭借真诚的态度，坦率的言语，得到众多中产阶级的支持。威尔基确实是个强劲的对手，他能够掌握住公众心理。他没有坚持原来的观点抨击罗斯福的新政，而是表示接受新政的内政和外交政策，并且承诺当选后会继续把新政朝人们希望的方向进展下去。威尔基对罗斯福的主要攻击是，谋求三连任的目的是独揽大权，还有在国际局势危急时没能尽快完成加强军备的工作。原本支持罗斯福的新闻界开始转向支持威尔基，民意测验显示威尔基的支持率在持续升高，威尔基认为自己必胜无疑。可是，罗斯福却好像没有大选这回事一样，没有开展任何竞选活动，只是在白宫料理国事。这点让威尔基有些失望，他渴望在世人面前和这位受人景仰的总统正面交锋。

1940 年 8 月 13 日，纳粹德国出动了 1 500 架飞机对英国进行轰炸，拉开了为期 10 个月的"不列颠之战"的帷幕。德军的目的是要摧毁英军的空军力量，从而征服这个国家。与此同时，德军潜艇聚集在法国和挪威沿海港口，想要截断英军物资供给线。在三个月前，丘吉尔就向罗斯福提出，想要借用美国第一次世界大战时期留下的 40 艘老式驱逐舰。罗斯福知道国会不会批准这种非中立行动，所以拒绝了丘吉尔的要求。"不列颠之战"
发生前夕，丘吉尔再次提出借用，并且说明英国战争局势已经万分危急，
或许英国的命运就寄托在这些驱逐舰上。

知道"不列颠之战"开始的消息后，罗斯福打电话给丘吉尔，说明美
国答应借驱逐舰的两个条件：英国政府要保证，在战争失败时要把驱逐舰
驶往安全海域，而不是弄沉或交给德国；英国要把在西半球的几个空军和
海军基地租借给美国使用，时间期限为 99 年。

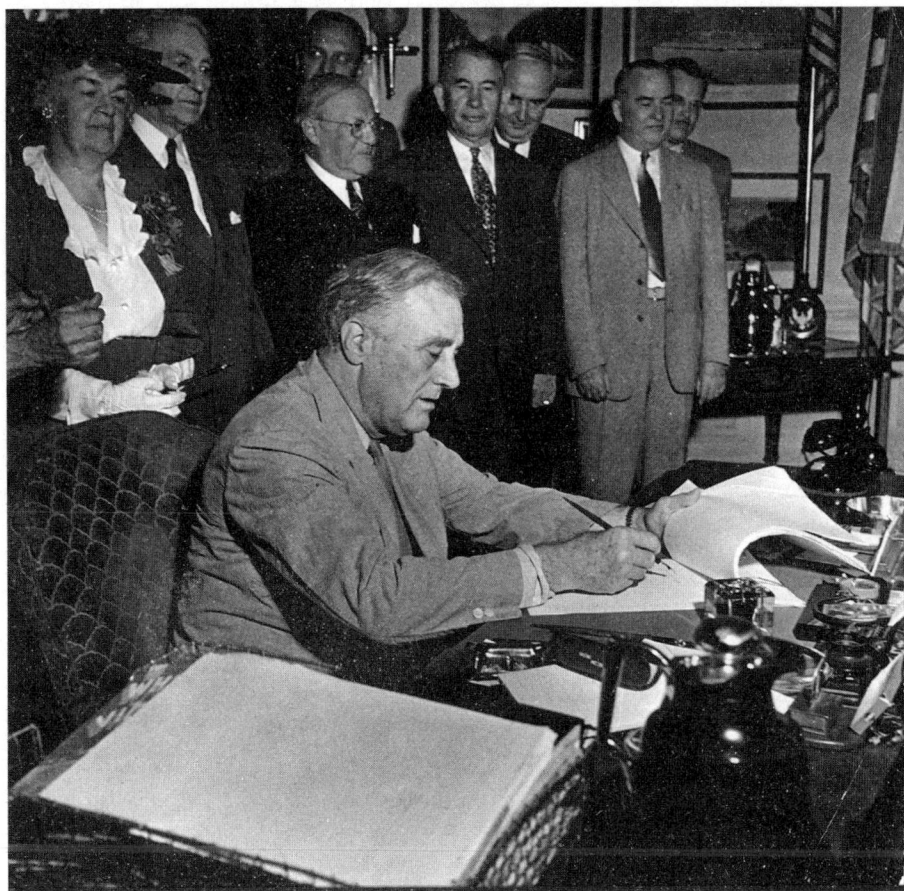

罗斯福签署《征兵法案》

尽管丘吉尔对用军事基地换借驱逐舰的方法不是很满意，但他知道这
是罗斯福能够做到的最大程度的帮助。罗斯福只有用交换的方式来帮助英
国，才不会违反中立法规定，也不会引起民众反感。如果把转让驱逐舰的

提案交国会审议，通过的可能性微乎其微，即使最后能够勉强通过，也不知道要浪费几个星期时间。罗斯福清楚这一点，也知道战争的紧迫性。9月2日，罗斯福通过行政命令，将这些驱逐舰转让给了英国政府。孤立主义者纷纷指责罗斯福，认为他这就算采取了战争行动。新上任没多久的陆军部长和海军部长给了总统最大的支持。公众们每天通过新闻收看英国被轰炸的惨景，都是非常同情英国的，所以没有对驱逐舰交易案有太大质疑。

1940 年 10 月 23 日，罗斯福的竞选活动从费城开始展开，先后在 5 个工业城市发表了长篇演说。他表明，他不喜欢共和党那些凭空捏造的说法，他喜欢和对手堂堂正正地较量。在波士顿的演说中，霍普金斯请罗斯福一定要再次做出不派美国人去外国打仗的保证，只有这样，才能平息公众对 9 月 20 日通过的《征兵法案》的质疑。霍普金斯已于 2 个月前辞去商务部部长职务，全力协助罗斯福竞选。罗斯福用严肃认真的语调对现场的听众做了保证："我保证，绝对不会把你们的孩子送到国外打仗！我以前就说过这样的话，但我还是要再次强调，那就是你们的孩子绝对不会被送到外国战场去。"这句话后来被孤立主义分子们反复引用，当成笑料。

就在罗斯福的竞选活动展开时，共和党方面却犯下一个大失误。支持共和党的《纽约时报》上发表了一篇攻击罗斯福的文章，宣称支持他的那些人都是年收入不到 1 200 美元的穷光蛋。罗斯福借题发挥，提出争取全民平等的口号，呼吁大家反对特权阶级。

根据 1940 年 10 月末的盖洛普民意测验显示，威尔基的支持率一直呈上升势头，已经接近罗斯福的支持率。这场大选的结果没有人能够预测，支持两位候选人的呼声和反对两位的呼声同样高涨。威尔基的祖籍是德国，这成为反对者厌恶他的主要理由；那"1 200 美元收入的穷光蛋"话题，也让城市贫民无法对他产生好感。罗斯福的反对者们也都变换花招对他进行攻击和污蔑。

1940 年 11 月 5 日是大选日，总共有近 5 千万选民参加投票。选举结果出来，罗斯福获得 2 724 万张选票，占总选票数的 55%；威尔基获得 2 230 万张选票，占总选票数的 45%。罗斯福以领先对手不到 500 万张选票的差距，获得第三次连任。在国会中，民主党在参议院的席位少了 5 席，在众议院增了 7 席，可以说这是一场势均力敌的竞选。

这次大选与其说是民主党的胜利，还不如说是罗斯福个人的胜利。罗斯福凭借丰富的竞选经验，知道怎么有效地利用广播，争取为数众多的平民选票。他还能够掌握公众心理，知道什么时机应该攻击，知道怎么利用对手的失误。另外，希特勒对欧洲各国毫无顾忌的蹂躏，也是公众本能地向现任总统身边靠拢的原因之一。如果新总统上台，势必会有一番大动作，这都是美国人厌倦的。在世界局势如此严峻之时，大家宁愿选择现任总统，保持生活的平静，避免出现任何波动。

美国总统富兰克林・D. 罗斯福

1940 年的这次大选，打破了美国流传下来的政治传统，让罗斯福成为美国历史上首位三连任的总统。在纳粹德国肆意横行的危急时刻，罗斯福连任总统对以英国为首的同盟国来说有着更重要的意义。在沉寂一年后，罗斯福终于可以放手施展他的外交政策。

7 租借法案与兵工厂
ROOSEVELT

1940 年 12 月 7 日，罗斯福收到丘吉尔的求助信，英国和德国在欧洲战场的"不列颠之战"还在继续，由于黄金外汇已经枯竭，英国已经无力按照"现购自运"原则从美国购买军事装备。

罗斯福知道，如果德国击溃英国，独霸欧洲，下个攻击的对象就可能会是美国。为了维护世界和平和民主制度，美国全力以赴支持英国是理所当然的。可是，根据《中立法》规定，美国不能向没有偿还第一次世界大战债务的国家提供贷款，这个规定把唯一能够帮助英国的路堵死了。他思虑再三，想出一个关于"租借法案"的构想：向被认为其防御对美国安全具有重大意义的国家，以出售、交换、转让和租借的形式提供武器、军用物资、粮食等任何军需品。罗斯福清楚，国会中的孤立派议员只知道眼前利益，不会同意通过这个法案。他知道，必须先说服他们，才能够顺利通过租借法案，才能够全力支援英国。

1940 年 12 月 17 日，罗斯福在白宫举行一次特别的记者招待会，邀请国会议员和媒体记者出席。罗斯福对与会者说："尊敬的女士们、先生们，欢迎你们的到来！众所周知，英国政府目前已经没有能力拿出资金采购我们的飞机大炮。我们什么都不给他们吗？要知道，保卫美国和平的最好办法就是让英国打败德国。可是，现在的英国用什么打败德国呢？我们是不是可以考虑一下用出售、交换、转让和租借的形式，为他们提供武器、军用物资、粮食呢？"

罗斯福望着那些国会领袖们，他们默不做声，显然要回避这个敏感话题。罗斯福接着说道："有一天，我的邻居家失火了，我这里有个浇花的水管，只要让他拿走，就能够把火扑灭。难道在救火之前，我要先对他讲，朋友，你得先给钱，这个管子价值 15 美元！"

罗斯福望着笑出声的人们问道："你们说，我应该怎么办？"

有人答道："救火要紧，给他好了，才 15 美元！"

罗斯福摇摇头："今天是水管，明天就有可能是汽车，我总不能什么都给他吧？要是那样的话，不用多久，我家的东西就搬空啦！"

大家又是一阵哄笑，有人喊道："那还是向他要钱吧！"

"那对方没钱呢？没钱我们就能够不帮助他吗？难道就任由火势蔓延吗？我可以借给他，让他用完了再还我。如果完好无损，我们也没有吃亏，如果坏了的话，就让他照价赔偿。"

记者们开始追问："总统先生，您说的水管就是指武器吗？"

罗斯福坦然地回答道："是的！如果我们不借给英国武器，战火就有可能蔓延到美洲，这与邻居家失火没什么两样。"

罗斯福的比喻浅显易懂，不仅语惊四座，还通过新闻媒体传遍世界各地。大西洋彼岸的丘吉尔终于松了口气，知道美国终于肯立场坚定地站到反法西斯的大后方。罗斯福的这次招待会影响了不少议员的观点，也成功地通过舆论制造了声势，2个月后，租借法案在国会顺利通过。

1940年12月29日，罗斯福发表了炉边谈话，明确表示，在反法西斯战场上，美国已经成为世界和平的主要力量。尽管他的言辞并不华美，但是却蕴涵着无穷的力量：

> 今晚，在世界局势日益严峻之时，我的思绪像是回到了8年前，回到了那个正处于国内危机的夜晚。美利坚整个金融体系瘫痪，美利坚工业巨轮轰然停止。我还清楚地记得，当我坐在白宫的书房里，当我准备对全国人民讲话的时候，我的眼前就仿佛浮现出美国全体国民的影像。我看到了矿山和工厂的工人，看到了忙着耕田的农民，看到了瘦小的店主，看到了商店里的姑娘，还有那些为生计发愁的孤苦老人。我想向美国人民说明，经济危机对他们的日常生活意味着什么。

> 今晚，在美利坚遭遇新的危机之时，我依然想向美国人民说明，欧洲发生的战争对我们意味着什么。自我们的祖先从詹姆斯敦和普利茅斯海岸登陆新大陆后，美利坚的文明从未受到过这样严重的威胁。凭借着勇敢和努力，我们度过了1933年危机；凭借着勇敢和努力，我们也将能应付眼前的危机——威胁美国安全的危机。

> 1940年9月27日，在柏林，德国、意大利和日本签署了三国协定。三个强权国家走到一起，进行着想要统治世界的扩张计

划。如果美利坚出面干涉或阻挠，他们就会联合起来，用最卑鄙的手段报复我们。纳粹独裁者的野心很明显，他们不仅要操纵德国人的思想和性命，还要踩躏整个欧洲，接着再以欧洲为依托向世界其他地方扩张。虽然他们嘴里口口声声谈到什么"新秩序"，但是那些人心中想的是恢复世界上最邪恶的暴政。在他们的奴役下，人们没有希望，没有自由，没有信仰。那些独裁者通过屠杀、奴役和集中营来践踏民主，来摧毁文明世界的和平。

从军事方面来说，英国站在最前线，是抵抗独裁者的先锋。他们正在进行着勇敢而伟大的战斗，他们将被载入史册，永世不朽，丘吉尔首相就是被载入史册的主角。我会祝福丘吉尔首相，我会祝福丘吉尔首相的国民。

最后，我要说的是，美国成为民主国家"伟大兵工厂"的日子已经来临。

在这次炉边谈话后，罗斯福呼吁各个企业都集中力量投入到军火生产上。工厂的大规模生产，解决了一直让罗斯福头疼的失业问题。他和联邦政府的注意力已经由国内转向国际，整个美国的工业正在向"兵工厂"过渡。

1941 年 1 月 6 日，罗斯福向国会递交了国情咨文。这份纲领性文件充分体现了罗斯福对世界和平和人类文明的信念，也体现了他的政治哲学。他的纲领中提出，现在国家安全受到有史以来最大威胁，美国国家政策制定应该不考虑党派观念，而是根据公众的意愿来制定。罗斯福还提请本届国会拨给充足款项，来制造更多军火和军用物资，用来供应与法西斯进行战斗的国家。在咨文最后，他还提到，大家应期待以人类最基本自由为基石的世界：在世界各地，人们都有言论自由；在世界各地，人们都有信仰自由；在世界各地，人们都有温饱的自由，这意味着各个国家和地区能够达成经济谅解，让所有人能够健康稳定地生活；在世界各地，人们都有向往和平的自由，这意味着各个国家和地区都应裁减军备，让各个国家都无法用武力侵犯邻国。

1941 年 1 月 10 日，罗斯福向国会递交了《关于促进美国国防及其他目标法案》（又称《租借法案》），引起了全国范围内的广泛争论。罗斯福去年12月份"邻人比喻"的影响力这时就凸现出来,公众舆论都主张用援助盟国的方式保卫美国。民意测验表明,有72%的人都支持该法案。但国会中的孤立派却不肯就此罢手,大家心里都清楚,要是批准该法案,美国的立场就不再是中立国,而是一个非交战国。

共和党总统候选人威尔基落选后,不像那些保守的共和党人与对手剑拔弩张,而是能够更客观地面对政敌。一天,威尔基来到参议院,见共和党领袖正在商议事情。当有人问他对租借法案的看法时,他表示支持罗斯福总统的决定。有些议员问道:"你不是说他会把美国人民带进战争吗?"

威尔基笑了:"那些不过是竞选辞令罢了!"

有的议员说道:"他是你的对手啊!"

威尔基坦然地回答:"他曾经是我的对手,我也竭尽全力想打败他,但是他赢得了最后胜利。如今,他是我的总统啦!"

威尔基的洒脱大度,赢得了在座各位的鼓掌喝彩。在共和党进步派领袖的安排下,威尔基将出访英国,用来表明美国国内两党同心协力支援英国的立场。起程的日期就定在1月20日,那天也是罗斯福再次举行总统就职典礼的日子。

在动身前往英国前夕,威尔基到白宫会见罗斯福。两人就国际形势和美国现状进行了谈话,尽管两人刚刚在竞选舞台上激烈较量过,但还是放下党派观念,对一些基本问题达成了一致意见。

当罗斯福提到,请威尔基到英国后探望一下不久前出访那里的霍普金斯时,威尔基说出了自己的疑问:"总统先生,霍普金斯有什么过人之处吗?为什么总统先生这样信任霍普金斯,为什么把他留在身边呢?很多人都对这个问题很好奇。"他问这话是有缘故的,霍普金斯从去年辞去商务部部长职务后,就以总统特别助理的身份住进白宫最高级的客房里,家眷也跟着进了白宫。不久前,霍普金斯又作为总统特使到欧洲进行为期一个月的访问,主要目的是了解欧洲战场形势和对武器的需求情况。

罗斯福的语调有些低沉:"如果有一天,你也当上了总统,你就会发现,所有来见你的人都是对你有所求。霍普金斯却只是等待你的命令,然后出色地去完成它。那个时候,你也会需要霍普金斯这样的人的!"

气氛有些凝重,罗斯福笑笑,说:"我们不谈这些,你帮我带封信给丘吉尔首相,这样也能够让你的非正式访问显得郑重些。"说完,他拿起一张信纸，给丘吉尔写了亲笔信，并且结尾处还附上朗费罗的诗句：

> 扬帆前进，联邦的巨舟！
> 扬帆前进，强大的同盟！
> 忧患中的人类，
> 正将他们未来的所有希望，
> 寄托在你的命运之上。

在参加完 1 月 20 日的连任就职典礼后，罗斯福的主要精力都放在关注《租借法案》的进程上面。2 月 8 日，众议院以 260 票比 165 票通过了该法案。3 月 8 日，参议院以 60 票比 31 票通过该法案。3 月 11 日，该法案由罗斯福签署后正式生效。直到签完字后，他才松了口气，笑着对已经从欧洲归来的霍普金斯说："我们终于可以合法地帮助好邻居啦！"

1941 年 6 月中旬，利汉德小姐因病离职。月初，她因中暑身体有些虚弱，没几天就变得很严重，精神也不是很好，只好住进了医院。罗斯福每天去看望她，但是她的情况越来越糟糕。医生建议，最好避免外界对她的刺激，总统先生最好减少探望的次数。罗斯福无可奈何，只好通过医生和护士们的汇报电话了解利汉德小姐的情况。利汉德小姐的离开对罗斯福的影响很大。利汉德小姐陪伴他二十多年，是他人生中最重视的女性之一。他曾经开玩笑地称呼利汉德小姐为"第二夫人"，说她和小狗法拉是他的第二个家庭。罗斯福的女儿安娜知道利汉德小姐的工作对父亲的重要性，于是她搬回了白宫，接替利汉德的工作，充当起白宫女主人的角色。埃莉诺的社会活动过多，经常不在白宫。

1941 年 6 月 22 日，在没有事先警告的情况下，希特勒派兵入侵苏联。这次大战不仅是德国和苏联的战争，意大利、罗马尼亚和匈牙利等法西斯国家也跟随纳粹军入侵苏联。第二次世界大战中规模最大的战役在苏联境内展开，使这里成了世界反法西斯的主战场。整条战线绵延 2 000 多公里，法西斯出动 190 个师的兵力，对苏联展开了异常凶猛的进攻。

1941 年 6 月 23 日，丘吉尔在演说中谴责了德军入侵苏联的罪恶行径，并且表明英国愿意给予苏联最大的支持和帮助。

美国各界也在关注苏德战争，不管是参战派，还是孤立派，呼声都越来越强烈。美国陆军部长、海军部长以及海陆空主要高级将领，都认为眼下是向法西斯开战的最好时机。孤立派们却叫嚷着，要绝对避免战争，只能对反法西斯国家提供战争以外的援助。罗斯福认识到，苏联被迫参战，已经扭转了战争进程。他还存着侥幸心理，认为这是美国不卷入战争也能够抗御法西斯的机会。他决定援助苏联，在战场后方和法西斯战斗。霍普金斯作为总统特使，再次前往英国，并且转道去了苏联，会见斯大林。霍普金斯的行程，成为反法西斯国家最关注的话题，大家都认为他是美国远征军的先锋。而在霍普金斯的周旋安排下，影响世界的两个伟人即将会晤。

8 《大西洋宪章》
ROOSEVELT

    1941 年 7 月末，白宫传出消息，总统正准备去进行钓鱼旅行。8 月 3 日，罗斯福带着随从人员上了他的私人游艇"波托马克"号。埃莉诺认为罗斯福选择这个时候旅行不合时宜，但也没有劝阻。利汉德小姐离开后，罗斯福的精神状态一直很不好，埃莉诺希望他能够去放松一下心情。美国国内的各大报纸都做了总统在休假的报道。

    令人意外的是，公众竟出人意料地宽容，没有谁指责罗斯福在国际局势动荡不安之际去海上晒太阳的行为有什么不妥。大家认为罗斯福已经是 59 岁的老人，并且还身患残疾，需要适当的休息和调整。事情就是这样奇怪，在前两次任期内，罗斯福的政敌们一直拿他的残疾问题做文章，希望公众不要相信他能够给大家带来希望和曙光。如今，罗斯福的政敌们都懒得提这个话题了，公众开始学着关爱他们的总统。美国的学龄儿童为了表示对总统的敬爱和同情，还募捐了 4 万枚硬币，作为在白宫修建加温游泳池的费用。

    1941 年 8 月 4 日，美国陆军航空队的上尉埃利奥特·罗斯福在巴芬群岛执行空中监测任务时，接到上级用无线电发来的命令，命他立刻返回纽芬兰基地待命。而在"梅朗"号军舰上服役的海军中尉小富兰克林·罗斯福也接到命令，暂时停止往返英国运输武器的护航任务，留在港口参加巡航工作。8 月 8 日，两人分别接到命令，乘飞机到"奥古斯塔"号军舰上会见总司令。两人都很纳闷，不知道长官为什么派小小的尉官去见总司令。

　　1941 年 8 月 8 日，大西洋普拉夏森湾，在美国重型巡洋舰"奥古斯塔"号上，罗斯福悠闲地坐在前平台的安乐椅上，等着儿子们的到来。埃利奥特和小富兰克林这才知道，长官们口中说的不是陆军总司令，也不是海军总司令，而是他们的父亲罗斯福。根据美国宪法规定，美国总统为美军最高统帅，是武装部队的总司令。安排父子三人短暂团聚的，是陆军参谋长马歇尔和大西洋舰队司令约瑟夫·金。

　　埃利奥特是在 1940 年《征兵法案》通过后入伍的，在那之前他已经是一名成功的广告商人。他可以说是罗斯福家的另类，从格罗顿公学毕业后，他没有向父兄那样进入哈佛大学继续学习，而是选择出来工作。在1932 年，罗斯福第一次当选为总统时，埃利奥特已经小有所成。罗斯福希望儿子们能够在专业领域发展，而不是去做百万富翁。埃利奥特因为从小患腿疾，所以脾气特别暴躁。

　　有一次，埃利奥特把一只猎犬带回白宫。这只猎犬体格高大，性格凶猛，见人就狂哮个不停，谁也制伏不了它。罗斯福见猎犬已经给其他人带来不便，就用开玩笑的口吻问埃利奥特："如今白宫拥挤不堪，只有一块地方给你，你选择一下，是你住下，还是你的狗住下？"

　　埃利奥特没有选择，他带着他的猎犬走了。

　　1940 年 9 月，国会通过《征兵法案》后，埃利奥特就把广告公司转手，报名入伍。他没有按照罗斯福家族的传统，当一名海军，而是进了陆军航空队（美国空军前身）。上级最初给他安排的是文职，后来他得知有共和党人在大选期间就此事攻击罗斯福，说罗斯福凭借总统的身份把儿子安排在毫无危险的办公室。埃利奥特非常生气，主动要求转军职。在接受空军情报处的专业训练后，埃利奥特被派到纽芬兰基地服役。

　　相对于埃利奥特，美国公众更关注小富兰克林，因为他不仅有个显赫的总统父亲，还娶了杜邦家族的小姐。哈佛大学毕业后，他继续到弗吉尼亚法学院学习，1940 年 6 月才毕业。他原本已经在律师事务所找好工作，但还是在欧洲战争局势越来越严峻的情况下，决定到海军部队服役。

　　小富兰克林看到罗斯福后，快步走上前去，给了父亲热情的拥抱："父亲，见到您真是太高兴啦！"

罗斯福笑了："我也很高兴，富兰克林！"

埃利奥特则只是和父亲点头致意，他心中对父亲的爱并不亚于弟弟，只是因为害羞，不好意思表达出来而已。到部队服役后，他一直通过新闻关注着父亲，他知道父亲此时应该在科德湾"钓鱼"，而不是出现在大西洋公海上的军舰上。

小富兰克林却没有想那么多："父亲，您是来看我和哥哥的吗？"

罗斯福摇摇头："我在等你们的哈里叔叔，明天他会和丘吉尔一起过来。"

当天晚上，罗斯福和参加此次大西洋会议的代表开了一个会，整理会谈中美方需要阐明的战略观点。代表包括陆军参谋长马歇尔上将、海军作战部长斯塔克上将和陆军航空队的阿诺德上将等陆海空三军最高军事指挥官，还有白宫军事顾问沃森、代理国务卿韦尔斯。罗斯福的两个儿子被临时任命为总统随从军官，也加入了这次会谈。

1941 年 8 月 9 日早，丘吉尔乘坐的"威尔士亲王"号大战舰到达约定海域。霍普金斯先登上"奥古斯塔"号，把自己对丘吉尔的认识和看法详细地告诉罗斯福，让他对两人的会见有所准备。

上午 11 点，丘吉尔登上了"奥古斯塔"号，罗斯福坚持从轮椅上起来，站着迎接他的客人，乐队先后演奏了两国国歌，《上帝保佑我王》和《星条旗永不落》。

国歌演奏完毕，丘吉尔走向靠在埃利奥特臂弯里的罗斯福，递交了英王乔治六世的亲笔信。罗斯福接过信件后，交给站在一旁的霍普金斯，然后双手握住丘吉尔的手，用热情的声音说道："欢迎您的到来，丘吉尔先生！"

丘吉尔看着罗斯福，郑重地说道："终于见到您了，总统先生！"

罗斯福笑着回答："是啊，我很高兴，我们走到一起啦！"

丘吉尔说道："能够见到总统先生，真是荣幸之至。虽然是初次见面，心中却感到无比亲近。"

罗斯福笑着纠正道："我们这是第二次见面了，1918 年我们在伦敦见过一面。只是不是总统和首相的见面，而是美国海军助理部长和英国皇家海军军需大臣的见面。"

随后，罗斯福和丘吉尔共进午餐，霍普金斯作陪。虽然丘吉尔比罗斯福年长几岁，但是毕竟在外交等级上低于罗斯福，所以称呼罗斯福为"总统"或"总统先生"，罗斯福则直接称呼他的名字"温斯顿"以表亲切。

两人的人生履历有很多相似之处，都出生于富裕家庭，受过良好的教育，经历过复杂的政治斗争。两人都有过在海军部门工作的经历，这让他们有了更多的共同话题。

午餐结束后，丘吉尔返回"威尔士亲王"号。罗斯福的海军侍从副官比尔德尔上校来到"威尔士亲王"号，递交了总统邀请丘吉尔首相及其随行人员到"奥古斯塔"号参加欢迎晚宴的正式函件。没过多久，霍普金斯也派人过来送信："我刚刚和总统交谈过，他想请您在今天晚宴过后留下，非正式地对大家谈谈对这场战争的看法。"

傍晚时分，在"奥古斯塔"号上，罗斯福举行了十分正式的社交晚宴。宾主双方相谈甚欢，现场气氛非常热烈。大家谈话的两个主题是反法西斯联合宣言的相关条款和日本的侵略威胁。丘吉尔认为美国应出兵对付日本，牵制法西斯在太平洋地区的扩张行为。

宴会结束，丘吉尔发表了关于欧洲战事分析的演说。除了两国高级官员，军舰上的美国士兵也亲耳聆听了这次精彩的演说。

1941年8月10日，是礼拜天，在"威尔士亲王"号的甲板上，进行着一个别开生面的仪式。罗斯福带领美方代表过来，同丘吉尔为首的英方代表一起做祷告，倾听随行牧师吟咏的《旧约·约书亚记》第一章耶和华勉励约书亚的箴言：

> 你平生的日子，必无一人能在你面前站立得住。
>
> 我怎样与摩西同在，也必照样与你同在。
>
> 我必不抛下你，也不丢弃你。
>
> 你当刚强壮胆，不要惧怕，也不要惊惶，
>
> 因为你无论往哪里去，耶和华你的神必与你同在。

牧师祷告后，上千名海军同声唱起了罗斯福亲自选定的海军赞美诗，现场除了庄严肃穆，更多了几分悲壮。赞美诗内容如下：

> 永恒的上帝啊，
>
> 万能的救世主，
>
> 你挥动巨臂，力挽狂澜，
>
> 汹涌的波涛已被制伏，
>
> 深邃的大海被迫就范，

啊，人们在海上遇难，

　　请倾听我们的呼唤。

　　罗斯福和丘吉尔被这种气氛感染，都强忍着泪水。这是怎样的情景啊！甲板上站满英美两国的军人，大家有着共同的信仰，说着共同的语言，坚持着共同的理想和信念。

　　1941年8月10日，美国总统富兰克林·罗斯福和英国首相温斯顿·丘吉尔登上"威尔士亲王"号。

　　礼拜仪式后，罗斯福坐在轮椅上，参观了"威尔士亲王"号。他还为舰上的1 500名英国海军带来了礼物，那就是每人一份水果、一份干酪和200支雪茄。随后，罗斯福和丘吉尔再次共进午餐。丘吉尔是个非常细心的主人，他听说罗斯福爱好打猎，还特意在菜单中加了一道野味。

　　从1941年8月10日开始到8月12日，除了罗斯福和丘吉尔洽谈两国联合互助的原则外，两国的军方代表和外交代表也都分别展开了会谈。8

月 12 日，在"奥古斯塔"号的舰舱里，罗斯福和丘吉尔确定了联合宣言的最终内容，大西洋会议正式落幕。双方代表都对会谈结果表示满意，罗斯福和丘吉尔也建立了良好的个人关系。在接下去的四年中，两人又陆续会见了 10 次，总共时间加起来为 120 天。在两个伟大男人身上，产生了令人景仰的友谊。

1941 年 8 月 14 日，美国和英国同时向民众发表了两国领导人共同起草的《美国总统和英国首相的联合宣言》，史称《大西洋宪章》，全文共 8 条：

美国和英国不追求领土或其他方面的扩张，

美国和英国不承认法西斯通过侵略造成的领土变更，

美国和英国尊重各国人民选择其政府形式的权利，

美国和英国将努力恢复被暴力剥夺的各国人民的主权，

美国和英国各国在贸易和原料方面享受平等待遇，

美国和英国将努力促成一切国家在经济方面最全面的合作，

美国和英国将努力摧毁纳粹暴政，以重建和平，公海航行自由，

美国和英国解除侵略国家的武装后，必须放弃武力、削减军备。

在世界和平已经被严重破坏时，《大西洋宪章》的发表对动员世界人民加强反法西斯联盟起到了积极的作用。作为尚未参战的国家，美国能够和英国一起发表立场如此明确的声明，对德、意、日法西斯也是沉重的打击。

《大西洋宪章》不仅标志美英两国建立了反法西斯的政治同盟，也成为后来联合国宪章的基础。1941 年 9 月，在英国政府的组织下，英国、苏联、比利时、卢森堡、荷兰、南斯拉夫、波兰、捷克斯洛伐克、希腊、挪威等同盟国家召开了谈论《大西洋宪章》的会议。虽然没有明确提出，但是《大西洋宪章》已经成为这些国家反法西斯的斗争纲领。9 月 24 日，苏联政府也发表公开声明，赞同《大西洋宪章》上规定的 8 条原则。

1941 年 9 月 4 日，德国潜艇在大西洋公海攻击了美国驱逐舰"格里尔"号，尽管他们发射的两枚鱼雷都没有命中，但罗斯福还是抓住这一事件，强烈谴责德国在公海袭击非交战国家的"海盗行为"。事实上，被隐藏的真实情况是这样的：英国飞机发现了德国潜艇，告诉了在这附近巡航

的美国舰艇。美国舰艇尾随德国潜水艇，用雷达探测出所在方位并通知了英国护航队。英国出动战斗机，向德国潜艇投掷了 4 枚深水炸弹。潜艇上的指挥官以为是后面跟踪的"格里尔"号发动的攻击，便发射了两枚鱼雷，根本不知道这是一艘美国舰艇。

1941 年 9 月 7 日中午，就在罗斯福还在研究怎么处理"格里尔"号事件时，萨拉去世了。罗斯福回海德公园整理母亲的遗物，虽然他尽量克制自己，但工作人员还是能够感受到他的悲伤。

1941 年 8 月 20 日，人群拥挤在以美国总统富兰克林·罗斯福肖像为特写的加速军备的海报前。

1941 年 9 月 11 日，罗斯福就"格里尔"号事件发表公开讲话，宣布为了保证海上航行自由，只要德国舰艇出现在视野内，美国海军就可以发动攻击。美德两国关系日益紧张，希特勒知道两国之间的战争不可避免，于是加紧对苏联的攻击。他想在美国参战前消灭苏联，以免到时候腹背受敌。

9 珍珠港事件
ROOSEVELT

1941 年 12 月 7 日，星期天，白宫总统办公室，罗斯福和霍普金斯刚刚用过午餐。罗斯福一边翻阅着自己的集邮册，一边和霍普金斯聊天。下午 1 点 47 分，电话铃响了，是海军部长诺克斯的电话："总统先生，日本人好像袭击了珍珠港！"

罗斯福很惊讶："怎么回事？"

诺克斯回答道："总统先生，海军部电讯部门刚刚侦获一份电文，内容为'珍珠港遭到空袭。'是太平洋舰队总司令金梅尔向夏威夷的美国舰只发出的紧急通知。这个电文的内容，真是太令人震惊了！"

"哈里，日本人好像袭击了珍珠港！"罗斯福挂了电话后，十分沉重地对霍普金斯说。

霍普金斯摇摇头："这肯定是错误消息，日本人不会这样愚蠢，主动向美国挑衅。"

罗斯福说道："日本有理由这样做，如今他们正在往东南亚一带扩张，美国太平洋舰队成为他们最大的阻碍。珍珠港是太平洋舰队的大本营，当然就会成为他们的攻击对象。我料定我们的敌人不会不犯错，如果日本人进攻我们，我将让国会批准我们参加这场战争。"

二十多分钟过去后，海军参谋长斯塔克打来电话，珍珠港确实被日本军队袭击，损失非常惨重。珍珠港位于夏威夷群岛中心瓦胡岛的南端，面积 598 平方英里，是美国在太平洋地区最大的海军基地。

罗斯福赶紧挂电话给赫尔："赫尔，日本人袭击了珍珠港，战争开始啦！"

赫尔有些不敢置信："怎么会这样？日本大使野村来了，正在外面等着，不像是知道已经开战的样子！"

罗斯福说道："他应该是来转交政府的回复文件的，要不动声色，看看他们怎么说。"

国务卿办公室外的会客室里，日本驻美国大使野村等得有些焦急。最近几个月，美国和日本关系日益紧张，两国外交部门也一直在谈判和交

珍珠港被日军空袭，惠勒机场的上空及飞机库处于燃烧之中，这促成了美国对日宣战。

涉，希望能够找出一条不用武力解决也能够和平相处的途径。12 月 6 日，罗斯福向日本裕仁天皇发了呼吁和平的电报，希望日本能够从印度和中国撤兵，同时表示承认日本在中国东北三省的"满洲国"政权。此刻，野村大使就是奉日本首相东条英机命令，过来递交答复的。原本政府是要求他在 7 日下午 1 点把这个回复交给美国政府，因为在翻译电文过程中出了点问题，耽误了一些时间，所以现在才送过来。

赫尔让秘书请野村进来，接过了他拿来的回复文件。日本政府没有说要断绝关系，也没有表示要宣战，只是提到由于美国政府的态度问题，觉得没有继续谈判的必要，并且表明对不能够达成协议深表遗憾。赫尔迅速地读完了文件，看到里面都是颠倒是非的说辞，非常愤怒，忍不住向野村厉声说道："在我过去 50 年的公职生涯中，从来没有见过这样扭曲事实、充满谎言的文件。过去几个月中美国政府为和谈作出的努力，全都有案可查，不是日本政府信口雌黄就能够抹杀的。"

野村大使想说点什么，但是赫尔没有容他开口，就把他打发走了。

ROOSEVELT

　　晚上 8 点半，罗斯福在白宫二楼召开了内阁会议。会议气氛非常严肃，紧张程度足以和南北战争爆发时召开的内阁会议相比。海军部长诺克斯向大家汇报了在这次袭击中的相关损失情况，美军官兵死亡 2 403 人，失踪和重伤 2 233 人；太平洋舰队共有 18 艘舰只被击沉或受重创，其中包括太平洋舰队的全部战斗舰只；被炸毁的战斗机有 188 架，被炸坏的有 159 架；航空母舰出海执行任务还没有回航，侥幸逃过一劫；海军船坞内的油库和潜艇库因位置隐秘，没有被日军轰炸。罗斯福听完汇报，心中非常难过，2 403 个生命就这样没了，2 403 个家庭就要因这个噩耗而痛心疾首。但是，罗斯福又觉得松了口气，政府终于可以理直气壮地加入战争了。外来的威胁会让人们变得团结，而不像过去那样一直纠缠不休。他的表情是镇静严肃的，沉默了很长时间，才开口说道："不管是要和平，还是要战争，美国已经没有选择余地，因为日本人已经替我们做了决定。"

日军空袭珍珠港后，来自其他船上的船员正在抢救燃烧中的"西弗吉尼亚"号战列舰。

一个小时后，国会领袖们到了，罗斯福把珍珠港事件告诉他们，并且要求国会在明天召开参众两院联席会议。

随着消息的传开，美国民众的愤怒情绪高涨，大家纷纷聚集起来，有的在日本大使馆外宣泄不满和抗议，有的在白宫外高唱爱国歌曲。赫尔怕日本使馆发生问题，危及美国驻日外交工作人员的安全，指示安全部门把大使馆所有人员转移到高级饭店软禁起来。

日本在袭击珍珠港的同时，还对东南亚展开了全面进攻，马来西亚、菲律宾群岛、香港、关岛等都遭到了日本战斗机的轰炸。

1941 年 12 月 8 日中午 12 点 30 分，在罗斯福的要求下，国会召开了参众两院联席会议。罗斯福身披蓝色海军斗篷，在儿子詹姆斯上尉的搀扶下，缓步走进国会大厅。不管是共和党议员，还是民主党议员，都用依赖和景仰的神情望着他们的总统，过去的一切政治纠纷好像都烟消云散。在眼下国家命运受到严重威胁时，大家能够毫无芥蒂地团结在一起，能够认识到罗斯福总统带给大家的信心和勇气是多么可贵。

罗斯福缓缓地通过斜坡，登上讲坛。除了参众两院议员外，内阁人员、联邦最高法院的法官们、各国外交使节都应邀旁听会议。另外，他还让埃莉诺陪同威尔逊夫人也来到会场，来见证这一不平凡的历史时刻。罗斯福环视了一下会场，然后用他铿锵有力的声音，做了人生中最著名的一次演说：

> 昨天，1941 年 12 月 7 日，将成为我国的国耻日，美利坚合众国遭到了日本帝国海军、空军有预谋的偷袭。
>
> 在此之前，美国和日本一直处于和平状态。应日本之请，联邦政府正同该国政府及天皇谈判，希望能够维持太平洋地区的和平。
>
> 当日本空军部队开始轰炸美国的瓦胡岛一小时后，日本驻美大使及其同僚还向美国国务卿递交了正式函件，回复美国最近致日本的一封函件。虽然这份文件声称目前外交谈判已经没有继续下去的必要，但是却没有什么警示的言词，也没有暗示将要发动战争或者采取军事行动。
>
> 夏威夷岛距日本颇远，这说明此次袭击是在几天前甚至几星

期前就开始策划的，此事将被记录在案。在阴谋策划期间，日本政府不仅发表虚伪声明，还装出愿意继续保持和平的姿态来欺骗美国。

昨天，日本对夏威夷群岛的袭击，给美国海、陆军造成了严重损失。我很遗憾地告诉你们：很多美国人被炸死。同时根据报告得知，在旧金山和火奴鲁鲁之间的公海上，若干艘美国船只被水雷击中。

昨天，日本部队还袭击了马来西亚。

昨晚，日本部队袭击了香港。

昨晚，日本部队袭击了关岛。

昨晚，日本部队袭击了菲律宾群岛。

昨晚，日本部队袭击了威克岛。

今晨，日本人袭击了中途岛。

昨天和今天的情况已说明了事实真相，日本已经在整个太平洋区域发动了全面的突然袭击。美国人民应清楚地看到，这是关系着美利坚存亡安危的问题。

作为海陆军总司令，我已经下令，采取一切手段进行防御。

我们将永远记住这次袭击。

无论击败这次有预谋的侵略需要多长时间，美利坚人民正义在手，就有力量夺取最后胜利。

我保证，我们将完全确保我们安全，确保我们永不再受这种无信义行为的危害。我相信，这话也代表了国会和人民的意志。

大敌当前，我国人民、领土和利益正处于极度危险中，我们决不会闭目不视。

我们的人民有无比坚定的决心，我们相信我们的军队，胜利必将属于我们。愿上帝保佑我们。

我要求国会宣布：因日本在 1941 年 12 月 7 日星期日无故偷袭我国，美利坚合众国同日本已经处于战争状态。

罗斯福的演说不到 10 分钟就结束，在整个演说过程中，议员们不时给予阵阵掌声。参议院以 82 票对 0 票，众议院以 388 票对 1 票，分别通过了罗斯福的对日宣战要求。

1941 年 12 月 8 日，美国正式参加了第二次世界大战。同日，英国也正式对日宣战。9 日，中国国民政府对日宣战。几天之内，对日宣战的国家和地区达到 20 多个。

1941 年 12 月 9 日晚，罗斯福向全体美国人民发表了针对这次事件的"炉边谈话"。他把日本发动侵略恶行的部分原因，归罪于德国纳粹的蛊惑。霍普金斯知道，罗斯福已经在为对德国宣战做准备。罗斯福向公众一一列举了过去 10 年中德、意、日法西斯国家的侵略行为，用来说明日本在亚洲推行的政策和德国在欧洲的政策非常相似，那就是用偷袭的办法发动战争。罗斯福最后强调说："我们全体美国人民都应紧急动员起来，积极投入到反法西斯斗争中。这不仅是一场持久战，还是一场艰苦战，战争需要的物资也会成倍增加，这就要求军工企业在现在的基础上加速生产。"

在罗斯福的这次"炉边讲话"后，美国军工企业都开始实行每星期 7 天工作制，许多重要的生产部门都是 24 小时生产，用来补充美国空军、海军的缺失。各大财团开始投建更多的新厂、大规模扩建老厂，许多小工厂也开始转向生产战略物资，在机器的轰鸣声中，美国真正成为巨大的兵工厂。

1941 年 12 月 11 日，希特勒在德国国会上发表了对美宣战的演说，他咒骂罗斯福是虚伪的基督徒，是煽动战争的凶手。为了联合起来对付美国和英国，也为了分配势力扩张范围，希特勒和墨索里尼、东条英机签订了一个新协定。协定中申明，在对美国和英国的作战取得胜利前，绝对不停火；在任何情况下，绝对不单独和对手议和。在势力扩张范围上，就眼下形势，德国侵略重点是欧洲，意大利是非洲，日本是亚洲。三个国家还商定，在取得战争胜利后，共同建立合理的"世界新秩序"。

珍珠港事件后，收到警报却没有重视的太平洋舰队司令金梅尔被解职，海军上将尼米兹成为新司令。

由于发生了珍珠港事件，美国政府才有了合理的参战理由，也使第二次世界大战的阵营最后成型。在诸多偶发历史事件的促使下，美国、英国和苏联成为联合战斗的同盟。虽然美英两国和苏联的国家形态不同，过去也一直存在偏见和敌意，但是在严峻的世界局势下，那些都变得无足轻重。

在美国公众看来，珍珠港事件是美国政府对日本野心估计不足发生的，人们因此而同仇敌忾，放弃孤立主义立场，支持联邦政府做出参战决定。可是，在以后的几年中，越来越多的人从蛛丝马迹中发现，事情似乎并没有那样简单。在日本飞机进行轰炸时，海面上整齐地排列着美国太平洋舰队的作战舰只和飞机，没有任何掩护和防御措施。这就如同美国参议员们说的，"美国海军睡着了"。为这次偷袭，日本出动了由6艘航空母舰和17艘其他舰只组成的超强大舰队。如此大的声势，就算日本军方是秘密行进，美军也不应该没有任何察觉。虽然珍珠港事件中，美国海军力量损失严重，但是并没有伤筋动骨，因为所有的航空母舰都在外面执行任务。有人猜测，罗斯福和美军几位高级将领已经提前得到日军要偷袭珍珠港的情报，但罗斯福为了摆脱国内孤立主义的束缚，牺牲了太平洋舰队。猜测只是猜测，并没有权威的资料可以证明这种令人惊讶的猜测。但有一点是明确的，那就是罗斯福一直在寻找机会直接参战。在美国正式参加第二次世界大战前，罗斯福先后敦促国会通过了《中立法修正案》和《租借法案》，对英国为首的盟国政府提供各种支持和援助，实际上，罗斯福早就站在了与法西斯敌对的立场上。

ROOSEVELT
第六章
峥嵘岁月

　　罗斯福在给民主党主席罗伯特·汉尼根的信中写道:"到明年 3 月,我在总统与武装部队总司令的任上就满 12 个年头了。我不想再参加竞选了,我的灵魂呼唤我回赫德逊河畔的老家去。可要是人民命令我继续进行这场战争,继续担当这项职务,那我只好答应,因为士兵是没有权利让自己从火线上退下来的。"

1 白宫的客人们
ROOSEVELT

　　1941 年 12 月 22 日，在罗斯福的邀请下，丘吉尔出访美国，到白宫做客。两位领导人会晤的主要目的是审议盟国反法西斯的作战计划，确定基本战略方针。丘吉尔先乘坐"约克公爵"号军舰横越大西洋，到佛吉尼亚州登陆，然后从那里转乘飞机到华盛顿。登机前，丘吉尔听说罗斯福会到机场迎接自己，就给他发了电文，请他不要来接。因为当天天气状况不是很好，就连机长也无法保证飞机能够准时到达。但罗斯福还是不愿意有丝毫怠慢，亲自驾驶他那辆改装过的福特轿车，前往机场迎接丘吉尔。

　　对于丘吉尔的到访，埃莉诺显得十分高兴。这是萨拉去世后罗斯福家将要过的第一个圣诞节，她希望家里热闹一点。罗斯福这几个月的状态都很消沉，经常把自己关在书房里，静静地悼念自己的母亲。美国正式宣战后，罗斯福的公务越来越繁忙，已经很少有时间能够过多地考虑个人悲伤，但还是不能从那种哀痛的心情中走出来。

　　1941 年 12 月 24 日，平安夜，白宫南侧草坪上站满了宾客，罗斯福和丘吉尔共同点亮了挂满装饰物的圣诞树。虽然全国已经进入战时紧张状态，但是华盛顿的节日气氛依旧。在寒冷的冬夜里，人们都轻轻地哼唱着圣诞颂歌，仿佛忘记了世界上的诸多纷乱。罗斯福向宾客们隆重介绍道："女士们，先生们，这位就是我的伙伴、我的老相识、我的好朋友英国首相丘吉尔先生，让我们欢迎他的到来！"

　　在大家热烈的掌声中，丘吉尔走到麦克风前，用他精彩绝伦的演说打动了在场的 3 万名听众，也让罗斯福更深刻地认清自己背负的使命。丘吉尔先是说明，由于英美两个国家有着共同文字、共同语言和共同信仰，再加上两个国家历史上的渊源，所以他并不觉得自己是个异乡之客："我和各位之间原本就有手足之情，能够和大家共享圣诞欢乐，我感到非常荣幸。"接着他又提到了战争的阴影："今年的平安夜，是个不同寻常的平安夜，整个世界都卷入一场残酷搏斗，人们正在用科学家们能够设计出的最恐怖的武器相互屠杀。战争的狂潮在各地肆虐，让我们都胆战心惊。"然后他又谈到对美好生活的憧憬："今晚，我们可以把恐惧和忧虑暂时抛开，为可爱的孩子们准备一个快乐的平安夜，让他们能够尽情享受这宁静的幸福，让他们能够为得到父母的礼物而高兴。而我们这些成人，也要让自己享受一下这种轻松的愉悦。然后，我们就勇敢地承担起明年的艰苦任务，付出全部努力，让我们的孩子能够享受文明社会的自由生活，让我们的孩子们能够继承应继承的产业。"

在接下去的三周中，代号"阿卡迪亚"的美英两国首脑会议在华盛顿召开。罗斯福希望会议不仅要协调同盟国的战略计划，还应阐明相应的政治目标，起草一份能够号召所有反法西斯国家团结起来的声明。他和丘吉尔再次确定了"先欧后亚"的战略方针，把打败德国当成同盟国的首要任务。为了更好地统筹同盟国的战略物资供应，两人决定在西南太平洋战区成立澳大利亚、英国、荷兰和美国四国联军司令部，简称 ABDA。美国和英国还单独成立了联席参谋长委员会，总部分别设置在华盛顿和纽约。两国军方陆海空最高指挥官为该委员会委员，通过这个联席参谋长会议制定重要的战略决策。

在阿卡迪亚会议期间，在罗斯福的倡导下，还出台了《联合国家宣言》。宣言除了重申《大西洋宪章》的宗旨和原则外，还规定，各签字国保证使用全部军事力量，抵御和对抗法西斯国家；保证不同敌人单独签订停火协议，保证与其他签字国政府合作。

1942 年 1 月 1 日，罗斯福在白宫举行了新年招待会，邀请英国、苏联和中国等 26 个反法西斯国家的代表参加。在招待会后，各国代表联合签署了《联合国家宣言》，国际反法西斯同盟正式宣告成立。在反法西斯的共同旗帜下，不同社会制度、种族和语言的国家走到一起，实现了国际政治、经济和军事方面的联合。

1942 年 1 月 14 日，阿卡迪亚会议圆满结束，丘吉尔离开华盛顿，返回英国。此时，欧洲战场传来好消息，希特勒的对苏"闪电战"被彻底粉碎。经过 4 个月的艰苦奋战后，苏联取得了莫斯科保卫战的胜利，共歼灭敌军 55 万人，击毁和缴获的坦克数达 1 500 辆。莫斯科保卫战使德军遭遇了"二战"中的首次重大失败，极大地鼓舞了世界各国的反法西斯士气，为战争形势的扭转奠定了基础，因此它被称为"20 世纪冬天的神话"。

自 1941 年 6 月苏德战争爆发后，罗斯福就主张支援苏联，并且采取了一系列措施。1941 年 7 月 30 日至 8 月 1 日，他派霍普金斯以总统特别代表的身份访问苏联，和斯大林进行亲密会谈。虽然斯大林生性多疑，但还是被霍普金斯的诚挚打动，并且相信他所代表的那个人也真心愿意帮助苏联。霍普金斯离开莫斯科后，分别说服罗斯福和丘吉尔相信苏联政府有能力打胜这一仗，只要他们肯出手援助。就这样，在霍普金斯的多方奔走下，苏联同意和美、英两国结盟，并且得到了美国的大力援助。

在出入白宫的诸多客人中，有一位美丽端庄的瑞典公主玛莎·索菲亚·路维莎，她是罗斯福晚年重要的女性友人之一。玛莎公主 1901 年出生，1929 年嫁给她的表哥奥拉夫，成为挪威的储妃。婚后，玛莎公主生下两女一子，儿子就是后来的挪威国王哈拉尔五世。1939 年 6 月，玛莎公主随同丈夫来到美国参加纽约世界博览会，并且和罗斯福亲切会谈，彼此留下了良好印象。1940 年，在纳粹德国占领挪威前夕，玛莎公主带着三个孩子到瑞典避难。罗斯福知道她的处境后，邀请她们来到美国。玛莎公主和孩子们到美国后，被接到了白宫，住在主楼二层的高级客房里。

玛莎公主不仅温柔贤淑，还拥有埃莉诺和利汉德小姐所没有的高贵气质。她和罗斯福很谈得来，两人在重大政治问题上的看法都非常相似。虽然玛莎公主已经是三个孩子的母亲，但依旧是个极具魅力的女人。在公众场合，她高贵典雅，带着储妃的风范和威仪；在私下里，她活泼好动，有时候可爱得像个小姑娘。罗斯福很快就被她迷住了，两人经常一起喝下午茶，讨论世界局势。罗斯福还邀请公主乘坐自己的私人游艇，一起去海上兜风。

在美国避难期间，玛莎公主始终没忘挪威人民正处于纳粹奴役中。她凭借着高度的爱国热情，得到了美国人民的尊敬。她四处发表演说，积极参加红十字会的工作，向美国人民显示挪威为自由而战的决心。她还在挪威大使馆前举行活动，声援国内的抵抗运动。在玛莎公主的影响下，罗斯福为了让美国人民认识挪威独立的重要性，发表了《关注挪威》的重要演说。

玛莎公主的到来，并没有引起埃莉诺的反感，却引起利汉德小姐的不安。虽然名义上她是白宫的主管秘书，但是实际上这么多年来她一直充当"白宫女主人"的角色。她和豪一样，把自己的青春奉献给了罗斯福的政治事业。她没有结婚，没有自己的家，也没有自己的儿女。随着年龄的增长，她的精神也变得脆弱敏感。不可否认，罗斯福对她很好，从不在她面前摆架子，也从不和她发脾气，两人一直在温情的氛围中相处。罗斯福很像是个体贴的丈夫，给她很多尊敬和关爱。很多时候，罗斯福只有在利汉德小姐面前才能够得到放松，才能够展现其脆弱或天真的一面。

对利汉德小姐，罗斯福应该是充满感激的。在他患病后，是利汉德小姐一直陪伴和鼓舞他，用女性的温柔和善良呵护他。可是利汉德小姐知道，罗斯福的心不属于自己，而是属于露西。尽管这对情人已经分开多年，但彼此的思念和爱却从没中断过。罗斯福曾经对豪说过："这份地下情真苦，可也真甜！"罗斯福初次竞选总统时，他年轻时的这段恋情也被共和党对手散播开来，全美国人民都知道他曾经爱过一个叫露西的女子。还有一个共和党记者写了篇具有童话风格的假想文章，那就是罗斯福与埃莉诺离婚，迎娶了露西，退出了政坛，罗斯福重新做回了律师，夫妻俩过着幸福的平民生活。

罗斯福对玛莎公主流露出的热情，让利汉德小姐觉得很伤感，这让她开始重新思考自己的人生。有的时候，她会有种挫败感。她很羡慕玛莎公主，因为她不仅是个高贵的女人，还是个漂亮的妈妈。当罗斯福和玛莎公主在孩子们的簇拥下悠闲地喝着下午茶时，利汉德小姐就抱着小狗法拉悄悄地回避。

尽管利汉德小姐什么也没有说，但罗斯福还是察觉出她的伤感。不知道是出于对自己总统身份的顾忌，还是对利汉德小姐的愧疚，罗斯福放弃了这段精神之恋。他叫人在白宫附近帮玛莎公主找了住宅，并且几经周折安排奥拉夫王储和她们母子团聚，表现得像个仁慈的长者。

同玛莎公主相比，罗斯福和另一位受人关注的白宫女客人的交往则带有更多的政治色彩，这位客人就是中国国民政府委员长蒋介石的夫人宋美龄。罗斯福的外祖父曾在华经商，所以对罗斯福来说，中国并不陌生。珍珠港事件后，罗斯福对中国战场日益关注起来。他希望中国政府能够积极对日作战，牵制日军主力，这样可以缓解美军在太平洋地区的压力。另外，考虑到地区和经济原因，罗斯福希望能够提高中国的国际地位，让它能够成为同苏联和英国并驾齐驱的国家，想借此牵制苏联和英国的大国政策。

蒋介石让罗斯福失望了，在国难当头的关键时刻，这位委员长依然奉行着"攘外必先安内"的政策，集中主要兵力对付共产党。在1941年致罗斯福的信中，蒋介石这样写道："国民政府抗战背负双重使命，不仅要把日本侵略者驱逐出境，还要阻止共产主义在境内的蔓延。"

为了利于对日作战的共同目标，罗斯福试图有效地介入中国国内政治，希望把国共两党撮合到一起。出于这个原因，他派威尔基为自己的特使出访中国，希望能够找到两党合作的契机，减少国共爆发内战的可能性。由于中国内部革命的复杂性，威尔基的出访并没有取得实质性的成果。可是通过威尔基，罗斯福知道了中国国民政府第一夫人宋美龄是一位睿智又具有东方魅力的女人。为了让美国人民能够更加了解中国，了解中国战场对美国的重要性，罗斯福邀请宋美龄来美访问。

时任中国外交部长的宋子文不愿意妹妹插手自己的外交事务，极力反对宋美龄访美。在罗斯福的安排下，宋美龄最后以治病为由，搭乘美国陆军部向环球航空公司租来的新式波音客机从重庆出发。

1941年11月27日，宋美龄乘坐的专机到达纽约长岛军用机场，霍普金斯代表罗斯福到机场迎接，并安排她住进哥伦比亚大学长老会医院。在宋美龄住进医院第二天，埃莉诺即冒着严寒到医院探视。埃莉诺在回忆录中提到两人的第一次相见，这样写道："蒋夫人似乎很痛苦的样子，也似乎很敏感，不能让任何东西接触她的身体。在很长一段时间里，医生都没有办法舒缓她的痛苦。我想，她身体虚弱的原因，是由于长期处于紧张、焦虑的状态。她躺在床上，显得那样娇小和纤弱。我心想，如果她是我的女儿，我一定会好好照顾她。"在长老会医院，宋美龄一直住到1942年2月12日，然后应埃莉诺邀请，到了海德公园斯普林伍德庄园休养。

1942年2月17日，宋美龄抵达白宫，对美访问活动正式拉开帷幕。罗斯福和宋美龄的第一次会面，是在白宫总统办公室。罗斯福亲切问候的时候，宋美龄用优雅的姿态递上一本厚厚的邮册，她说："尊敬的总统先生，这是我亲自挑选的一点小礼物，希望您能喜欢。"

罗斯福笑着接过邮册，向宋美龄表示感谢，他没有想到这个举止优雅的东方女性不仅说着一口流利的美式英语，还这样心思缜密，他这才有点明白为什么威尔基对她会赞不绝口。埃莉诺为宋美龄的到来感到高兴，亲自为她准备白宫的住处，真如心中所想当成女儿般照顾。

1942年2月18日，在埃莉诺的陪同下，宋美龄穿着别着中国空军军徽的黑色旗袍走进了美国国会大厅，成为第一个在美国国会发表演说的中国人。在演说过程中，宋美龄凭借爽朗的笑容，流利的英语，略带幽默的言辞，得到了国会议员们的阵阵掌声。宋美龄还提到了自己少年时代在美国12年的生活和学习经历，表达了自己对这里的眷恋之情，强调到美国就好像回到家一样。尽管她身上流露着出身世家的雍容华贵，但却没有拒人千里之外的傲气。她的演说时而柔声细语，时而激昂愤慨，积蓄着打动人心的力量。等她演说完毕，埃莉诺忍不住把她搂在怀里称赞不停。

1942年2月19日，在罗斯福和埃莉诺的陪同下，宋美龄出席了专门为她召开的白宫记者招待会。《纽约时代》周刊把宋美龄列为封面人物，并且报道了这次招待会的情况："蒋夫人坐在总统夫妇中间，如初次登台演出的小女儿般。罗斯福总统一直在抽烟，而总统夫人将一只手臂放到蒋夫人的椅子上，好像要保护她。总统像个纵容孩子的叔叔一样，用袒护的口气对记者说：'蒋夫人是非比寻常的特使，请大家不要提为难的问题。'"

在白宫做短暂停留后，宋美龄在美国各大城市进行巡回演说，为中国募集抗日捐款。虽然美国社会普遍对有色人种存在歧视和排斥现象，但美国民众还是被宋美龄的优雅折服，一时之间大家捐款热情高涨，纷纷为被日本压迫的中国人民慷慨解囊。宋美龄回国的时候，不仅带着美国政府援助的军用物资，还带回不菲的募集款项，这次访问取得了圆满成功。

2 前进、前进、前进
ROOSEVELT

在珍珠港事件后，美国国内掀起一股声势浩大的反日运动。美国军方为了推卸责任，声称夏威夷的日裔居民和日本军方互通信息，因此美方才对日本的袭击措手不及。但是岛上没有过破坏行为，也没有居民谍报行为的记录。事实上，根本就没有任何证据能够表明，岛上的居民和日本军方有过通讯联系。

1941年12月7日晚，联邦调查局局长埃德加·胡佛来到白宫，他从1924年开始担任这个职务，已经有着17年的工作经验，可是有的时候经验也会出错。他来到总统办公室，交给罗斯福一份提案，主要内容是提到对涉嫌谍报行为的 770 名日裔平民的处置方式。在珍珠港事件发生前，这些人有的在咖啡馆和美军驻地探听军事情况，有些人在港口眺望驻地的基建分布情况。由于上述原因，埃德加认为有必要将他们进行拘留讯问。

没过多久，在地方反日政客的呼吁下，陆军部将埃德加提案中针对的人员由涉嫌谍报的日裔扩大到整个美国军事区域附近的所有日裔。新闻记者们也妄加猜测，在报纸上报道些并没有实际证据的信息，来证明珍珠港事件是日本间谍带给美国的灾难。

1942 年 2 月 19 日，罗斯福签署了即日生效的第 9066 号行政法令，授权陆军部有权划定军事区域的范围，并且有权批准任何人进入、停留或者离开该区域。虽然该法案并没有提到什么种族群体，但陆军部对特定军事区域的日裔集中拘留的行动全面展开。短短几个月时间，共有 11.05 万人被关进集中营。在被关押的人中，具有美国国籍的日裔有 7 万人，占美国本土全部美籍日裔 11.25 万人的 2/3。在联邦政策的影响下，美国左翼人士仇日情绪高涨，攻击日裔的事件屡见不鲜。

埃莉诺得知被拘役的日裔中包括妇女和儿童后，感到很不安。她知道罗斯福是个政治家，而不是什么坚定的民权维护者。她对罗斯福说了自己的顾虑："现在陆军部的行为太极端了，这实在不符合我们国家一再强调的民主和自由。其中的 7 万名美籍日裔，他们是在星条旗下宣誓效忠后，才获得美国公民资格的；美国政府对他们的行为，容易引发新的种族主义浪潮。"

罗斯福摇摇头："不要再说这些，最近我的大脑里已经接受了各种相互冲突的建议，实在是不想再提这个话题。"

埃莉诺皱着眉："可是，那里包括妇女和孩子……"

罗斯福打断妻子的话："以后不要再提这件事，我们现在关注的应该是怎么在太平洋上打败日本人，而不是这里美籍或非美籍日裔的状况。"

日本人取得珍珠港一役胜利后，又相继占领了美国、英国、荷兰在亚洲的其他几处军事基地，阿卡迪亚会议期间组建的 ABDA 司令部解散。从菲律宾美军基地奉命撤离的麦克阿瑟上将，被罗斯福任命为西南太平洋战区司令，在澳大利亚重整军备。同时，罗斯福任命太平洋舰队司令尼米兹上将兼任太平洋战区总司令。由于连续失利，美军的士气降到低谷。美国民众都在关注，希望美军能够在太平洋战场上恢复战斗力。

1942 年 4 月 18 日，在罗斯福亲自筹划下，由新服役的"大黄蜂"号航空母舰上起飞的 16 架轰炸机对日本东京展开了空袭，并取得了成功。这个行动好像在证明美军即将采取进攻姿态，这极大地振奋了自珍珠港事件以来颓丧的美军士气。其他战场的盟军也都觉得有了新的希望。美国各大报刊都用大字标题报道了空袭消息，罗斯福在白宫记者招待会上，更是妙语惊人，宣布执行这次任务的美国的轰炸机是从"香格里拉"起飞

1944 年，罗斯福向在轰炸东京任务中有出色表现的著名飞行员詹姆斯·杜立特尔颁发国会勋章。

的。香格里拉，即希尔顿小说《消失的地平线》中的神秘天堂。

美军对东京的轰炸，引起了日本民众的恐慌情绪，也一定程度地影响了日本的战略安排。原本日本军方希望把所有力量集中到西南太平洋战区，现在他们接受了日本联合舰队指挥官们的建议，决定朝中途岛进发，把攻击重点放在还没有从珍珠港之役中恢复元气的美国太平洋舰队。中途岛是夏威夷群岛中最西边的一个岛屿，具有重要的战略意义。为了确保中

途岛战役的胜利，日本军方制定了攻占莫尔兹比港的作战计划，以此切断美国西南太平洋战区与太平洋战区的联系。美军破译了日军的密码，在珊瑚海海域突袭日本舰队，取得了胜利，迫使日军推迟入侵莫尔兹比港的计划。

1942 年 6 月 4 日，罗斯福接到太平洋舰队司令尼米兹的电话。尼米兹很郑重地说道："总统先生，今天我们已经报了珍珠港之仇！"

在尼米兹打电话前，日军和美军刚刚在中途岛海域展开了一场激战。由于美军已经破译日军密码，所以早就做好准备，等着伏击日军，以雪珍珠港之耻。在这场战役中，美国损失 1 艘航空母舰和 1 艘驱逐舰，150 架飞机被毁坏；而日本方面却损失 4 艘航空母舰和 1 艘重巡洋舰，322 架飞机被毁坏。另外，日军阵亡人数达到 3 500 人，美军阵亡仅 307 人。

中途岛海战是一场决定性的战役，标志着太平洋战场的战略转折，美军由防御转为进攻，日本则由进攻转为防守。

随着中途岛海战的胜利，美国舆论都猜测太平洋战场会成为美军主战场，广大民众也认为应该先打败日本，再去打希特勒。罗斯福从整体战略上考虑，还是坚持"先欧后亚"的作战方向，认为不能将美军力量分散在太平洋战区，而是应该把主要作战力量放在欧洲。在和马歇尔商议后，罗斯福决定往欧洲派远征军，并就统帅人选问题征询马歇尔的意见。

马歇尔推荐陆军作战部部长德怀特·艾森豪威尔为远征军司令，并在给罗斯福的提名报告中附上一段说明："艾森豪威尔除了具有军事学识和领导才能外，还具有组织能力和协调能力。他知道怎么让与之相处的人心情愉快，也能够得到别人的真心信赖。我认为，他的这些品德和长处，正是我们驻欧部队统帅所应具备的素质。"

艾森豪威尔 1890 年出生于得克萨斯州丹尼森市，1915 年从西点军校毕业后到部队服役。1933 年至 1940 年间，他一直担任麦克阿瑟的高级助理。1940 年 2 月，他被调到驻加利福尼亚的第 15 步兵团任职。在随后的一年半中，艾森豪威尔连续三次升迁，成为美国陆军第三集团军参谋长，军衔由中校晋升为准将。在集团军参谋长任期内，他成功地组织了大规模的军事演习，引起陆军参谋长马歇尔的关注。珍珠港事件发生之后，艾森豪威尔调任陆军参谋部作战计划处副处长，两个月后升任作战计划处处长。1 个月后，作战计划处被马歇尔改组为美国陆军的最高指挥机构——

作战部，艾森豪威尔被任命为作战部处长。此后不久，艾森豪威尔晋升为少将。艾森豪威尔后来在回忆录中写道："马歇尔将军亲自给参谋长联席会议写报告，他说自己创立的陆军作战计划处并不是参谋机构，他说我做的工作是调兵遣将，他说我是个指挥官。因此，他请求将我提升为少将。此后不久，他派我去英国，并给我加了一颗星，接着又加了一颗星。"

罗斯福相信马歇尔的识人能力，知道他或许算不上是一流的将军，但他绝对算是一流的伯乐。他听说过，马歇尔随身有一个黑皮笔记本，记录着他见过的一些有才华和潜力的军官的名字和表现，后面还标注相关评语。罗斯福不知道艾森豪威尔的名字在黑皮本上出现过几次，但是他知道，如果马歇尔认为这个人能够做统帅，那这个人肯定有资格做统帅。因此，罗斯福不顾众人的质疑，任命艾森豪威尔为欧洲战区美军司令。这个任命不仅艾森豪威尔本人没有想到，整个美国都想象不到。对美国人来说，艾森豪威尔这个名字太陌生了，怎么就成为继美国第一位五星上将潘兴后的第二位欧洲远征军统帅呢？美国军界纷纷质疑罗斯福这一任命，艾森豪威尔不过是刚刚晋升为少将的军官，而且还是个参谋官，根本就没有实战经验。在大家的质疑声中，艾森豪威尔被晋升为中将，此时距离他上次晋升才 4 个月。

1942 年 7 月 25 日，罗斯福正式批准了关于盟军登陆北非的作战计划。8 月，刚刚到任几个星期的欧洲战区美军司令艾森豪威尔中将被联席参谋长委员会任命为盟军北非远征军总司令。

1942 年 11 月 8 日，艾森豪威尔率领盟军 10.4 万人，展开代号为"火炬"的北非登陆战。在强大的空军掩护下，盟军在卡萨布兰卡、阿尔及尔、奥兰三地登陆。美英联军接着向西挺进，占领整个摩洛哥和阿尔及利亚，对退入突尼斯的德意联军形成东西夹击之势。希特勒为了扭转战局，立即将因病休养的非洲军团司令、被称为"非洲之狐"的德军名将隆美尔重新派往非洲。

1942 年 3 月 6 日，隆美尔指挥德军的三个装甲师，对盟军进行了四次大规模的进攻，每次都损失惨重。严酷的现实让他认识到，非洲的战局已经无法扭转，轴心国的军队若再留在这里就等于自杀。隆美尔把指挥权交属下阿尔林将军代理后，便返回欧洲向希特勒汇报战场上的严峻形势，建议迅速从北非撤军。希特勒不仅没有接受隆美尔的建议，还于 3 月 31 日下令让他免职休养。

1943 年 3 月下旬，在艾森豪威尔的指挥下，盟军对突尼斯南部发动总攻。经过 20 多天的浴血奋战，盟军将德意军队驱赶至突尼斯北部。4 月 20 日，盟军和德意军队展开决战。5 月 13 日，被逼入绝境的 25 万德意联军投降，盟军取得了"二战"开始以来最大的一场胜利。斯大林曾这样评价北非战场胜利的意义："凭借盟军在非洲战场的胜利，我们已经夺回了战争的主导权，也转变了不利于同盟国的欧洲军事政治状况。它打破了希特勒不败的神话，降低了德国在轴心国体系中的威信，为孤立德国和打败意大利创造了条件。最主要的是，它为在欧洲更接近德国要害地区开辟第二战场创造了前提，对战胜纳粹德国具有决定性意义。"

运筹帷幄的罗斯福对北非大捷尤为高兴，对指挥战斗的总司令艾森豪威尔更是称赞不已。

艾森豪威尔没有辜负罗斯福和马歇尔的信任，他凭借高超的指挥能力和令人景仰的高尚品格，赢得了盟军官兵的爱戴。在盟军部队中，有条不成文的禁令：叫谁"狗杂种"都行，但绝对不许说谁谁是"英国狗杂种"，谁谁是"美国狗杂种"。这条被官兵们当成是最幽默语言的禁令，正是出自艾森豪威尔之口。在北非作战中，一个美国军官和英国军官起了争执，先是动口，接着就动了手，最后事情闹到艾森豪威尔那里。艾森豪威尔询问了两人前后经过后，就安抚了英国军官几句，让他出去了。等英国军官出去后，艾森豪威尔严厉训斥美国军官："你叫谁'狗杂种'都行，但我绝对不许你说谁谁是'英国狗杂种'，谁谁是'美国狗杂种'。"作为惩戒，艾森豪威尔将这个军官遣返回国，然后把这件事通报全军，以示警戒。

北非战事进行期间，罗斯福和霍普金斯还曾经前往摩洛哥的卡萨布兰卡，与丘吉尔及两国高级将领举行过一次盟军战略会议。在会议召开之前，他曾两度邀请斯大林参加，但当时斯大林格勒战役正在进行，斯大林没有办法脱身。此次会议的主要议题是，盟军接下去的作战计划、未来法国的政治问题和土耳其战争立场问题。

关于盟军下一步作战计划，马歇尔认为应横渡英吉利海峡，在西欧登陆；丘吉尔则主张先进攻西西里和意大利，然后再进攻巴尔干。由于罗斯福的支持，会议最后通过了丘吉尔的地中海作战方案。在法国的政治问题上，罗斯福和丘吉尔就没有那样默契。罗斯福支持法国境内的吉罗政府，丘吉尔则支持总部设置在伦敦的戴高乐流亡政府。罗斯福见谁也说服不了谁，就提出一个折中建议，那就是组建联合政府。为此，他们请来吉罗和戴高乐，虽然两人都没有合作的意向，但还是在美英两国的压力下达成共同组建法国临时政府的协议。为了顺利实施地中海作战法案中的巴尔干计划，罗斯福和丘吉尔都认为应该把土耳其争取到同盟国一方。两人还签订了秘密协定，划分美英两国在亚洲地区的势力范围，将土耳其划归英国势力范围，中国划归美国势力范围。

1943 年 1 月，吉罗、罗斯福、戴高乐和丘吉尔在卡萨布兰卡会议上。

1943 年 1 月 24 日，在会议结束当天的记者招待会上，罗斯福提出了"无条件投降"的声明，把盟军作战目标定为迫使德国和日本无条件投降。意大利国内反墨索里尼的呼声日益高涨，所以罗斯福特意把意大利排除在无条件投降之外，静观其变。他还强调，对德国和日本实行无条件投降的政策，并不意味着毁灭德国人民和日本人民，而是要彻底摧毁法西斯势力。

在卡萨布兰卡会议期间，除了处理军政事务外，罗斯福、丘吉尔和霍普金斯都见到了在这里服役的儿子。在艾森豪威尔的特别批示下，罗斯福的儿子埃利奥特中校和小富兰克林上尉、丘吉尔的儿子伦道夫上尉和霍普金斯的儿子罗伯特中士获得假期，从前线过来和他们的父亲相会。罗斯福知道自己既是父亲也是总统，虽然他的儿子能够过来探望他，但是千千万万年轻士兵却不能有假期去探望父母。在美国驻摩洛哥总督乔治·巴顿少将陪同下，罗斯福驱车前往卡萨布兰卡东北方向的拉巴特，视察了正在受训的美军第 7 集团军，并且和 2 万多名士兵进行了露天会餐。

乔治·巴顿是北非远征军西部特遣部队司令，是马歇尔起用的另一匹千里马。在马歇尔的黑皮笔记本里，巴顿名字后面标注着三句话："他能够带领部队赴汤蹈火；但是需要用根绳子紧紧套住他的脖子；一有装甲部队就交给他指挥。"

巴顿 1885 年出生于加利福尼亚州的一个军人世家，从小就爱出风头，立志要成为将军。1909 年，他从西点军校毕业后到骑兵部队服役。1916 年，巴顿作为潘兴将军的副官来到墨西哥，镇压当地的农民起义。马歇尔当时作为参谋官，也在墨西哥，耳闻目睹了巴顿奋勇作战的情形。因此，他在黑皮本上写下了巴顿的名字，并且标注自己的短评"他能够带领部队赴汤蹈火"。1917 年，巴顿随美国远征军奔赴法国，参加第一次世界大战。同年 11 月，他奉命负责组建美军第一个装甲旅，开始了他的"坦克情缘"。1918 年 9 月，巴顿指挥该旅参加了圣米耶勒战役与马斯—阿贡纳战役，并取得令人瞩目的成绩。"一战"结束后，巴顿返回美国，依旧在骑兵部队任职，同时开始坦克研究工作。1935 年，他任夏威夷军区情报处长。"二战"爆发后，德国的坦克部队横扫西欧后，美国开始重视装甲兵建设，马歇尔第一个想到的就是巴顿。1940 年 7 月，巴顿晋升为准将，奉马歇尔之命组建一个装甲旅。6 个月后，他晋升为少将，担任第 2 装甲师师长。1941 年 1 月，巴顿升任为第 1 装甲军军长。"火炬"行动中，他被任命为西路军司令，率领 4 万多美国官兵从卡萨布兰卡登陆。经过 3 天的激战，西路军打败了驻地德军，巴顿被任命为美国驻摩洛哥总督，并负责组建美第 7 集团军。

1943 年 6 月，按照卡萨布兰卡会议上通过的地中海作战方案，盟军在地中海开辟新战场，艾森豪威尔被任命为地中海战区盟军总司令，英国的亚历山大元帅任进攻西西里岛的总指挥。突尼斯战役后，巴顿晋升为中将，担任美第 7 集团军司令。7 月 9 日，巴顿率领美第 7 集团军联合蒙哥马利领导的英第 8 集团军发起西西里岛登陆战役。巴顿不仅率领美第 7 集团军攻取了西西里岛首府巴勒莫市，还抢在蒙哥马利之前拿下了军事重地墨西拿城。意大利军队在人数和装备上都处明显下风，遇到盟军部队稍做抵抗后就四散逃亡，因此盟军只用了 2 天就在西西里岛成功登陆。德国闻讯赶来增援，也被逼回意大利本土。

1943 年 7 月 25 日，由于军事失利和国内反法西斯运动高涨，墨索里尼被意大利国王维克托·伊曼纽尔下令免除总理职务，几天后被监禁在蓬扎岛。意大利军队总参谋长彼得罗·巴多利奥接替墨索里尼，任政府首脑。9 月 3 日，意大利投降，这标志着轴心国集团的解体。

3　战争带来的影响
ROOSEVELT

1943 年 6 月的一天，在罗斯福的总统办公室里，按例召开每周两次的白宫记者招待会。有记者问道："总统先生，您工作如此繁忙，却能保持充沛的精力，这里有什么小窍门吗？"

罗斯福回答："没有什么窍门，只是早上喝一杯咖啡，晚上再喝一杯。"

记者们顿时议论纷纷，质问道："大家每人每天只有一杯咖啡，为什么您会有两杯？"

罗斯福微笑着回答："我确实是早晚各喝一杯咖啡，只是早晨煮的是咖啡，晚上煮的是早晨的咖啡渣。"

记者们听了这个答案，都感到很失望，他们还希望能够抓个大新闻。总统不能喝两杯咖啡吗？是的，在 1943 年 6 月的美国，每人每天只有一杯咖啡，这就是战争时期的配给制度，总统也没有特权。

美国自 1941 年 12 月 8 日对日宣战后，就展开了规模浩大的重整军备运动。国会通过了《兵役法修正法案》，废止了其中关于禁止派兵赴西半球以外的规定，并且将入伍者的服役期限延长到战争结束后半年。按照该法案规定，20 岁至 44 岁的男子都要进行兵役登记，45 岁至 65 岁的男子要进行后勤服务登记。截止到战争结束，共有 3 100 万人在征兵局登记。经过严格的体格和智力检查后，有 1 000 万人被征召入伍。美国陆海空各兵种迅速扩大发展，陆军人数由战前的 500 万扩展到 1 000 万人；海军由不足 50 万人扩展到 460 万人，拥有的各类舰只由几千艘增加到 91 000 艘，成为世界上最强大的海军；陆军航空队服役人数由 30 万扩展到 230 万，作战飞机由 1 500 架增加到 70 000 架。

1943 年，罗斯福总统在美国做了 8 000 英里行程的巡访，视察了工业企业和武装部队，并在西海岸的一个造船厂停留。车内陪同他的是哈里·霍普金斯（左）和亨利·恺撒。

由于美国不仅要供应自己的军需，还要充当"民主国家的兵工厂"，所以军火装备和后勤物资的需求量激增，整个国民经济步入战时生产轨道。不管是大型工业企业，还是小企业和小作坊，所有能用的工厂都转向生产军需用品。汽车工业开始制造飞机、坦克和吉普车，化工企业生产炸药，其他轻工业能够生产武器的就生产武器，不能够生产武器的就生产其他军需品。以争取战争胜利为目标，整个国家都飞速运转起来。

美国人民发现，战争并没有给大家带来灾难，而是带来了新的繁荣。《纽约时代》周刊这样写道："美国突然富起来了，好像全国各地一下子都富起来。"通过大规模征兵和大规模生产，自1929年经济危机以来一直无法解决的失业现象几乎完全消失。另外，工人参军留下的空额还吸收了大量家庭妇女和退休工人，就业人数由战前的4 500万人增加到6 600万人。农场主们在罗斯福的号召下放手生产，再加上农业科技也迅猛发展，农产品总产量比战前增加了十几倍。人们的平均收入比战前增长了一倍，许多低收入家庭的生活状况明显好转。同欧洲各国人民的困苦潦倒相比，美国人简直就如同上了天堂。

罗斯福知道，在战争最艰苦的日子里，维护国内安定团结是非常重要的。虽然政敌们都偃旗息鼓，但罗斯福却没有趁机向民众灌输自己的政策理念，而是暂停那些容易引起分歧的国内政治活动。记者们发现，罗斯福并不像其他国家领导人那样，因战争的到来而疲惫不堪，因事务的繁忙而焦头烂额。不管什么时候看到他，他都显得从容不迫，精力充沛，满怀信心。在美国人因战争而恐惧的时候，罗斯福能够唤起大家的信心和勇气，能够起到战时统帅的作用。

1942年1月6日，在递交国会的国情咨文中，罗斯福制定了军工产品生产指标，具体内容如下：1942年要生产飞机6万架，坦克4.5万辆，大炮2万门，船舶600万吨位；1943年要生产飞机12.5万架，坦克7.5万辆，大炮3.5万门，船舶1 000万吨位。他在咨文中提出："现在的战争方式和过去不同，是现代化的战争，这需要我们用更多的劳动和生产来确保前线的物资供应。因此，只好一再削减民用生产，甚至在必要的时候还要完全取消。"

罗斯福为了便于统管战时经济，成立了一系列临时机构，用来掌握国防生产和民用经济的具体情况。他先后成立了战时生产局、经济稳定局和战时动员局等。通过这些机构，政府对全国经济实行了全面控制。需要说明的是，这些机构有很多都是重复设置，办事的效率也不如罗斯福想象中的高效。罗斯福没有否认这点，他在1943年初的国情咨文中坦率地承认："第一次处理这样重要的事物，总需要实验和摸索的过程，也难免会犯错误。我们从错误中总结经验，那就是调整战时经济的管制机构，简化相关行政手续。"

富兰克林·罗斯福在白宫向全国发表广播演说

　　尽管联邦政府制定了很高的军工生产指标，但是很多私人垄断资本家拒绝出资扩大军工生产规模，他们没有忘记在"一战"中许多企业因盲目出资扩建导致破产的事例。他们中还有一部分人，虽然从破产的边缘勉强支撑过来，但还是心有余悸。联邦政府没有办法，只好承担大部分军工生产设施建设。1940 年到 1945 年之间，联邦政府在各个生产领域共投入资金 462 亿美元，占这几年总投资额的 23%。到战争结束时，在整个国民财富中，国有资产所占的比例上升了 5 个百分点。联邦政府运用了各种各样的方式来筹集所需要的投资资金，例如：扩大征税的范围和方式，增加国内税收；控制通货膨胀，让民众有多余的钱来购买政府公债等。尽管联邦政府采取了各种措施，但由于战争费用支出庞大，还是入不敷出。短短几年之间，政府赤字增长了 5 倍。

随着战时经济的全面开展，其副产物战时通货膨胀也接踵而来。在战争初期，人们大量购买生活必需品，很多商品供不应求。在供需状况的刺激下，商品价格不断上扬，已经严重影响了低收入家庭的日常生活，也影响到了联邦政府的年度财政预算。如何处理物价上扬，已经是战时经济体制中的紧要问题。1941 年 2 月 1 日，罗斯福向国会递交了《控制物价紧急法案》，该法案规定物价管理署有权限定物价和房租，还规定违章者要受到相应处罚。

1942 年 10 月，在得到国会授权后，罗斯福加大了处理通货膨胀的力度，下令相关职能部门对影响到国民生活的农产品评估价格，日常用品的价格、房租、工资等也都要进行严格限定。经济稳定局就是这时成立的，负责监督这些管制事项。联邦政府主要想通过调节经济杠杆的形式来稳定物价，但并没有明显的效果。

1943 年 4 月，罗斯福为了制止恶性通货膨胀的发生，将能够影响到国民生活费用的所有商品都限定了最高价格。虽然联邦政府进行了一系列措施，但人们的购买情况还是没有好转。由于生活上的困难和不便，越来越多的人开始抱怨买不到东西。这主要是由几方面原因造成的，如民用生产规模缩减、原料供应线因战争被破坏和联邦政府的大规模政府采购等。在"炉边谈话"中，罗斯福向民众解释了物资紧缺的理由，并且呼吁民众要用坚贞的爱国心理解政府的行为。他还呼吁大家要省吃俭用，用余下来的钱购买战时公债。

罗斯福知道，如果不遏制住通货膨胀，就会动摇整个战时体制，影响到关系战局胜利的生产计划。因此，当限定最高价格的办法不起作用时，他开始下令对一些紧缺商品定量配给，同时严厉惩治黑市交易和囤积居奇等行为。轮胎、汽油、咖啡、黄油等成为第一批定量供应产品，随后没多久，95% 的食品都实行了定量配给。

1943 年 6 月的白宫记者招待会后，罗斯福喝两杯咖啡的消息登上了各大报纸。一时之间，社会上还兴起了一股"罗斯福咖啡"热，大家都学着他们的总统，把咖啡煮了再煮。

战争不仅影响着人们的经济和生活，还为企业界提供了飞跃发展的契机。就在美国宣战当日，可口可乐公司总裁伍德瑞夫立刻在报纸上打出自己的宣传声明："不管美国士兵走到哪里，也不管本公司要花多少成本，可口可乐公司都以五美分每杯的价格，在当地供应可口可乐。"

通过伍德瑞夫多方走动，可口可乐成为美国军方的军需品，但是却没有办法享受船运优先权。伍德瑞夫放弃了直接出口瓶装可口可乐的想法，而是仿照美国军中常使用脱水食物的方式，输出可口可乐浓缩液，然后在美军驻区设立装瓶厂。在整个"二战"期间，可口可乐公司共派遣了248名代表，以"技术观察员"的身份随同美国部队到国外。从非洲到欧洲，这些技术观察员一直随军辗转，在各地共建立了64家装瓶厂，销售了100亿瓶可口可乐。不管是高级军官，还是普通士兵，都对这些技术观察员礼貌有加，感谢他们在战火中送来家乡的饮料。

当战争给人类带来灾难的时候，可口可乐进入了它的黄金时代。美军中许多高级将领都是可口可乐的忠实追随者。

1943年6月29日，马歇尔收到艾森豪威尔从北非发来的急电，内容是："在其他军用必需品到达前，本军先行要求可口可乐300万瓶，以及每月可以生产600万瓶可口可乐的装瓶、清洗封盖设备。"

马歇尔明白艾森豪威尔是想赶在地中海战役开始前，让在北非待命的美国士兵能够喝上可口可乐，鼓舞大家的士气。因此，他命令相关部门立即按照艾森豪威尔的要求准备。

美国军中另一位著名将领巴顿将军，不管转战到哪里，都让技术观察员随军搬迁装瓶厂。他把可口可乐当成军中必需品，还曾经开玩笑地说："如果我们把可口可乐送上战场，不用枪炮打那些家伙，他们也会乖乖地投降。"

当"二战"结束时，凭借留在世界各地的生产设备，可口可乐公司迅速建立起全球性的生产网络，把"可口可乐"这个美国名牌变成了世界名牌。

把第二次世界大战当成发展契机的，还包括美国的军火巨头杜邦公司。在美国正式宣战前的几个月，杜邦公司的尼龙丝袜畅销全国，受到全美女性的追捧。美国宣战后，在联邦政府要求下，所有企业都转向军工生产，杜邦公司也不例外。尼龙丝袜停产，尼龙被用来制成降落伞和绳索等军需品。失望的女人们在腿上画纹路，冒充丝袜。当时美国针对成年女性展开过"最想要的东西是什么"的调查，结果，2/3 的女人选择尼龙丝袜，1/3 的女人选择男人。

在发明尼龙后不久，杜邦公司的研究人员又发明了合成橡胶。合成橡胶被大量用于生产越野车轮胎，出现在"二战"中的各个主战场上，极大地提高了陆军野战部队的战斗力。很多人都说，杜邦公司的这两项发明，一项征服了全世界男人的心，另一项征服了"沙漠之狐"隆美尔。

罗斯福 1942 年 6 月批准了秘密研制原子弹的"曼哈顿计划"，协助政府完成这项计划的就是杜邦公司。其实早在计划正式开始前，杜邦公司就开始为核研究的材料生产提供服务。

1943 年，杜邦公司正式和联邦政府签订了一份全面协助"曼哈顿计划"的秘密合同，内容为：杜邦公司负责整个计划中所需工程的设计、建造和运转，除收取成本费用外，再收取 1 美元利润；杜邦公司在整个计划中开发出的新技术，全都归陆军部所有。在这份正式合同签署之前，罗斯福已经以总统的身份签署了一份与众不同的协议。在第一次世界大战后，杜邦公司被国会中的孤立派指责为"发战争财的军火贩子"，公众形象严重受损。皮埃尔·杜邦为了重新树立杜邦公司在美国公众心目中的形象，决定不考虑利润和专利，全力以赴协助联邦政府完成核计划。他考虑到核原料的特殊性，知道如果发生意外，杜邦公司将会遭到极其严重的损失。因此，他要求美国政府答应承担其中的风险和损失。按照皮埃尔的要求，"曼哈顿计划"的相关负责人致函给罗斯福总统，说明了此项研究工作的危害性，并列举在什么情况下联邦政府应担负什么责任。罗斯福认真阅读完信件后，在上面签了自己姓名的第一个字母，表示予以核准。虽然皮埃尔声明不收取利润，但"曼哈顿计划"的负责人考虑到法律上的理由，还是决定象征性地支付 1 美元酬金给杜邦公司。在整个第二次世界大战中，杜邦公司不仅捐出 2 座工厂，还为联邦政府投建了 1 家合成橡胶厂和 3 家化学品军用供给厂。

美国充足的军火供应，是第二次世界大战盟军胜利的重要因素之一。在 1940 年至 1945 年的 5 年里，美国在军火生产方面的总支出为 1 860 亿美元。"民主国家的伟大兵工厂"制造了 29.7 万架飞机，8.6 万辆坦克，6.5 万艘登陆艇，还有大量的枪支、炮弹等。这些军火物资中，有 26% 按照租借法案提供给其他同盟国国家，其中提供给英国和苏联的占 4/5。

在战争的影响下，美国社会正经历着一场巨大变革。直到战后，美国人才逐渐体会到它的全面性和深远意义。

4 三巨头会议
ROOSEVELT

1943 年，世界反法西斯形势扭转，经过斯大林格勒和库尔斯克两次决战后，苏联军队歼灭了大量德军，掌握了苏德战场的主动权。意大利墨索里尼政府的倒台，宣告了轴心国的破裂。太平洋战场上，在美国海空军的强大攻势下，日本已经处于被动局面。形势的转折，让同盟国国家在考虑下步作战计划的同时，也考虑到战后利益分配问题。罗斯福希望能够举行美、英、苏三国首脑会议，同斯大林当面磋商这些重要的问题。斯大林同意举行首脑会议，但是坚持在自己提出的伊朗首都德黑兰召开会议。这次会议为夺取反法西斯战争胜利进行了必要的思想准备和组织准备，是第二次世界大战期间重要的国际会议之一。

1943 年 11 月下旬，在前往德黑兰之前，罗斯福先到了开罗，参加了美、英、中三国首脑会议，会议的主要议题是制定联合对日作战计划和解决远东问题。罗斯福、丘吉尔和蒋介石经过 4 天的协商讨论后，签署了《中美英三国开罗宣言》，简称为《开罗宣言》。宣言中声明：三国没有扩张领土的野心，对日作战的目的在于制止并惩罚日本侵略；剥夺日本自"一战"开始后在太平洋地区夺得或占领的所有岛屿，其中攫取的中国领土，满洲（中国东北）、台湾、澎湖列岛等归还中国；其他被日本侵占的土地，也务必将日本驱逐出境；考虑到朝鲜人民所受的压迫，决定在适当时期使朝鲜自由独立；为了达到以上各项目标，将坚持长期作战，迫使日本无条件投降。罗斯福认为关系到远东问题，应得到斯大林的同意和认可，所以宣言暂时延后发布。

1943 年 11 月 27 日下午 3 点，罗斯福由开罗飞抵德黑兰，随行人员有

1943 年 8 月，罗斯福与英方代表会面，就反法西斯战争的相关问题进行商议。

霍普金斯、赫尔、马歇尔、埃利奥特和安娜的丈夫约翰·伯蒂格少校等。抵达德黑兰的第一个晚上，罗斯福和霍普金斯、埃利奥特、伯蒂格等住在和苏、英两国使馆相邻的美国大使馆，其他的人住在几公里外的波斯湾指挥中心。由于年久失修，美国大使馆的建筑破旧不堪，安全措施也不到位。为了罗斯福的安全，斯大林第二天派人请他移住苏联大使馆。

1943 年 11 月 28 日下午 3 点，罗斯福从美国大使馆搬到苏联大使馆中的一幢别墅里。15 分钟后，斯大林带着翻译官到访。他穿着一身绿色军装，胸前戴着列宁勋章，看起来高大威武。进了房间后，他走向坐在轮椅中的罗斯福，伸出自己的右手。罗斯福也伸出右手，握住斯大林的手说："很高兴见到您，我早就想和您见面了！"

斯大林回答："能够见到总统先生，我也很高兴。由于军务繁忙以至拖延到现在才见面，真是十分抱歉。"

问候完毕，斯大林坐到罗斯福对面的椅子上，两人就这次会议将要提及的几个主要问题交换了意见，如第二战场的开辟、远东地区时局和法国问题等。斯大林听说罗斯福喜欢吸烟，就在谈话期间拿出特意准备的烟盒，请他吸烟。

罗斯福笑了笑说："还是习惯抽这种烟。"说完，他掏出自己的烟盒，从里面取出一支"骆驼"牌香烟，放到自己的嘴上，点燃后吸了起来。他向斯大林耸了耸肩表示歉意，然后问道："怎么不见您那只大名鼎鼎的烟斗?"

斯大林回答："医生让我尽量少吸烟了，但我还是离不开它。今天为招待贵宾准备了香烟，所以就没有带烟斗。如果你想看看它，下次我一定带烟斗来。"

罗斯福听翻译官翻译后，很认真地说："还是应该听医生的，以后我也要少吸烟。"

丘吉尔一直在关注着罗斯福和斯大林的消息，听说两人单独见面，觉得有些不安。他已经明显地察觉到，罗斯福从亲英转为亲苏。从开罗会议时开始，他就想找机会和罗斯福单独见面，好让英美在德黑兰会议的几个议题上先达成共识，但是罗斯福都用各种理由委婉地回绝了。

罗斯福和斯大林的第一次会晤总共进行了 45 分钟，其中很多都是翻译时间。罗斯福提到了战后成立国际组织用来维护世界和平的构想。他在纸上画了 3 个圆圈，中间的圈注明"执行委员会"，左边的圈注明"40 个成员国家"，右边的圈注明"美、苏、英、中 4 个理事国"。斯大林没有太多表示，罗斯福以为自己已经说服了他。

罗斯福和斯大林谈完后，就前往大使馆的会议室，参加德黑兰第一次全体会议。

在会议开始之前，举行了一个简短的赠剑仪式，丘吉尔代表英国国王向斯大林赠送了一柄剑。这把镶满宝石的剑被乔治六世命名为"斯大林格勒"之剑，它凝聚了英国人民对斯大林格勒的保卫者们的敬仰，对英勇抗击法西斯侵略的苏联人民的敬仰。

赠剑仪式结束后，德黑兰第一次全体会议正式开始，罗斯福被推举为会议主席。他说："首先，让我们欢迎苏联成为国际大家庭的新成员，其次我对斯大林元帅和丘吉尔首相的推举表示感谢。我希望，会议能在真诚友好的气氛中进行，大家都能够畅所欲言。"

丘吉尔说："这次会议是人类有史以来最伟大力量的融合，我们这些与会者手中掌握着人类幸福的命运，希望大家不辜负上帝和人民所赐予的使命。"

斯大林对丘吉尔的话表示赞同，他说："历史宠幸我们，给了我们这样一个能够互相了解的机会，让我们像兄弟一样聚会。"

整个会议进行了 3 个小时 20 分钟，三个人主要就第二战场的开辟问题展开激烈讨论。斯大林对美、英一再推迟开辟第二战场的时间表示不满，丘吉尔则希望不要确定固定的时间，以免影响正在进行的地中海作战计划。两人相执不下，罗斯福充当着调解员的角色。

11 月 28 日晚，罗斯福在他暂住的别墅中举行了晚宴。除了斯大林、丘吉尔之外，他还邀请了美、英、苏三方到会的其他政府和军事人员。晚宴的主菜为烤牛排和烤火鸡，罗斯福为了让宴会气氛更轻松和更融洽，亲自为客人们调制鸡尾酒。丘吉尔曾经在白宫喝过这种将马提尼和苦艾酒混合的鸡尾酒，表示比较喜欢。斯大林认为虽然味道不错，但是他觉得不暖胃。他和大多数俄罗斯人一样，喜欢喝伏特加那样纯度较高的烈酒。晚餐后，丘吉尔和斯大林谈了波兰问题。谈到波兰问题时，丘吉尔把 3 根火柴放到桌面上，代表苏、波、德三国，将波兰的疆域向西边的德国扩展，从德国得到土地弥补东边失去的土地。斯大林很满意，认为这是个好主意。由于怕引起美国国内 100 万波兰裔选民的反感，所以罗斯福在这个问题上没有发表任何意见。

客人们都离开后，作为随从官员的埃利奥特向父亲说出自己的担忧："父亲，这别墅里的服务生都是苏联内务委员会人员，还携带了武器，我们可能已经处于严密监视中。"

罗斯福并不在意："不要担心，埃利奥特，如果他们真偷听了我的话，就知道我的诚意了，我们有必要打破僵局，和斯大林建立正常的外交关系。"

11 月 29 日，在罗斯福的主持下，美、英、苏三方代表召开了第二次全体代表大会，仍由罗斯福来主持。同 28 日的会议一样，争论的焦点还是开辟第二战场的时间问题。尽管罗斯福和丘吉尔已经表明会在明年展开行动，但斯大林还是认为他们没有诚意。罗斯福则相信胜利的日子已经不远了，他把全部心思放到策划自己构想的国际机构上，为了达成这个目标愿意在其他问题上做出妥协。他不愿意让斯大林认为美、英达成什么协议，所以在斯大林和丘吉尔争论的时候什么也不说。丘吉尔还在坚持自己的军事计划，没有意识到这个计划或许会导致同盟国的分裂。斯大林凭借苏联对德作战的胜利，抢占了欧洲战场的优势，想在同盟国中具有主导权。

11 月 29 日的晚宴，由斯大林主持，人们尽情狂欢，喝掉了一瓶又一瓶苏联香槟酒，气氛非常热烈。斯大林提到苏德战争中德军带给苏联人民的灾难，并且带着嘲笑的口气说："一定要严厉地惩治德国，肃清他们的参谋部，枪毙上 5 万名德国军官。"

尽管房间里的其他人都知道斯大林在开玩笑，但是丘吉尔却认为斯大林提出的是严肃的对德政策问题，他说："英国政府和人民绝不能容忍发生这样的暴行，不管他是不是纳粹，都应该由法律来审判，而不是被行刑队处决掉。"

斯大林对丘吉尔的反应有些意外，但好像并没有改变立场："必须要枪毙上 5 万！"

丘吉尔非常气愤，一下子站了起来："我宁愿你们把我拖到后花园，一枪把我毙了，也不愿意让这种暴行玷污我和我国的荣誉。"

罗斯福觉得有些好笑，在这两天的会议期间，似乎调解斯大林和丘吉尔的各种矛盾已经成了他的职责。他笑着看看像小孩子一样闹别扭的两人，插话说："我想，枪毙掉 4.9 万名德国军官就行了！"

由于罗斯福的打趣，僵硬的气氛缓和下来。斯大林作为主人依次向客人们敬酒，轮到已经喝得半醉的埃利奥特时，埃利奥特说："我非常赞成斯大林元帅的计划，相信美国军队会大力支持这个计划的。我们的部队从西部进入德国，你们的军队从东边进，很容易就把事情办妥当。其实枪毙上 5 万名德国军官也不解恨，真应该再杀上几十万个纳粹。"

斯大林听完翻译官的讲解，走到埃利奥特的身边，搂住他的肩膀，好像很喜欢这个桀骜不驯的年轻人。

丘吉尔非常恼火，站起来大声呵斥埃利奥特："你怎么敢说这种话，想毁掉盟国之间的关系吗？"呵斥完，怒气冲冲地离开，一个人走进隔壁的空房间。

斯大林带着翻译跟了过去，伸手拍拍丘吉尔的肩膀。丘吉尔转过身来，看到是斯大林，有些意外，他以为罗斯福会过来安抚自己。其实他已经有点后悔自己的冲动，可能是因这两天被罗斯福冷落，所以对埃利奥特的态度才会有些过激。斯大林冲丘吉尔微笑着，让翻译官解释那关于"枪毙5万德国军官"只是玩笑话,从来没有考虑过那样的事情。丘吉尔有些感动,他后来在回忆录中是这样说明自己当时的心情的:"假如斯大林愿意的话,他能够变得很有魅力,他的微笑让人倾倒,我从来没有想过他此刻能够有这样大的魅力。"

丘吉尔和斯大林又回到晚宴上,罗斯福好像什么都没发生一样,开始赞颂大英帝国在这场反法西斯战争中的伟大作用,并给予老朋友丘吉尔很高的评价。

11月30日午餐时间前,丘吉尔单独会见了斯大林。他向斯大林解释迟迟不开辟第二战场的原因,因为英国必须要考虑到地中海的军事力量。他还提到英国和美国的不同,英国比美国更看重开辟第二战场的事,美国却似乎更在意太平洋地区的战事。斯大林只是听着,没有发表什么意见。

午餐会谈中,罗斯福提到中国问题,斯大林问道:"苏联能够在远东得到什么?"

丘吉尔反问:"您对《开罗宣言》怎么看?关于远东地区和该地区的不冻港问题,贵国政府是什么意见呢?"

斯大林回答:"我们在远东没有一个完全的不冻港。"

罗斯福微笑着说:"我认为,可以在远东设立自由港,中国大连就比较适合。"

斯大林摇摇头:"蒋介石不会答应这个提议的。"

罗斯福叫斯大林不要担心这个,其实他已经早有准备,在开罗会议时就和蒋介石达成默契。斯大林不再疑惑,做出两个口头承诺:赞成《开罗宣言》上的全部条款,打败德国后出兵中国东北,对日作战。

11月30日下午4点,美英两国为开辟第二战场制定的"霸王行动"确定了日期和策略。时间为1944年5月,到时美、英两国将在一个地区制造假象欺骗德国人,然后从另一个地区真正进攻。斯大林不赞同这样的做法,认为应该正面战斗。丘吉尔说了一句非常经典的话:"真理,是值得用谎言去捍卫的!"

斯大林同意苏联到时候在东线发动攻势,配合该行动的顺利完成。罗斯福表示,会在近期内任命"霸王行动"的负责人。会议气氛轻松愉快,已经没有了前两日的剑拔弩张。

11月30日的晚宴,在英国大使馆举行,由于当天正好是丘吉尔的生日，所以规模比前两次的都要盛大。餐桌上装饰着英格兰风格的桌布和烛台，摆放着大大的奶油蛋糕，还整齐地排列着闪闪发光的银制器皿。人们的心情在烛光中柔和起来。因为已经举行了好几次宴会，三方的随行官员和代表不再生疏拘谨，彼此随意地攀谈着。丘吉尔坐在罗斯福和斯大林的中间，愉快地接受了两人的生日祝福。可是，他的好心情并没有保持多久。他发现，当罗斯福讲话时，斯大林很认真地倾听；而自己讲话时，斯大林不是反驳就是打岔。丘吉尔有些难过，感觉自己和自己的国家都被这个东方独裁者轻视了。为了化解郁闷，丘吉尔向罗斯福和斯大林敬酒。斯大林反客为主，表示要说几句，他强调了美国提供装备的重要性，把苏联当年取得的胜利归功于罗斯福和美国的援助。罗斯福很满意这个结果，丘吉尔却郁闷得不行。苏联和美国都在强调对方的重要性，仿佛已经忘记了"二战"初期两国袖手旁观时，是英国在全力以赴地抵抗德国对欧洲的蹂躏。

12月1日的会议主要是谈论分割德国问题，斯大林赞成丘吉尔之前的建议，同意波兰往西扩大疆域。关于这个议题，罗斯福依然回避，但是私下里已经向斯大林表示支持。三个人都认为战后应该分割德国，以防止德国法西斯的复辟，但大家在分割方式上意见却不统一：罗斯福的主张是，把德国分为5个部分，划归成2个地区；丘吉尔的主张是，将普鲁士独立出来，其他地区组成多瑙河联邦；斯大林的主张是，分割得应更零散些，这样才能够彻底杜绝德国军国主义的再次复苏。罗斯福觉得斯大林说得有道理，很认可他的观点。

当晚，斯大林再次在苏联大使馆举行了晚宴，德黑兰会议落下帷幕。

罗斯福认为，由于自己和斯大林相互信赖，德黑兰会议才取得圆满成功。斯大林却并不这样看，他后来对一位共产党政治家提到此事时，他是这样评价罗斯福的：丘吉尔会掏光你的口袋，一个子儿也不放过；罗斯福不会那样，他只挑大票子。

1943年12月16日，罗斯福回到美国。在这之前，他去了北非，并且任命艾森豪威尔为盟军总司令，担任"霸王行动"的统帅。12月21日，霍普金斯一家搬出了白宫，住到了乔治城的家里。白宫冷清了不少，这让罗斯福有些伤感。霍普金斯的身体状况越来越不好，这让罗斯福想到了当年因病搬离的豪。

1943年12月24日，罗斯福在海德公园府邸的书房里，进行了第20

次"炉边谈话"。在谈话中，他总结了开罗会议和德黑兰会议的相关成就。他提到自己在圣诞节即将来临前进行这次谈话的意义，那就是呼吁大家不要忘记"热爱和平和与人为善"的精神。

罗斯福好像忘记了自己在德黑兰时对丘吉尔的冷落，很真诚地称他是"伟大的世界公民"。考虑到丘吉尔正经受着严重的肺炎折磨，罗斯福呼吁大家一起为丘吉尔首相祈祷，祝愿他早日康复。

提到斯大林的时候，罗斯福称赞道："斯大林元帅具有坚定无比的信心、忠诚不渝的品格和真诚爽朗的性格，是俄罗斯精神的真正代表。在大会期间，我和他相处得很好。我相信，美国人民能够同他和他的人民相处得很好。"

5 小狗法拉的愤怒
ROOSEVELT

1944 年 1 月 11 日，罗斯福向国会递交了国情咨文。尽管国内舆论普遍认为，按照眼下的国际形势，同盟国现有的兵力已经能够确保战争胜利，但罗斯福还是向国会提出了征兵要求。他这样做的原因，不是怀疑盟军的战斗实力，而是为战后世界重组做准备。由于罗斯福在 1940 年时已经打破常规，连任三届，所以也就没有人认为他会放弃第四次竞选。

1944 年，又是总统大选年，罗斯福已经在白宫执政 11 年了，繁忙的军政事务让他原本就不乐观的身体状况更加糟糕。年初的时候，他曾经和工作人员说过："我不想再参加竞选了。"大家也都诧异罗斯福的身体变化，他的眼睛失去了往日的神采，脸上不知不觉地布满了老人斑。他的身体抵抗力越来越弱，很容易因天气的变化而感冒，每次感冒都持续很长时间。那间椭圆形总统办公室里传出的不再是爽朗的笑声，而是一阵阵咳嗽声。

1944 年 3 月 27 日，在马里兰州贝塞斯达海军医院，罗斯福接受了几位专家的会诊检查。罗斯福过去很少担心自己的身体状况，可眼下却感觉到疲惫不堪，要支撑不下去了。会诊的结果，让医生们都感到震惊。罗斯福不仅患有严重的高血压，而且还因支气管炎导致左心室扩大，这是非常危险的征兆。专家组仔细研究后，为罗斯福制订了一个减肥计划，另外建议他少抽烟、少喝酒，减少工作量，保证 10 小时睡眠时间。心脏病专家霍华德·布鲁恩少校被医院派到白宫，随时关注罗斯福的健康问题。罗斯福同意医生们的安排，但是从来不主动向医生询问自己的身体情况。按照专家们的建议，罗斯福调整了自己的生活规律，每天只喝 1 杯鸡尾酒，香烟也由每天 30 支减少到 20 支，又听从布鲁恩的劝说减少到 4 支，睡眠时间也适当延长。他的高血压很快就稳定下来，心室逐渐恢复正常。

1944 年 6 月 6 日凌晨 3 点，埃莉诺被白宫总机唤醒，马歇尔从作战部打来电话，急着找总统。埃莉诺走进罗斯福的卧室，把他叫醒。罗斯福穿上羊毛衫，从床上坐了起来，拿起电话。马歇尔汇报道："总统先生，盟军第一批进攻部队 5 个师在 5 个海滩同时登陆，除了在奥马哈海岸遭到德军顽强抵抗外，其他几处士兵还是比较顺利地登陆并向内陆挺进。"

罗斯福接完马歇尔的电话后，对埃莉诺说："不知道里纳卡怎么样了！"

里纳卡是经历过"一战"的海军老兵，退役后一直在斯普林伍德庄园工作。美国宣战后，他又重新返回海军部队，随同艾森豪威尔的远征军先去了北非，再转战到欧洲，也参加了这次登陆作战。

战报接二连三地传来，罗斯福表面上很镇静，但是埃莉诺知道，丈夫牵挂的不只是斯普林伍德庄园的老伙计，而是正处在枪林弹雨中的所有美国士兵。

6 月 6 日晚，罗斯福在广播前为前方战场上的士兵祷告。由于白宫已经在事前就将罗斯福亲自撰写的祈祷文分发下去，所以数百万民众守在广播前同罗斯福共同诵读：

> 万能的主啊，我们的孩子们，我们美利坚的骄傲，今日正在战场奋力搏斗：为了捍卫我们的共和国，为了保卫我们的信仰和文明，为了拯救苦难中的人类。
>
> 请指引他们勇往直前，永不迷失方向，请赐予他们坚定的信念、勇敢的心灵和强大的力量。他们任重而道远，他们渴望您的庇佑。成功需要艰辛和血泪，但是我们会坚持不懈。我们正从事着正义的事业，我们必能得到您的眷顾，我们的孩子必将胜利归来……

万能的主啊，请聆听我们的祈祷，保佑我们实现梦想。

阿门。

1944 年 7 月 11 日，罗斯福在给民主党主席罗伯特·汉尼根的信中写道："到明年 3 月，我在总统与武装部队总司令的任上就满 12 个年头了。如果让我决定，我不想再参加竞选了，我的灵魂呼唤我回赫德逊河畔的老家去。可要是人民命令我继续进行这场战争，继续担当这项职务，那我只好答应，士兵是没有权利让自己从火线上退下来的。"

罗斯福期待着争取真正的和平，期待着反法西斯斗争的胜利。想到一切都已经到了最后冲刺阶段，他就好像又充满了力气。他不想打退堂鼓，不想放弃自己构建维护世界和平的联合国组织的梦想。尽管心力交瘁，但是他还是没有办法放弃竞选。

汉尼根接到罗斯福的信，非常高兴。战时经济虽然给美国经济带来了繁荣，但是给人民生活带来的不便也不容小觑。部分人民对政府的态度，由战争初期的体谅转为不满，1942 年的中期选举，民主党就遭遇了危机。如果罗斯福放弃竞选，民主党没有把握能够赢得这一仗。但罗斯福同意参加竞选，情况就不一样了。对于这位已经接连三任的老总统，大多数美国人还是充满爱戴和感激之情的。

1944 年 7 月 20 日，民主党在芝加哥召开了全国代表大会，讨论总统和副总统候选人的问题。此时，罗斯福正在加利福尼亚州的圣选戈海军基地，视察一场两栖作战演习。大会首轮投票结束后，罗斯福以 95% 的得票数第 4 次当选民主党总统候选人。会议争论的焦点，主要是副总统候选人人选。罗斯福的身体状况，大家都心知肚明。如果罗斯福熬不过下个 4 年，那现在大家挑选的副总统就是下任总统。罗斯福原本还想让副总统华莱士再次担任自己的竞选伙伴，但是各方反对意见太多，只好勉强舍弃他，把副总统人选问题交给民主党委员会。汉尼根提名密苏里州的参议员哈里·杜鲁门。汉尼根想劝说华莱士放弃竞选，但是华莱士要坚持到底。其他出面竞选副总统候选人的，还有大法官道格拉斯和众议院议长雷伯恩等。

第一轮投票中，华莱士 429.5 票，杜鲁门 319.5 票，其他的候选人分了剩下的 427 票。几位候选人中，只有副总统华莱士是代表们熟悉的，但也是反对者最多的。如果他成为候选人，民主党阵营的破裂就在所难免。

其他几位候选人都没有全国性的知名度，除非得到总统罗斯福的推荐，否则很难得到 2/3 多数代表的支持。汉尼根打电话给罗斯福，请他确定副总统人选。罗斯福认为杜鲁门容易被各方接受，因为他既不是保守派，也不是进步派，不会让竞选陷入派系之争。确定了罗斯福的意见后，汉尼根联系其他几个有影响力的党魁，与各州代表团大做政治交易，操纵选票。第二轮投票结果出来，杜鲁门凭借 1031 票获得胜利。

杜鲁门 1884 年生于密苏里州的拉马尔市，他的父亲是一位不善经营的骡马商人。第一次世界大战期间，杜鲁门参加了远征军，在法国作战，成为一名炮兵上尉。"一战"后，他回到美国，与伊丽莎白·华莱士结婚，然后在堪萨斯市开了家服饰店。他参加了堪萨斯大学民法学校的学习后，逐步进入政界，1922 年时担任县法官，1926 年后接连任首席法官、县长。1934 年，他当选为参议员，其后就一直坚定地拥护罗斯福的新政。1941年，美国参战后，杜鲁门成为国会调查委员会主席，专门负责检查军用物资调配中的浪费和贪污问题。经过精心调查和取证后，他揭发了几个特大贪污案件，赢得了一些声望。由于家庭条件不好，他没有读大学，因此被人们称为"密苏里的小人物"。

由于杜鲁门没有什么知名度，外界报道资料甚少，这让人们对这位副总统候选人充满好奇。《时代周刊》上提到杜鲁门时，内容只有几句话：来自密苏里州的、头发灰白的小个子议员，在参议院里没有什么地位。《纽约时报》称他为"第二次密苏里妥协"的产物。

在圣迭戈海军基地的一节火车车厢里，罗斯福用广播的形式发表了接受提名的演说：

> 1944 年，我们的任务是什么？
>
> 第一，我们要赢得战争，要迅速赢得战争，要以压倒性优势赢得战争。
>
> 第二，为了维护人类和平，我们要成立世界性国际组织。
>
> 第三，为了即将回国的战士，为了全体美国人，我们要建立一种经济体系：提供就业，提高生活质量。
>
> 今年秋天，美国人民将要做出一个选择，那就是将这项重要任务交给能够对国外危险有预见性的那些人，还是移交给那些没

有经验的人？

根据 1940 年大选的经验，共和党选出了一个温和而睿智的候选人，42 岁的纽约州州长托马斯·杜威。麦克阿瑟将军原本想要竞选总统，可是得不到党魁们的支持，又陷入贿赂案丑闻中，所以自行宣布退出竞选。党魁们最初看好的还是上次竞选的候选人威尔基，但是考虑到他的身体状况很糟糕，还是放弃了他。有的人曾猜测，如果威尔基参加竞选的话，罗斯福说不定就会放心离职，不再继续竞选了。威尔基在 1940 年竞选失败后，以超党派的姿态，多次以总统代表的身份到各个反法西斯前线国家，为促成世界反法西斯同盟作出了重要贡献。

杜威是在 1934 年纽约民主党出现内讧时当选为纽约州州长的，他是一个观念有些保守的职业政客。他挑选的竞选伙伴，是俄亥俄州州长约翰·布里克。布里克性格有些狂妄，听说民主党副总统候选人是杜鲁门时，他对公众这样说过："我总是记不住那家伙的名字。"

1944 年的选举，对共和党来说也是艰难的，罗斯福的政治成就有目共睹，根本就没有办法按照过去的竞选常规攻击他的政策主张。杜威无意中得知联邦政府破译日本密码的事情，想用这个来攻击罗斯福故意促成了珍珠港事件。马歇尔知道后，没有把这件事情汇报给罗斯福，而是私下去劝杜威不要那样做。由于日本还没有察觉密码被破译的事，还在用老密码，所以美军才能在太平洋战场上接连取得胜利。如今太平洋战争还没有结束，破译密码的事情一旦公开，会影响到整个战局。再说，国内民众因珍珠港事件才能同仇敌忾，一致对外，如果随便散发消息出去，会引发社会震荡。最关键的就是，没有任何证据可以表明，罗斯福总统在珍珠港事件前就知道日本进攻的消息。杜威权衡再三后，还是放弃了这个攻击计划。

杜威凭借着年龄和体力优势，在全国范围内进行了巡回演说。他没有攻击罗斯福的政策主张，而是反复强调如今政府工作人员年龄老化，已经不适合负担沉重的工作。他向选民呼吁，应该把国家事务交给精力充沛的人来打理。

罗斯福的健康问题，成为共和党人能够使用的撒手锏。在共和党的安排下，罗斯福的一张照片被刊登在各个报刊上。由于这幅照片的拍摄角度问题，罗斯福看起来就像个形容枯槁的痴呆老人。围绕着罗斯福的身体状况，出现了各种版本的流言，有的说他的身体已经彻底垮了，有的说他患了严重的心脏病。流言越传越广，总统专职医生麦金太尔不得不为罗斯福开健康证明：他完全健康，器官也没有任何毛病，能够负担繁重的工作。白宫外的人经常把麦金太尔医生和马文·麦金太尔混淆，后者是"链扣俱乐部"成员，在豪去世后担任白宫秘书处主任，已于 1943 年去世。

1944 年 8 月，在西雅图的布雷默顿海军造船厂，罗斯福发表了一次演说。除了造船厂的工人外，还有千百万人通过广播收听了这次演说。由于他当时支架佩带不舒服，只能用双手扶住演说台来支撑身体，翻演说稿的时候就变得很困难，演说也断断续续。听众们惊讶地发现，总统过去常表达出来的愉快和自信消失了。共和党的报纸上再三强调杜威的年龄优势，并且通过"广播事件"来证明已经 62 岁的罗斯福真的老了。有的报纸甚至毫无顾忌地谈论，即便罗斯福竞选上总统，也可能撑不过 4 年任期。通过民意测验表明，"广播事件"后罗斯福的支持率开始下降。

杜威没有辜负共和党的信任，确实是一个具有过人智慧的精明的政治家。他的每次竞选演说，都是经过多次打磨，不给对手留任何破绽。除了罗斯福的健康问题外，他还提到罗斯福战争初期重复设置临时机构造成财政紧张和内阁中复杂的钩心斗角。这些都是客观存在的，民主党没有办法否定对手的攻击。

其他的共和党人就没有杜威头脑精明，他们大肆攻击罗斯福的家庭：埃莉诺去战区慰问美国官兵的行为，被指责为公款旅行；詹姆斯四兄弟在战场立功升迁，被指责为沾总统父亲的光；就连小狗法拉也没能幸免，成为非议的焦点。

面对这些攻击，罗斯福既愤怒又无奈，他对霍普金斯说："这是我遇到的最卑鄙的一次竞选！"他无法再保持沉默了，他决定反击。

1944 年 9 月 23 日，为了反驳共和党人的攻击，罗斯福在卡车司机工会发表了一次竞选演说：

> 好啦，我们又在一起了！又过了 4 年，这是怎么样的 4 年啊！我确实是老了 4 岁，这好像让某些人觉得恼火。从 1933 年我们开始清理那些堆在我们身上的烂摊子算起，我们大家都老了 11 岁……
>
> 在共和党中，有着心胸宽广的开明分子。为了使共和党的发

展能够跟上美国前进的步伐，为了使共和党的发展更符合现代化，他们一直堂堂正正地努力奋斗着。但是，在共和党中的老保守派们盘踞的地盘上，开明分子却根本无力将他们赶跑……

全国千百万共和党人同我们一样，厌恶由这样的人来做那样的竞选演说。在短短几个月之前，在研究民意测验的时候，这些人才明白什么是国际生活。

对我、我的妻子和我的孩子们进行攻击，已经不能满足共和党领导人的需求。现在，他们又来猛烈攻击我的小狗法拉。与我的家庭成员不同，法拉非常反感这样的做法。某些共和党的作家杜撰故事说，我把法拉忘在阿留申群岛中某个岛屿上，然后派驱逐舰去找它，为此浪费了美利坚纳税人两三百万到两千万。这个无耻的谣言使小狗法拉愤怒不已。我不计较那些关于我本人的诽谤，但是针对我的小狗的诽谤，我有权利表示反对。

罗斯福平易近人的话语，引起了听众的共鸣。大家的思绪都被拉回到经济危机时期，正是这个现在被谴责为"累坏的老头子"的人把美国从深渊中解救出来。不管是忠于共和党的选民，还是忠于民主党的选民，谁没有受到他政策的恩惠呢？只有罗斯福才有资格超越党派局限，受到广泛的爱戴。在焦点问题"小狗法拉"上，罗斯福的辛辣和机智也让民众折服。这是一次精彩绝伦的演说，并且取得了预期的效果。民众提到这次大选时，一定会提到"小狗法拉的愤怒"，于是不可避免地厌恶污蔑总统的杜威。其实，杜威和"法拉事件"一点关系也没有。这是一个不怎么知名的共和党人报道的，他以为自己的攻击能够影响竞选进程，却没想到受窘的不是罗斯福，而是杜威。

1944 年 11 月 7 日投票日，按照惯例，罗斯福在海德公园投票后，就回到斯普林伍德庄园等消息。投票结果出来，罗斯福得到 432 张选举人票，2 560 万张选民票；杜威得到 99 张选举人票，2 200 万张选民票。罗斯福再次得到美国人民的信任，成功当选为下届总统，开始他的第 4 个任期。民主党人对这样的选举结果并不满意，因为选民票两党才相差 360 万张，民主党并没有什么优势。罗斯福却觉得很欣慰，因为选民们抛弃了那些孤立派，没有再选有孤立主义倾向的候选人为参、众两院议员。

美国总统罗斯福和他的苏格兰犬法拉在车里

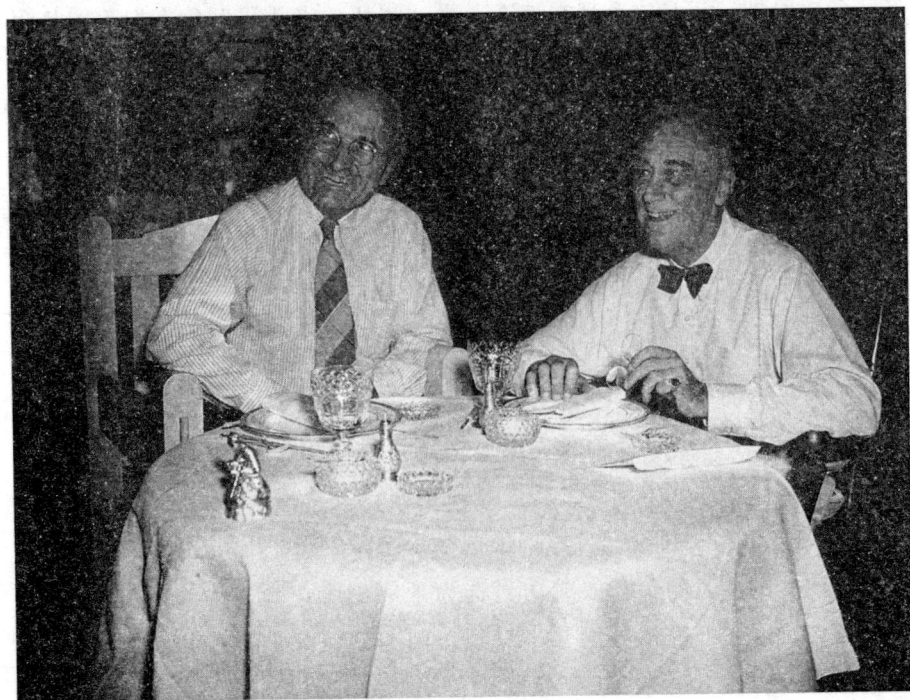

总统富兰克林·罗斯福在白宫同副总统哈里·杜鲁门一同进餐

6 一个不合格的人
ROOSEVELT

　　1944 年圣诞节，斯普林伍德庄园，客厅中央摆着挂满彩灯的圣诞树，树下放着一堆圣诞礼物。十几个孩子围着圣诞树，尽情嬉戏着，其中年纪最大的 14 岁，小的才开始蹒跚学步。罗斯福坐在沙发上，看着可爱的孙子、孙女、外孙、外孙女们，十分轻松惬意。自从第二次世界大战开战后，罗斯福家还从来没有聚齐过这么多人。利汉德小姐离开白宫后，女儿安娜接替了她的工作，料理白宫事务和照顾罗斯福的身体。4 个儿子都上了前线，长子詹姆斯和幼子约翰在太平洋战区，次子埃利奥特和三子小富兰克林在欧洲战场。詹姆斯所在的部队 10 月打了大胜仗，詹姆斯带着荣誉和喜悦请假回家过节。埃利奥特被临时抽调回本土工作，他又结婚了，对方是一个漂亮的电影明星，这已经是他的第三次婚姻了。

　　罗斯福知道，自己不是一个合格的丈夫。他看了看坐在自己身边的埃莉诺，她正微笑着听儿子们讲战场上的趣事。两个月前，埃莉诺度过了自己的 60 岁生日。她没有像其他女人那样，魅力随年纪的增长而消减，反而越发显得睿智和仁爱。1936 年开始，她撰写的专栏《我的一天》在全国 135 家报纸同时刊登，向世人展示白宫夫人的行程安排。这让民众们发现，白宫没有那样神秘，总统和总统夫人也并非高高在上。随着埃莉诺的声望发展，出版界找她的人越来越多，这让她觉得很高兴。

　　尽管埃莉诺贵为美国第一夫人，但她还得像寻常主妇那样，为家里的经济开支操心。她继承的年金将近 3 万美元，足够贴补家庭开支，但是她的乐善好施是出了名的，不管是个人还是慈善组织，到埃莉诺这里寻求帮助都绝对不会失望。如果她只做个"花瓶"式的白宫夫人的话，就不会这样为难，但谁让她选择了做个"飞行的第一夫人"呢？由于罗斯福腿脚不方便，埃莉诺就充当了他的耳目，亲自到各个地方去了解民众的基本生活状况。战争爆发后，她还亲自到前线慰问那些离乡背井的美国士兵。埃莉诺是罗斯福政府不可缺少的一员，但是第一夫人是没有工资的，也没有差旅费。有的时候，她也会为旅费问题发愁。有了稿酬以后，情况就好了。

除了成为撰稿人外，埃莉诺还成了广告明星，接连为好几家公司在广播里做广告宣传。她将得到的报酬全部捐赠给美国友谊服务委员会，用来进行各种人道主义援助。

罗斯福知道，自己不是一个合格的丈夫。虽然埃莉诺的脸上常带着笑容，可那不能够说明她是幸福的。有的时候，罗斯福也会想起40多年前在火车上邂逅这个小堂妹的情景。那时候的埃莉诺刚从英国回来，脸上洋溢着自信的微笑，穿着时髦，举手投足间流露着优雅风范。另外，她谈吐风趣，见解不凡，眼中闪动着过人的智慧，和社交圈中那些只长着漂亮脸蛋的姑娘相比，更有一股迷人的魅力。罗斯福对她一见钟情，两人开始往来。有的时候，罗斯福也会想起自己求婚后埃莉诺在回复信中附上的那句勃朗宁的诗：

> 除非你发誓，"生死不渝！"
> 否则，别说那是爱情！

罗斯福背弃了这个誓言，移情别恋，没有做到"生死不渝"，于是也就失去了埃莉诺的爱情。有好多次，罗斯福在夜深人静时扪心自问，当年自己是爱上了埃莉诺，还是爱上了"总统侄女"的光环。他发现，自己也找不到真正的答案。"露西事件"后，罗斯福和埃莉诺的夫妻关系就转变为伙伴关系：生活伙伴和事业伙伴。埃莉诺把全部热情放到了慈善事业上，把自己从这个让她窒息的家里解放出来。罗斯福患病初期，埃莉诺守护着他，夫妻俩的关系得到缓解。但罗斯福发现埃莉诺越来越像萨拉，因为爱他而要制约他，这让他觉得很沉重，让他很想逃避。罗斯福拉住了温柔的利汉德小姐，躲到了她的身后。夫妻俩错过了和好的机会，真正成了平行线。

罗斯福知道，自己不是一个合格的父亲。在入主白宫前，他把孩子的教育问题都丢给了母亲萨拉和妻子埃莉诺；在入主白宫后，他更无暇顾及到孩子们的问题。

在家庭教育问题上，萨拉和埃莉诺一直在进行长期的拉锯战。几个男孩还好些，女儿安娜实在受不了家里的紧张气氛，20岁的时候就选择了结婚。她只是想逃避，所以匆忙地嫁给了第一任丈夫——股票经纪人科提斯·达尔。安娜的第一段婚姻勉强维持了6年后宣告结束，她带着两个孩子回到娘家。罗斯福就职总统后，安娜带着孩子跟着父母搬进了白宫。她认识了芝加哥《论坛报》的记者约翰·伯蒂格，于 1935 年开始了第二段婚姻，随后跟着丈夫去了西雅图。利汉德小姐因病离开后，安娜回到白宫接替她的工作。

在罗斯福的 4 个儿子中，詹姆斯最像父亲，绅士般的做派，雄辩的口才，就如同年轻时代的罗斯福。罗斯福最喜欢这个儿子，他的 4 次总统就职典礼都是在詹姆斯的搀扶下进行的。在格罗顿公学毕业后，詹姆斯上了哈佛大学，最后在波士顿大学法学院完成学业。在波士顿大学期间，他就开始尝试保险业务，毕业后进入了保险业。

富兰克林·罗斯福（左）和他的儿子詹姆斯·罗斯福同其他官员在一起

罗斯福 1932 年竞选时，詹姆斯在地方组织协助竞选。罗斯福当选总统后，针对詹姆斯的非议也就随之而来，有的说他在内阁人选上大放厥词，有的说他将出任总统秘书操纵政务。詹姆斯伤心之下，出走欧洲。接下来不管詹姆斯是做公务员，还是做商人，都是非议不断。他事业有成，就被说成是倚仗总统之子的身份谋取私利；他事业受挫，就被说成是罗斯福家族的纨绔子弟；他婚姻幸福时，被说成是利益婚姻；他婚姻破裂时，被说成是风流成性。1936年，罗斯福最亲密的伙伴和朋友豪去世后，詹姆斯回到父亲身边协助他。由于操劳过度，詹姆斯的胃病越来越严重，只好做了手术，切除了大半个胃。1938年，他重新开始经营保险业，并且取得一定成绩。各种诽谤接踵而来，又是拿他总统之子的身份说事儿，认为他的客户是迫于压力才买的保险，而不是心甘情愿地掏腰包。詹姆斯无法再保持沉默，他在广播发言中用事实说明问题，维护了自己的尊严。尽管觉得委屈，但是为了不影响父亲的名誉，他还是离开了保险业，转向电影业，并且取得了良好成绩。

战争开始后，詹姆斯任海军上尉，被派到中东和远东任视察员。上级了解到詹姆斯做过胃切除的情况后，安排了一些较轻的工作给他。詹姆斯不满意这样的安排，他第一次凭借总统之子的身份为自己争取了利益，那就是上前线执行任务。他不仅参加了战斗，还因在敌人的炮火下不畏牺牲地搭救战友而立了战功。

埃利奥特受到的攻击和诽谤，并不比哥哥少。他是罗斯福家族的另类，也是罗斯福家族中最感性的人，前者是大家公认的，后者则隐藏在他粗暴的外表下。诽谤是政治的附属物，从罗斯福复出政坛当上纽约州州长开始，关于罗斯福夫妇的诽谤就没有中断过。每当听到别人诋毁自己的父母时，埃利奥特就会冲出去挥舞他的拳头，教训那些卑鄙无耻的小人。他没有去哈佛大学读书的原因，大概也是想留在父母身边保护他们。他进了广告界，还取得了不菲的成绩。1940年9月，国会通过《征兵法案》后，埃利奥特报名参军。他进了陆军航空队，负责在欧洲大陆上空摄影侦察，为盟军开辟第二战场准备地理、地形等情报。苏德战争爆发后，他配合苏联空军，带领侦察队在轰炸进行中进行空中侦察工作。他想成为让父亲骄傲的儿子，他一直在为这个目标努力。

就在埃利奥特率领侦察队在纳粹的炮弹中执行任务时，就在他的另外3个兄弟都在战场上奋战时，诽谤还是没有放过他们。众议院议员拉姆伯特在报纸上发表文章，公开造谣说总统的儿子留恋于纽约的夜总会，而其他美国青年则在战场上为国家捐躯。埃利奥特按捺不住心中的愤慨，用悲切的口气给父亲写了一封信："真希望我们兄弟中牺牲一个，或许只有你死了一个儿子，他们才会放过你，才会闭上那张诽谤的嘴。"

罗斯福见到信后，泪流满面。他的孩子在英勇地战斗，得来的不是荣誉，而是诋毁和污水。想到孩子们受的委屈，罗斯福无比愧疚。

白宫的记者们因这种不负责任的报道义愤填膺，想知道这个胡说八道的拉姆伯特到底是什么样的人。没想到，拉姆伯特在诋毁罗斯福的儿子不上战场时，他自己的儿子正借口宗教信仰问题拒绝到部队服役。记者们通知各个报社，用醒目的标题报道了这个消息。

就在1944年圣诞节前夕，埃利奥特因战功显赫被升为准将，成为罗斯福家的第一位将军。他达成了自己的目标，让自己成了父亲的骄傲。当然，这个晋升仍然引来了不少非议。但是埃利奥特已经习惯了，这几年他们兄弟不管谁因战功晋升都会遭到非议。

小富兰克林不仅名字与父亲一样，教育经历也是格罗顿公学、哈佛大学和弗吉尼亚大学法学院这样的过程。毕业后，他也如当年的罗斯福一样，成为律师。和詹姆斯的绅士化和埃利奥特的粗暴相比，小富兰克林的性格最常人化。他不觉得做总统的儿子有什么了不起，相反还觉得有些不方便。他厌恶新闻界的人打扰他的私生活，但他不会像大哥那样忍让，也不会向二哥那样大打出手，他只是会把跟踪自己拍摄的记者的相机摔个粉碎。在四兄弟之中，小富兰克林继承了母亲埃莉诺的善良，他经常陪母亲去探望那些生活在社会底层的人，并且愿意去关心和帮助他们。珍珠港事件发生时，小富兰克林已经和杜邦小姐结婚，并且完成学业，在律师事务所上班。在联邦政府的号召下，他到海军部队服役，指挥驱逐舰在大西洋和太平洋执行护航任务。

随着国际局势的变幻莫测，罗斯福出席海外会议的次数也频繁起来。由于身体上的不便，他每次会议都要带一、两名亲属在身边。大西洋会议和卡萨布兰卡会议期间，小富兰克林都和哥哥埃利奥特一起被抽调到父亲身边，以临时随从官员的身份在他身边照顾他。罗斯福1942年11月下旬去参加开罗会议前，曾经在北非见过小富兰克林，并且希望他能够陪自己去开会。当时，小富兰克林负责指挥的"梅朗"号驱逐舰被德军轰炸机袭击，舰体受损，需要冲破敌人的封锁开回美国修理。那将是一段漫长而危险的航程，小富兰克林不想在这个时刻离开战舰和将士们，所以没有陪父亲去开罗。他没有想到，这就是父子俩最后一次见面。

约翰是罗斯福家最小的孩子，被母亲埃莉诺称为"我的孩子中最守规矩的一个"。可是认识他的长辈都知道，他是个调皮鬼，变着法地捣蛋。1937年，约翰从格罗顿公学毕业后去欧洲旅行。途经戛纳市的时候，他被邀请出席市长举行的宴会。这种政治类的宴会枯燥乏味，约翰在百无聊赖中发现了市长放在一边的帽子，就动了点手脚。结果是什么呢？当市长拿起帽子往头上戴时，劈头盖脸流淌的都是香槟酒。这个恶作剧不仅引得宾客们哄堂大笑，还作为社交趣闻上了地方报纸。罗斯福听完外交部的汇报后，亲自致电戛纳市市长，为小儿子的无礼道歉。约翰受到了相应责罚，那就是三年之内禁止出国旅行。

进入哈佛大学后，受学校中激进学子的影响，约翰也开始和父亲谈论政治。他曾写信给罗斯福，信中阐明国会不应该存在的理由，并且劝其踢开国会。罗斯福看了约翰的信后，很认真地写了回信："亲爱的约翰，你以为这有选择的自由吗？对不起，不是那样的。既然你是我的孩子，我有责任规劝你，你可以不喜欢它，但是你也绝对不能碰它，你必须要绕开它走！至于原因，你以后会慢慢明白的，记住，这是总统父亲的郑重警告！"

约翰大学没毕业，就和出自波士顿名门克拉克家族的安妮小姐结了婚。他希望成家后能够独立生活，所以就找了份工作，而不是像其他上流社会青年那样依赖父母。战争开始后，他加入海军，在太平洋舰队服役。

罗斯福的几个孩子都没有让他失望。但罗斯福觉得自己并不是一个好父亲。同时，罗斯福知道，自己也不是一个合格的丈夫和情人。1944年7月31日，缠绵病榻3年的利汉德小姐去世了。1941年6月她因病离开白宫，住进医院，精神状态就一直不好。偶尔有清醒过来的时候，她就叫嚷着要回波士顿老家去。尽管罗斯福不希望和她分开那么远，但还是听从埃莉诺的劝告，决定满足她的心愿。埃莉诺亲自送利汉德小姐回她波士顿的故居，又安排了专业护士陪伴照料她的生活，同时请地方上的名医负责继续治疗。

没有人再给罗斯福搜集有趣的漫画，也没有人像哄小孩子一样引他开怀大笑。罗斯福的生活因利汉德小姐的离开而失去了色彩。他经常想起利汉德小姐的那句话："你要大声笑出来，这样才能够让你放松心情，让你健康长寿。"如今笑不出来了，健康长寿是不是也就成了奢望？利汉德小姐没有结婚，没有后代，她把一生都奉献给了罗斯福。在罗斯福身边，她像母亲那样呵护他，像妻子那样关心他，像情人那样热恋他，像女儿那样崇拜他。罗斯福在患病后依然保持自信乐观的心态，很大程度上都是因为利汉德小姐的陪伴。他没有想到利汉德小姐会先离世，毕竟她比他年轻了将近20岁。为了保障利汉德小姐下半生的生活，他曾悄悄地立了遗嘱：除了斯普林伍德庄园是祖产无法分割外，其他资金类遗产由埃莉诺继承50%，剩下的50%留给利汉德小姐做治疗费和以后的生活费。他能够为利汉德小姐做的，也只有这些了。可是令罗斯福感到遗憾的是，这仅有的回馈也因利汉德小姐的先离世而落空。

罗斯福知道，自己不是一个合格的情人。利汉德小姐离开白宫后，他就越发想念二十多年前被迫分开的情人露西；知道利汉德小姐去世后，就更加渴望能够和露西见面。天有不测风云，谁知道每个人的生命有多长呢？露西的丈夫拉瑟弗德也死了，她成了一个继承大笔遗产的富孀。尽管罗斯福一直跟她保持着信件来往，但是更渴望能够与她见面。

不管是顾忌到身份原因，还是考虑到健康状况，罗斯福都不能像个小伙子一样偷偷探望他的情人。他只好求助女儿安娜，希望她能够帮助自己。安娜知道利汉德小姐的离开对父亲打击有多大，也了解露西对父亲的意义。在安娜的安排下，露西成为了白宫的常客，陪着罗斯福在书房说话，陪着罗斯福摆弄邮册。当然，这些会面都安排在埃莉诺不在白宫的日子。安娜认为，善意的隐瞒也是保护母亲、爱母亲的方式。

为了避免流言飞语，露西每次做客，都有女伴或安娜陪着，但罗斯福还是很满足。两人都老了，已经不像年轻时那样追求激情，更像是精神之恋。两人能够见面，能够轻松地说话聊天，就觉得幸福无比。

7　成功的、伟大的总统
ROOSEVELT

1945年1月6日，罗斯福向国会递交了国情咨文，主要提到组建联合国的问题，呼吁大家支持和理解。他在咨文中写道：纳粹法西斯的恐怖统治即将宣告终结，日本帝国主义的势力也马上面临瓦解，人类能够看到世界和平组织的设立，1945年将成为人类历史上最辉煌的一年。

ROOSEVELT

1945 年 1 月 9 日，太平洋战场传来捷报，美军已经成功在菲律宾登陆，将全速向马尼拉推进。两个多月前，美国和日本进行了世界海战史上规模最大的一次战役——莱特湾大海战。在这次战役中，日军除了损失全部航空母舰外，还被击沉其他各种舰只 22 艘，损失飞机 288 架，人员伤亡过万。日本海军从此一蹶不振，再也起不到多大作用。东条英机早已被迫辞职，由小矶国昭出任首相。

欧洲战场形势也是一片大好，苏军从 1944 年下半年起大规模追击德军，在东欧各国人民的英勇配合下，已经攻入德国本土。为挽回败局，德军在西线阿登地区发起反扑，被盟军彻底击溃。意大利战区的盟军正计划向北推进，被包围的德国纳粹虽然还在做困兽之战，但是已经无力扭转败局。

1945 年 1 月 20 日，在白宫的南门廊下，举行了罗斯福的第四任总统就职典礼。白宫新闻办公室对外宣称，战时不应该讲排场，因此缩减 90% 的典礼费用。事实上，联邦政府和白宫工作人员都清楚，罗斯福的身体状况已经不允许他像前几届典礼一样经过漫长的游行路线去国会大厦。罗斯福只想像前几次就职典礼那样扶着儿子詹姆斯站着，另外他或许预感到自己活不了多长时间，所以掏出不少钱为散居在各地的孙子、孙女和外孙、外孙女买机票和车票，让大家都来华盛顿参加就职仪式。在凛冽的寒风中，罗斯福把手放在圣经上，第四次宣读如下誓词："我郑重宣誓，必竭尽全力恪守、维护和捍卫联邦宪法，忠实执行联邦总统职务。"

宣誓完毕后，罗斯福发表了不到 5 分钟的就职演说，这是美国历史上时间最短的一次总统就职仪式。仪式完毕，2 000 多名被邀请过来观礼的客人们参加了白宫午餐招待会。不知道是否受主人精神状况不佳的影响，大家的兴致都不是很高，勉强应付到结束就都散去。

1945 年 1 月 23 日，罗斯福带着政府代表团乘坐"昆西"号军舰，横渡大西洋，去参加雅尔塔会议。安娜陪同前往，照顾身体已经极度衰弱的父亲。随着反法西斯胜利的即将来临，美、英、苏三大盟国之间的猜忌、矛盾和利益冲突越发严重。举行三国首脑会议商量战后事宜已经刻不容缓。斯大林要求在苏联南部克里米亚半岛雅尔塔举行会议。罗斯福没有办法，只好远涉重洋，先进行为期 10 天的海上航行，再转乘飞机前往雅尔塔。

1945 年 1 月 30 日是罗斯福的 63 岁生日，大家在"昆西"号上为罗斯福举办了庆祝会。"昆西"号的全体船员准备了一个铜弹壳制成的烟灰缸，送给总统做生日礼物。罗斯福很高兴，他认为这个烟灰缸和他喜欢的"骆驼"烟很搭配。舰船上的 5 个伙食团都为总统精心制作了生日蛋糕。罗斯福为了不让他们扫兴，依次吹灭了 5 块蛋糕上的蜡烛，每块蛋糕都尝上一小片。

1945 年 2 月 1 日上午 9 点 30 分，"昆西"号驶进马耳他的瓦莱登海湾。在这里，罗斯福一行将做短暂停留和休息。丘吉尔率领着英国代表团也已经到达，他的女儿莎拉陪同照顾他。知道罗斯福到达后，丘吉尔带着女儿上了"昆西"号，同罗斯福父女共进午餐。丘吉尔想在雅尔塔会议前和罗斯福就会议主题通气，但是罗斯福并没有让他如愿。尽管两人又在当天和次日共进晚餐，但并没有讨论什么实质内容。2 月 2 日深夜，美、英两国代表团搭乘飞机前往克里米亚半岛。由于中间需要绕过德国占领的克里特岛，所以装载 70 人的 20 架飞机依次间隔 10 分钟起飞。

1945 年，英国首相丘吉尔在马耳他同美国总统罗斯福讨论战局。

1945 年 2 月 3 日中午，罗斯福乘坐总统专机到达克里米亚机场，又转乘汽车前往会议地点雅尔塔。雅尔塔位于克里米亚半岛南岸，是修建于 12 世纪的历史文化名城，是历代沙皇喜欢的避暑胜地。罗斯福和美国代表团全体成员的下榻地点是里沃蒂亚宫，这里曾是俄国末代君主尼古拉二世冬季度假的宫殿。不远处还有一座尤萨波夫宫，那里是斯大林和苏联代表团的下榻地点。丘吉尔和英国代表团则要远些，安置在 9 公里外的沃伦托夫别墅，虽然这里曾经是著名的避暑胜地，但是现在已经满目疮痍，卫生条件和基础设施极差。大约 8 个月前，德国人才被赶出这个地区，显然他们在撤退前进行了大肆破坏。丘吉尔对霍普金斯抱怨道："就算我们在世界各地找上 10 年，也找不到比雅尔塔还要糟糕的开会地点。"

1945 年 2 月 4 日，斯大林和苏联代表团到达雅尔塔。他先去慰问了丘吉尔，因为英国代表搭乘的一架飞机在途中出了事故，这让整个英国代表团的代表们情绪都很低落。由于罗斯福已经在电报里和斯大林提过，想在正式会议前单独见面，所以斯大林慰问了丘吉尔后就去探望罗斯福。就复兴法国和最后进攻德国问题，罗斯福和斯大林做了简短会谈。虽然罗斯福对戴高乐完全没有好感，但是考虑到丘吉尔的"复兴法国做抵御苏联扩张的堡垒"的建议，他还是支持法国和美国、英国、苏联一起占领德国。作为美国代表团的元首，罗斯福被推举为所有全体会议的主持人。考虑到罗斯福的不便，斯大林和丘吉尔都同意把会议地点定在他下榻的里沃蒂亚宫。

从 2 月 4 日到 2 月 11 日，为期 8 天的雅尔塔会议从头到尾都处于激烈的争论中。每个国家的利益不同，每个首脑的预期目标也不同，这就让大家展开了讨价还价式的争论。罗斯福的主要目标是，让苏联答应对日作战，协助美国早日取得太平洋战区的胜利；还有就是说服苏联同意加入正在筹划中的联合国。苏联受苏德战争影响，国民生产生活被严重破坏，所以斯大林的关注点是对德国索赔问题；另外，他想重新获得 1905 年日俄战争后被日本侵占的远东领土。丘吉尔的主要目的是保障英国在各大洲的殖民地归属权限不改变，另外就是复兴法国以挟制苏联。

为了维护美国的利益，罗斯福在会上运用了各种手段。他坚持自己先前提出的大部分方案，例如成立联合国、分割德国和争取苏联出兵中国东北等。罗斯福密切注视斯大林和丘吉尔的态度和情绪变化，来确定什么是他们迫切想要的，什么是他们能够妥协的。

经过 8 天的激烈讨论，美、英、苏三国代表达成了共识。战后的德国将被划分为 4 个区，由美、英、苏、法分区占领；为了弥补战争给同盟国带来的损失，德国必须交付战争赔偿；为了彻底消灭德国纳粹主义和军国主义，解除所有武装，德国必须解散所有军队。波兰问题，东部波苏边界以寇松线为准，由北部和西部获得新领土，弥补东部失去的国土；以苏联扶持的位于卢布林的波兰临时政府为基础进行改组，同时容纳国内外民主人士。联合国问题，决定由美、英、苏、中、法五国为安理会常任理事国，规定实质性问题需经常任理事国一致同意；另外同意苏联的乌克兰和白俄罗斯为联合国创始会员国，享有单独的投票权。

关于远东问题，罗斯福和斯大林商定了一个秘密协议后，让丘吉尔参加签字。罗斯福的出发点是想迅速打败日本，这是无可厚非的，但这种用牺牲中国利益和主权来讨好苏联的方式，是荒谬和错误的。在该协议中，苏联承诺在欧洲战争结束后 2 到 3 个月内参加对日作战，前提条件是：维持外蒙古的现状；库页岛南部及邻近岛屿交还苏联；大连商港国际化，租用旅顺港为苏联海军基地，中东铁路和南满铁路由苏、中共同经营；千岛群岛交予苏联。这个协议是在中国方面毫不知情的情况下签订的，严重地践踏了中国的主权和利益。直到杜鲁门上台后，中国国民政府外交部部长宋子文才接到通知，知道有这样一个协定。

关于中东秘密协议的事，后来有这样一种说法，那就是出席雅尔塔会议时的罗斯福受高血压和心脏病困扰，大脑思维受到影响，无法正确做出判断，甚至根本就没有阅读会议相关的重要文件，所以没有和斯大林讨价还价。但这种说法到底有多少可信度，就不得而知。可以确定的是，罗斯福的身体经长途跋涉，变得更加糟糕，有时候手会不由自主地抖动，目光也变得呆滞无神。丘吉尔的随行医生莫兰勋爵仔细观察过罗斯福后，对丘吉尔这样说道："我认为他只能再活几个月了，他的动脉硬化已经发展到了晚期。"不过看到罗斯福还能够经常同斯大林和丘吉尔调侃，大家都认为他糟糕的身体状况并不影响他的思维敏捷度。

1945 年 2 月 28 日，罗斯福回到了华盛顿。

1945 年 3 月 1 日，在国会特别联合会议上，罗斯福就雅尔塔会议的各项议题发表了演说。自 1933 年就职总统后，他第一次坐着轮椅出现在国会，这真是让人心酸的画面。不管是他的支持者，还是对手，都看到了他的脆弱，也都感受到他的坚强。

罗斯福为自己只能坐着演说向大家表示歉意，并且解释这是由于刚进行了 14 000 英里旅程的原因。虽然他提到自己回来后精神振作、感觉良好，但是大家都能够看出他的健康已经明显恶化。他的手不停地颤抖，每次翻演说稿的时候都需要翻好几下；他吐字含糊不清，无法流利地念完一页演说稿；他的眼神迷离，脸上肌肉松弛，布满褐色的老年斑。没有人会嘲笑罗斯福的虚弱，他的虚弱更映衬出他克服障碍取得的伟大成就。当演说结束时，会场响起雷鸣般的掌声，这是大家对轮椅上这个男人的认可，他确实是一位成功的、伟大的总统。

1945 年 3 月 9 日，在罗斯福的椭圆形总统办公室里，白宫记者招待会如期举行。不知道是否因休息了几天的缘故，罗斯福的精神状态很好，语调慷慨激昂，脸上重现神采。一群法国记者来访时，他还稍微卖弄了自己还算说得过去的法语。

1945 年 3 月 17 日是罗斯福和埃莉诺结婚 40 周年纪念日，白宫举行了小型宴会。埃莉诺为慈善事业一直在各地奔波，两天前特意赶回来，和丈夫庆祝这个日子。虽然自"露西事件"后的 27 年里，夫妻俩不像寻常夫妻那样恩爱，可是事业上的联系却更加紧密，能够交流的话题也更多。罗斯福看着脸上洋溢着笑意的埃莉诺，觉得很愧疚。在埃莉诺回来前这一周，罗斯福每天都在和露西见面、共进晚餐。

华盛顿的天气异常，根本就不像是 3 月份，有酷暑的感觉，普通人都觉得闷热难当，何况是身体已经极衰弱的罗斯福呢？麦金太尔医生对埃莉诺说出了自己的顾虑，以总统现在的健康状态，必须做长时间的休息调整，否则后果将不堪设想。罗斯福考虑到政府事务繁忙，不放心放手去休长假，只肯回海德公园小憩。

1945 年 3 月 23 日晚，罗斯福回到海德公园，之后过了几天轻松随意的日子。他经常坐在窗前，静静地眺望远处的赫德逊河风光。其他时间，他就去 4 年前修建好的图书馆，翻阅从少年时代就开始收藏的书籍和纪念品，要不就摆弄他的集邮册。不知道是实在支撑不下去，还是因为埃莉诺的强烈要求，罗斯福同意月底去佐治亚温泉疗养院进行为期 3 周的疗养。

1945 年 3 月 30 日，罗斯福从海德公园返回华盛顿。短暂逗留后，他在家人和朋友的劝说下离开了白宫，前往温泉疗养院。罗斯福的秘书格雷斯、表亲劳拉和戴西陪同照顾，布鲁恩医生也随之前往。

8 勇士的归途
ROOSEVELT

1945 年晚春时节，佐治亚州温泉镇，阳光明媚，空气中弥漫着茱萸、紫罗兰和玫瑰花的芳香。在距温泉镇基金会 3 公里处，有一栋精巧的房舍，虽然只有 6 个房间，却被人称为"小白宫"，这就是罗斯福在斯普林伍德庄园以外的第二个家。

罗斯福于 3 月 30 日到达佐治亚温泉，开始了为期 3 周的疗养。或许温泉有很神奇的功效，他感觉身体状态比先前好多了，兴致也非常好。

4 月 9 日，在保安车护卫下，罗斯福亲自驾驶那辆特制福特汽车去接露西。他有些激动，望着路过的每一辆汽车，期望早点看到那个熟悉的身影。在距离温泉 72 公里处，福特车和露西乘坐的敞篷旅行车相遇了。与露西同行的，是被邀请来给总统先生画肖像的著名女画家伊丽莎白·肖马托夫夫人。

在接下来的几天里，两位女士就住在"小白宫"，露西陪罗斯福聊天，肖马托夫夫人则给罗斯福画像。罗斯福每天仍然需要抽出很多时间看报纸、批阅文件。这些报纸和文件都是每天用邮件形式送到温泉疗养院。最近，反法西斯各个战场捷报频传：3 月底攻克硫磺岛，占领马尼拉市后的美军也在乘胜追击。

4 月 12 日，批示完相关文件后，罗斯福查看了要在第二天发表的演说稿。这篇稿子是为纪念民主党精神之父托马斯·杰斐逊诞辰 202 周年集会准备的演讲稿。在演说稿末尾，他加上一句话："怀着坚强和积极的信念，我们要勇敢前进。"他不知道，这就是自己的绝笔。

处理完公事后，罗斯福心情愉悦地坐在扶椅上，和露西、劳拉和肖马托夫夫人聊天。他穿着深灰色上衣，里面是配套背心，系着哈佛红领带。其实，他不喜欢穿背心系领带，更喜欢蝴蝶领结，不过为了让人替他画像不得不这样装扮自己。

下午 1 点，罗斯福摆好姿势，肖马托夫夫人在窗口放好了画架。罗斯福不愿浪费时间，不时拿过一份文件来翻阅。过了一会儿，他将一支烟装在烟嘴里，点燃后，抽了一口。忽然，他用左手按着太阳穴，眼睛紧闭，轻声说道："我的头好痛啊！"说完手臂垂了下来，人也扑倒在地，昏迷不醒，这时是1点15分。露西知道，罗斯福的昏迷会引来各方对温泉疗养院的关注，自己不能继续留在这里。她克制着自己的不安，再次望了望这个一直钟爱的男人，含着泪拉着肖马托夫夫人悄悄地离开。

得到消息后，布鲁恩医生匆忙赶过来，让人将罗斯福抬进卧室。经过检查，他发现罗斯福呼吸艰难，脉搏每分钟跳动104下，血压已经超出了度量计上最高的标线，这些都是脑出血的症状。

下午2点5分，麦金太尔医生在白宫接到布鲁恩的电话，得知罗斯福中风，昏迷不醒。通话结束后，麦金太尔医生立即致电亚特兰大市前任美国医学会会长波林医生，说了总统的情况，请他立刻赶往温泉镇的疗养院。埃莉诺正在白宫与即将出席联合国大会的美国代表团讨论一些事情。麦金太尔医生告诉她，罗斯福已经开始出现昏迷的症状，这让人很担心。埃莉诺问用不用取消参加萨尔格拉夫俱乐部举办的慈善义演，她在那里将要有一场演说。麦金太尔医生让她不要取消，以免引起不必要的恐慌，还是按照行程过去，晚上大家再一起飞往佐治亚。

下午3时29分，波林医生赶到温泉疗养院。罗斯福面如死灰，脉搏极其微弱。美国中部标准时间下午3时35分，罗斯福停止呼吸。

下午4时50分，在萨尔格拉夫俱乐部里，埃莉诺做过简短演说后坐在观众席上，欣赏女钢琴家泰娜的演奏。有人走过来，在埃莉诺耳边说有电话找她。原来是罗斯福的新闻秘书厄尔利打来的，他的声音有些异常，请埃莉诺马上返回白宫。

埃莉诺知道肯定是发生了什么可怕的事，但是她认为应该遵守社交礼节，因此返回坐席听完了泰娜的演奏。演奏结束后，埃莉诺向大家说明自己需要马上返回白宫，请大家谅解她先行离开。等她坐到车上时，浑身开始战栗。埃莉诺紧紧地握着双拳，试图让自己平静下来。

厄尔利和麦金太尔医生都在埃莉诺的会客室里等着，见她回来，告诉她总统已经在昏迷中去世。埃莉诺出人意料地镇定，她立即叫人去请副总统杜鲁门来白宫，然后发电报给在各处服役的4个儿子："亲爱的孩子，你们的父亲下午长眠了，正如他期望去做的那样，他工作到生命最后一刻。希望你们也能尽职守责到底。妈妈。"

安娜的儿子生病住院了，她一直陪护在医院。人们找到她，把她接回白宫，没有人告诉她出了什么事。埃莉诺已经换上了一身黑衣服，很平静地把丈夫去世的事告诉给安娜。安娜双手捂着脸，跪在地上，泣不成声。

下午 5 点 25 分，杜鲁门到达白宫，被带到埃莉诺的书房。当看到安娜和厄尔利红肿的眼睛时，他想到可能发生了不寻常的事。埃莉诺轻声对杜鲁门说："总统去世了，哈里。"

杜鲁门一下子呆住了，好一会儿才问："有什么我可以为你效劳的吗？"

埃莉诺摇摇头："现在有麻烦的人是你，应该是有什么我们能够为你效劳的。这真是个不幸的消息，我为你和美国人民感到难过。"

下午 5 点 47 分，全美三大通讯社向海内外发布了美国总统罗斯福逝世的电讯。

下午 7 点零 9 分，在联邦法院首席法官斯通的主持下，杜鲁门在白宫会议厅宣誓就职，成为美国第 33 位总统。

白宫外面聚集了听到总统逝世消息后赶来的民众，人们并不是打算看什么，也没有什么好看的。大家只是感到悲伤而茫然，默默地伫立，默默地为他哭泣。美国人都被这个消息震惊了，没有办法相信这是事实。很多人守在收音机旁，期待着能够听到罗斯福总统亲自宣布这只是个误会。大家都停下手中的活，回想这艰难而又充满希望的 12 年。纽约消防局向下属消防队发出"四五长鸣"信号，这是消防系统对因公殉职的同事志哀的表达方式。海德公园村的圣詹姆斯教堂响起钟声，以悼念这位年长的教区委员。格罗顿公学校内教堂里，全体师生在校长的率领下为本校 1900 届毕业生罗斯福总统的去世哀悼。

那些反对过罗斯福的人现在才发现，总统曾经离自己这样近。罗斯福的政敌，来自俄亥俄州的共和党议员罗伯特·塔夫托动情地说："他是这个时代最伟大的人，他是赢得这场战争的英雄，他确实成功地履行了总统的职责，为美国人民战斗到生命最后一刻。"《纽约时报》发表悼念式社论："在西方文明面临穷凶极恶的野蛮势力蹂躏时，幸好有罗斯福坐镇白宫。就算过了一百年，人类也会因此而感激上帝。"

世界各地，无数人被罗斯福逝世的消息惊得目瞪口呆。英国伦敦，乔治六世在白金汉宫的书房里泪流满面，他命人在《宫廷通报》上发表讣告；丘吉尔在唐宁街 10 号的首相府险些晕厥，强忍着才保持清醒，给埃莉诺发了慰问电。苏联莫斯科，斯大林在克里姆林宫里悲伤地握住美国大使哈里曼的手，半天说不出话来；莫斯科红场降了半旗致哀，旗帜镶嵌上了黑边。中国重庆，蒋介石一下子坐到沙发上，黯然失神，好一会儿才反应过来，命人赶紧筹办悼念事宜；中国延安，共产党在《新华日报》上发表了题为"民主巨星陨落——悼罗斯福总统之丧"的悼念文章。法国巴黎，戴高乐发表悼词："他是一位令我钦佩的人，我对他的去世感到无比痛惜。"

德国柏林，官方电台是以喜讯的形式发布了罗斯福去世的消息。陷入困境中的希特勒因这个消息雀跃不已，认为命运之神眷顾自己，帮自己除掉了最厉害的敌人。日本东京电台却为了表示对"一位去世的伟人"的敬意，特播了几分钟哀乐；东京电台还引述了新上任的首相铃木贯太郎的话："罗斯福确实是一位优秀的总统，美军能够取得今日的优势地位，全赖他的领导。他的去世是美国人民的巨大损失，我也对此深表同情。"

4月12日晚11点25分，埃莉诺、麦金太尔和厄尔利一行赶到温泉疗养院。埃莉诺依次拥抱了格雷斯、戴西和劳拉，向她们询问罗斯福去世前的情况。劳拉并没有想那么多，所以很自然地提到了总统的"客人"和那幅没画完的肖像画。埃莉诺有点失魂落魄，但是她尽力忍耐着，进了丈夫的卧室。她走近罗斯福的遗体旁，用手抚摸着他的脸颊，似乎还不相信他真的就这样走了，连告别的话都没有；似乎不相信他真的这样残忍，临死还要再次践踏妻子的尊严。5分钟后，埃莉诺从房间里走出来，已经恢复了平静。作为总统的未亡人，需要埃莉诺料理的事情还很多。总统在任期内去世是有先例的，1923年沃伦·哈定就是在任期内中风病逝，可是关于他的殡葬档案已经遗失，因此，关于罗斯福殡葬的相关事宜，就需要由埃莉诺来定夺，例如：拟定灵车的路线，选择牧师，确定葬礼仪式等。

4月13日早，成千上万名佐治亚人自发聚集到温泉火车站，来送总统最后一程。在总统专列的最后一节车厢里，安放着罗斯福的灵柩。车厢所有的窗帘都打开，另外还亮着灯光，日夜不灭，以便让守候在铁道边的人们瞻仰。棺木中罗斯福的遗体上披着他的海军斗篷，棺木外覆盖着一面美利坚合众国国旗。来自本宁堡的仪仗队向罗斯福的灵柩行了军人的告别礼，罗斯福生前很欣赏的黑人手风琴手格雷厄姆·杰克逊流着泪奏着乐曲《回家》。在人们的哭泣声中，列车缓缓驶出站台，匀速驶往华盛顿。在沿途 1300 公里的铁路线上，露宿等候送别总统的人超过 200 万。人们或是沉寂，或是哭泣，都在为这个国家任期最长的领导人的离去而悲伤不已。

4 月 14 日上午 10 点，装载着罗斯福灵柩的列车到达华盛顿联合车站，杜鲁门总统率领内阁成员、国会代表和联邦最高法院代表在这里迎候。护送灵车的队伍缓缓地经过华盛顿的大街，朝白宫方向行进。队伍由警察驾驶着摩托车开道，前边是海军、海军陆战队、坦克部队、陆军部队和各兵种女兵方队引领，然后才是由炮车改装的灵车。灵车由 6 匹白马牵引，车后还跟着一匹孤独的乘马。乘马被戴上眼罩，马镫朝后，左镫上悬挂着一柄剑，象征着勇士已经不在人间。

灵车途经的街道两旁，分列着密密麻麻的人群。头戴钢盔的士兵在道路两侧肃立，灵车经过时士兵都自发而又整齐地行礼。人群中没有喧嚣，偶尔传来女人们的哭泣声，也明显是在极力克制。大家希望他能够得到最后的平静和尊重，都不愿意惊醒他。人群中有一个黑人妇女，举着手臂，挥舞着黑纱，表达着对总统去世的哀思。人群中有一个小孩，把小手含在嘴里，被周围大人们的情绪感染，也悲伤起来。人群中有一个男人，伸出手摸了摸自己的脸，两天前当他在电梯中收听到总统去世的消息时，不知道怎么想的说了一句"他也该死了"，结果被旁边的女士重重地扇了一个耳光。

海军乐队在白宫门口演奏着国歌《星条旗永不落》，灵车进入白宫，灵柩被抬到白宫东大厅。

4 月 14 日下午 4 点，罗斯福的祭奠仪式在白宫东大厅举行。一时之间，就如同在白宫参加仪式的 200 人一样，整个美国都肃静下来。电影院早已停止营业，报纸也连续几天不刊登广告。就在白宫举行悼念仪式的同时，千百万美国人守候着这一刻，共同为这位伟大的总统致哀。城市中的地铁就地停驶，道路上的各种汽车也都安静地停在路边，这真是一个让好几代人难忘而伤感的星期六。

白宫东大厅，覆盖着美国国旗的罗斯福灵柩被安放在祭坛前面的地毯上，旁边摆放着罗斯福生前用过的轮椅。大厅四壁，布满了能够代表世界各地特色的不同种类的鲜花，代表着世界人民对他的感激和悼念。杜鲁门总统走进来时，大家忘记了起立，这显然是不合规矩的，但是没有人察觉到礼仪上的疏忽，就连杜鲁门自己也没有意识到。大家都在为罗斯福总统逝世而悲伤，还想不到已经有了一位新总统。当埃莉诺走进来时，大家都自发地从座位上站了起来，以表达对总统夫人的敬意。在埃莉诺的建议下，来宾一起吟唱罗斯福喜欢的那首海军赞美诗：

> 永恒的上帝啊，
>
> 万能的救世主，
>
> 你挥动巨臂，力挽狂澜，
>
> 汹涌的波涛已被制服，
>
> 深邃的大海被迫就范，
>
> 啊，人们在海上遇难，
>
> 请倾听我们的呼唤。

　　大家唱完赞美诗后，来自华盛顿教区的大主教安格斯·邓恩主持了简短的宗教丧仪。他先为罗斯福做了祷告，然后发表了悼词。大主教在悼词中说道："在总统先生的第一次就职典礼上，他这样告诉我们：'首先，请允许我表明我的坚定信念，我们唯一值得恐惧的就是恐惧本身，那会让我们莫名其妙地胆怯，会让我们为前进付出的所有努力付诸东流。'这是他上任伊始就告诉我们的话，相信他也会希望我们现在把这句话作为他的最后遗言。"

　　4月14日下午4点23分，简短的悼念仪式结束，埃莉诺首先退场，其他人也跟着默默离开。埃莉诺在楼上总统卧室里，找到了躲在这里伤心哭泣的安娜，确认了罗斯福生前多次约会露西的事实。埃莉诺的眼泪终于流了出来，在丈夫去世后的这48个小时，她一直在忍耐，一直坚强地扮演好总统夫人的角色。她的富兰克林是追求完美的，她不愿意因自己的悲伤而影响他的丧礼。埃莉诺此刻却觉得自己的心脏痛得要裂开，到底是为丈夫的去世，还是为丈夫的背叛，她自己也说不清楚。她很快就镇静下来，返回东大厅向遗体做最后告别。灵柩被打开，罗斯福祥和的面容再次显现在她面前。埃莉诺轻轻地摘下手上的结婚戒指，戴在丈夫的手上，代表自己永远陪在他身边。她没有流泪，看不出是悲伤，还是气愤，还是一种释怀。灵柩被封上，再也没有打开。

　　4月14日晚9点30分，护送灵车的队伍离开白宫，按照上午走过的路线返回联合车站。士兵们还肃立在道路两侧，人行道上的人群传来阵阵哭泣声。罗斯福的灵柩重新被安放到总统专列上，将被送回海德公园的老家。他的家人、他的朋友、他的阁员、他的继任者和他任命的大法官们都上了专列，要陪着他走这最后一程。国会议员、各国外交官和记者们乘坐另一列火车，见证总统的归去。

4月15日早8点40分，在明媚的春光中，装载着罗斯福灵柩的火车驶进海德公园站。在21响礼炮鸣放完毕后，灵柩被放到一辆马车上，在西点军校仪仗队的引导下，被拉到山上的斯普林伍德庄园。

富兰克林·D. 罗斯福总统的棺木静静地安放在白宫的东大厅里

ROOSEVELT

在被铁杉树和篱笆围绕的玫瑰园里，罗斯福的亲人、朋友、下属、仆人和士兵们都肃立在墓穴四周。圣詹姆斯教堂的牧师主持了默哀仪式，西点仪仗队鸣了三响礼炮。就如他 9 个月前所说的"我的灵魂呼唤我回赫德逊河畔的老家去"，富兰克林·德拉诺·罗斯福魂归故土。

附录　罗斯福大事年表

1882 年 1 月 30 日，生于纽约州海德公园村斯普林伍德庄园。

1896 年 9 月，进入格罗顿公学。

1900 年 9 月 25 日，进入哈佛大学。

1900 年 12 月 8 日，父亲詹姆斯因心脏病发作去世。

1904 年 6 月，从哈佛大学毕业。

1904 年 10 月，进入哥伦比亚大学学习法律。

1905 年 3 月 17 日，与埃莉诺结婚。

1906 年 7 月，通过纽约州律师考试，放弃哥伦比亚大学学业。

1907 年，进入华尔街著名的卡特·莱迪亚德·米尔市律师事务所，当初级书记员。

1910 年 11 月，当选为纽约州参议员。

1912 年年底，再度当选为纽约州参议员。

1913 年 3 月 17 日，出任海军部助理部长。

1920 年 6 月 25 日，被提名为民主党副总统候选人。

1920 年 8 月，离开海军部。

1920 年 11 月，大选失利后，暂时退出政坛。

1921 年 8 月 25 日，被专家确诊为脊髓灰质炎，俗称小儿麻痹症。

1928 年 10 月 7 日，正式接受了纽约州民主党州长候选人提名。11 月 7 日，以微弱优势当选为纽约州州长。

1930 年，竞选州长连任成功。

1932 年 7 月 1 日，当选为民主党总统候选人。

1932 年 11 月 9 日，击败现任总统胡佛，当选为美国新总统。

1933 年 2 月 15 日，在迈阿密州公园的户外演讲地遭到刺杀，幸免于难。

1933 年 3 月 4 日，正式继任为美国第 32 位总统。

1933 年 11 月 17 日，与苏联正式建交。

1935 年 8 月 15 日，签署《社会保障法》。

1937 年 1 月 20 日，在国会大厦前广场宣誓就职，连任美国总统。

1937 年 2 月 5 日，向国会递交《司法改革法案》。

ROOSEVELT

1938 年 1 月 3 日，向国会递交《扩大海军装备案》。

1940 年 11 月，再次连任成功。

1941 年 3 月 11 日，签署《租借法案》。

1941 年 8 月 14 日，发表《大西洋宪章》。

1941 年 9 月 7 日，母亲萨拉去世。

1941 年 12 月 8 日，正式对日本宣战。

1942 年 1 月 1 日，在白宫和 26 个反法西斯国家代表签署《联合国家宣言》。

1942 年 7 月 25 日，正式批准关于盟军登陆北非的"火炬"计划。

1943 年 11 月，参加开罗会议、德黑兰会议。

1944 年 11 月，第四次当选美国总统。

1945 年 1 月 23 日，参加雅尔塔会议。

1945 年 3 月 1 日，最后一次在国会发表演说。

1945 年 4 月 12 日，在佐治亚州温泉疗养院因突发脑出血去世，享年 63 岁。